KB216332

한수 위의 기획

창의적 기획법

한수 위의
기획

창의적 기획법

기획의 달인에게 배우는 124가지 성공사례

김
재
호

지
음

이코북
Eco.Book

쉽고 강력한

기획의 지혜

먼저 이 책을 손에 잡은 당신에게 축하의 말을 전한다. 두 가지 이유에서다. 첫 번째는 당신이 '기획'이라는 일을 하고 있거나 관심을 갖고 있다는 사실 때문이고, 두 번째는 그런 당신에게 이 책은 '쉽지만 강력한 기획의 지혜'를 제공해줄 것이기 때문이다.

'기획'은 머리를 써서 문제를 해결하는 일이다. 머리를 쓰기 때문에 돈이 별로 들지 않는다. 기획은 '돌파'를 가능하게 해준다. 수많은 문제와 어려움을 단숨에 극복하고 목표를 달성할 수 있도록 도와주는 것이다. 이렇게 큰돈 들이지 않고 획기적인 성과를 내는 일에 기업들이 무심할 리 없다. 대부분의 기업들이 기획력 있는 인재를 선호하고 우대하며, 우수한 인재를 기획 관련 부서에 배치한다. 첫 번째 축하의 이유를 알겠는가?

이 책을 쓰면서 내가 잊지 않은 원칙이 있다. '내용 있게, 쉽게, 재미있게'가 그것이다. 26년간 광고·마케팅 분야에서 기획자로 일하는 동안 나는 다양한 분야의 수많은 고수들을 만나는 행운을 누렸다. 그리고 그들과 함께 일하면서 중요한 공통점을 발견할 수 있었는데, 그들 모두 한결같이 '기본이 탄탄하고, 기본에 충실하다'는 것이다. 그들은 자신의 일이 무엇인지 정확하게 알고 있었으며, 기본 원리(原理)와 정석(定石)이라 불리는 방법에 충실했다. 어렵고 힘들수록 그들은 기본으로 돌아가 문제를 해결하는 지혜를 발휘했다. 내가 광고와 마케팅에 눈을 뜨게 해준 책 역시 기본에 충실한 책들이었다. 출간된 지 25년이 넘어 누렇게 색이 바랬지만 아직도 내 애장 도서목록의 가장 윗줄을 차지하고 있다.

어떤 일을 배우건 간에 그 일의 정확한 개념과 원리, 정석을 아는 것만큼 중요한 것은 없다. 그것이 일을 잘하기 위한 기본이다. 기본을 가장 먼저 배우는 것은 가장 쉽기 때문이 아니라 가장 중요하기 때문이라는 것을 알아야 한다. 기본은 쉽지만 강력하다.

이 책에서는 '기획'과 그것의 두 가지 핵심적인 특성인 '창의력'과 '설득력'에 대해, 그 개념과 원리 그리고 정석적인 방법을 중점으로 '내용 있게' 다룰 것이다. 선배 고수들처럼 100% 이해하고 완전히 자기 것으로 만들면, 언젠가 반드시 그 보답이 돌아올 것이라 확신한다. 또한 이 책의 많은 내용들은 기업 활동과 관련된 것이다. 하지만 그 핵심 개념과 원리, 방법은 모든 기획에 공통되는 것이다. 당신의 전공 분야가 무엇이든 기획과 관련된 일을 하고 있다면 일독을 권한다. 기획에 대한 보다 분명한 설계도를 그릴 수 있게 될 것이다.

광고 일을 하면서 느낀 것 중의 하나는 "광고는 쉽고 재미있어야 한다"는 것이다. 아무리 훌륭한 소비자 제안을 담은 광고라도 쉽고 재미있지 않으면 그 효과가 반감된다. 그래서 이 책도 쉽고 재미있게 쓰려고 애썼다. 실제로도 기획은 그리 어렵거나 딱딱한 일이 아니다.

알수록 재미있고 흥미진진하다. 광고와 마케팅뿐만 아니라 영화, 드라마, 스포츠, 동물원 등에 걸친 120여 가지의 다양한 사례를 읽는 동안 당신은 진정으로 기획을 즐길 수 있게 될 것이다. 술술 넘어가지만 그 내용의 무게는 결코 가볍지 않은 책, 이것이 이 책의 약속이며, 두 번째 축하의 이유다.

"나의 나 된 것은 다 하나님 은혜라."

부족한 내가 이 책을 쓸 수 있도록 능력과 시간을 허락해주신, 내 삶의 영원한 주인이신 하나님 아버지께 첫 번째 감사를 드린다. 그분은 나의 가장 든든한 후원자이시다. 다음으로 내 삶의 가장 소중한 이유인 아내 원경과 두 딸 민선, 민지에게 한없는 사랑의 마음을 전한다. 그들이 옆에 있음으로 내 인생이 더없이 행복하고 아름답게 빛난다. 그리고 내가 만난 모든 이들에게 감사한다. 그분들로부터 인생에 유용한 많은 지혜들을 배울 수 있었다.

김재호

02 기획의 발상: 문제를 돌파하는 힘, 창의력

03 기획의 실현: 아이디어는 파는 것이 더 어렵다

01

기획의 이해

기획이란 무엇인가?

기획은

돌파다

요즘 기획이 인기다. 이 사람 저 사람, 여기저기 안 쓰이는 곳이 없을 정도다. 광고 기획, 홍보 기획, 마케팅 기획, 영업 기획, 상품 기획, 디자인 기획, 경영 기획, 교육 기획, 인사 기획 등등 기업의 거의 모든 업무에 '기획'이란 단어가 빠지지 않는다. 기획재정부, 기획예산처, 미래기획위원회, 정책기획위원회, 비상기획위원회 등 국가기관에서도 심심치 않게 찾아볼 수 있다. TV와 신문에서도 인기다. 시간과 돈을 제법 투자해서 만든 프로그램이나 기사에는 영락없이 '기획'이란 말이 붙는다. 특별기획 드라마, 기획 다큐멘터리, 기획 취재 등등. 여기에 영화 기획, 공연 기획, 음반 기획, 웹 기획, 게임 기획, 쇼핑 기획, 기획 부동산에 이르기까지 가히 '기획의 전성시대'라 부를 만하다.

강의에도 많은 사람이 온다. 층도 다양해서 일반 기업체의 직원들은 물론이고 공무원, 대학생, 교사, 문화예술 종사자, 종교단체 종사자에 이르기까지 각양각색 직업군의 사람들이 빼곡히 들어찬다. 강의

실의 열기도 수험생반 못지않다.

왜 이처럼 많은 사람들이 기획에 목말라 할까?

기획은 돌파(突破)를 가능하게 하기 때문이다. 돌파란 현재 처해 있는 어려움이나 장애를 단숨에 극복하는 것을 말한다. 즉 기획은 당신 앞에 놓인 문제를 단숨에 해결하고 목표를 달성하게 해준다. 기획은 당신이 이전에 이루었던 성과나 목표, 결과의 수준을 뛰어넘게 해준다. 기획은 상황을 반전시켜 경쟁자를 압도할 수 있도록 만들어준다. 그래서 기획이 인기인 것이다.

훌륭한 기획은 고부가가치의 시장을 창출한다. 휴대전화에 통화기능만 있었다면, 지금처럼 비싼 가격을 지불하고 수시로 휴대전화를 바꿀까? 휴대전화를 '듣고 보고 찍고 즐기는 멀티미디어'로 기획한 애니콜(Anycall)의 힘이다.

훌륭한 기획은 위기에 처한 기업을 기사회생시킨다. 웅진코웨이는 IMF 때 망할 뻔했다. 당시 2천억에 불과하던 매출이 지금은 1조 5천억에 이른다. '렌털 시스템'이라는 기획의 힘이다.

훌륭한 기획은 쓸모없는 제품조차 히트상품으로 만든다. 일본의 한 농부는 태풍 맞은 사과를 '행운의 사과'로 바꾸어 빅히트시켰다. 고객의 관점에서 관찰한 기획의 결과다.

훌륭한 기획은 불리한 상황을 단숨에 역전시킨다. 맥아더 장군은 아무도 예상치 못한 인천 상륙작전을 기획하여 불리한 전세를 단숨에 뒤집었다.

훌륭한 기획은 나라의 운명을 바꾸기도 한다. 두바이는 진주 양식으로 살아가던 중동의 작은 어촌이었지만, 지금은 세계의 산업, 금융, 관광의 중심지로 우뚝 서고 있다. 국토의 90%가 사막인 나라가 '죽기 전에 꼭 가봐야 할 50곳'의 하나로 탈바꿈한 것이다.

이것이 기획의 힘이고 매력이다. 이런 결과를 기대하면서 많은 기업들, 많은 사람들이 기획을 한다. 덕분에 우리는 생활 속에서 특별기획 상품, 쇼핑 기획전, 바캉스용품 특별기획, 슈퍼푸드 기획전, 창사기념 특별기획 드라마, 신도시 기획, ○○사업전략 기획안과 같은 수많은 기획들과 만난다. 하지만 '무슨 무슨 기획'이라고 이름만 그럴듯하지 막상 뚜껑을 열어보면 기획다운 기획을 찾기가 쉽지 않다. 기존 제품과 별반 다를 게 없는 특별기획 상품, 아무런 특징도 없이 바캉스 관련 상품을 모두 모아놓은 쇼핑 기획전, 작년과 똑같은 내용을 가지고 상황 분석 부분만 조금 고치고 숫자 몇 개 수정한 사업전략 기획안 등 무늬만 기획인 경우가 부지기수인 것이다. 당연히 이런 기획으로는 현상을 돌파할 수 없다. 현상 유지만 해도 다행이다.

왜 이런 일이 벌어질까? 기획은 넘쳐나는데 기획다운 기획을 찾기 힘든 이유는 무엇일까? 문제를 단숨에 해결하는 기획이란 어떻게 만들어지는 걸까? 혹시 그들만의 비법이 따로 있는 것은 아닌가? 자, 지금부터 그 이야기를 시작해보자.

골프 황제가

과외를 받은

이유

"그는 자연의 이상 현상이다. 도대체 정상적인 사람 같지가 않다."

2007년 미국 PGA투어 페덱스컵 최종전에서 공동 2위에 오른 잭 존슨이 우승자 타이거 우즈를 두고 한 말이다. 세계적인 성악가 플라시도 도밍고는 "우즈의 플레이는 스포츠를 넘어 예술"이라고까지 극찬했다. 최연소 나이에 최저타 신기록, 최연소 그랜드슬램 달성, 332주째 세계 랭킹 1위 등 '골프 황제'라는 별명도 그에겐 오히려 부족해 보인다. 그런 그도 슬럼프는 비켜갈 수 없었던 모양이다. 1999년 세계적인 골프 코치 부치 하먼을 찾아 특별 과외를 받는다. 황제의 스윙 모습을 한동안 지켜보던 부치 하먼의 처방은 단 두 마디였다.

"등을 펴라!"

골프에 '어드레스(address)'라는 것이 있다. 스윙을 하기 위해 기본 자세를 잡는 것으로, 태권도로 치면 기마자세 같은 것이다. 기본 중의 기본이다. 어드레스 때에는 옆에서 봤을 때 등이 직선으로 펴져야 하는데 우즈의 등은 꾸부정하게 굽어 있었다. 코치는 이 점을 지적한 것이다. 수업료가 만만치 않은 세계적인 골프 코치가 어렵게 시간을 낸 골프 황제에게 '기본'을 다시 언급한 것이다. 몹시 당혹스러울 법도 했을 텐데 우즈는 하먼의 처방을 충실히 따랐고, 그 결과 슬럼프에서 벗어날 수 있었다. 기본이 위기에 빠진 골프 황제를 구한 것이다.

거스 히딩크 감독이 우리 국가대표팀을 맡아 처음 3개월간 중점적으로 실시한 훈련이 패스와 볼트래핑이었다는 것은 잘 알려진 사실이다. 축구의 기본부터 다시 시작한 것이다. 비싼 돈을 들여 선진 축구를 배우려고 초청한 감독이 어릴 때부터 축구공을 달고 다닌 대표선수들을 모아놓고 축구의 가장 기본기인 패스와 볼트래핑 훈련을 시키고 있으니 주변에서 말도 참 많았다. 일부 선수들은 감독이 한국 축구를 무시한다며 노골적으로 불만을 나타내기도 했다. 하지만 히딩크 감독은 끝까지 '기본'이라는 원칙을 지켰고, 그 결과 축구팬들은 '뻥 축구'가 아닌 정교하고 촘촘한 패스로 이루어진 달라진 한국 축구를 맘껏 즐길 수 있었으며, 월드컵 4강의 기쁨도 함께 누렸다. 기본에 충실한 결과 목표 이상의 성취를 이루어낸 것이다.

야구에서 타자들이 슬럼프에 빠지면 가장 많이 하는 훈련이 무엇일까? 바로 번트 연습이다. 당신이 야구를 조금이라도 아는 사람이라면, 번트가 야구의 가장 기본적인 기술이라는 사실을 잘 알 것이다. 그래서 "연봉이 몇 억씩 하는 프로야구 선수들이 번트 연습을 한다고? 에이, 설마?" 하고 반문할지도 모르겠다. 하지만 사실이 그렇다. 왜일까? 타자들의 슬럼프는 대부분 흐트러진 타격 자세에서 오는 경우가 많은데, 이 흐트러진 타격 자세를 바로잡는 가장 좋은 방법이 바로 기본 중의 기본인 번트 연습이기 때문이다. 공을 끝까지 보는 것은 공을 가지고 하는 스포츠라면 잊지 말아야 할 기본 철칙이다. 공을 끝까지 봄으로써 타격 동작이 끝날 때까지 자세를 흐트러뜨리지 않고 올바르게 유지할 수 있기 때문이다. 번트 연습은 타자로 하여금 공을 끝까지 보게 해줌으로써 흐트러진 타격 자세를 바로잡아주고, 그 결과 배트의 스위트 스폿(공이 가장 효과적으로 쳐지는 부분)에 공을 정확하게 맞히도록 해주는 것이다. 문제가 복잡할수록 기본으로 돌아가는 지혜가 필요하다.

고수와
하수의
차이

    고수(高手)란 '어떤 분야나 집단에서 기술이나 능력이 매우 뛰어난 사람'을 말한다. 많은 사람들이 자기가 맡은 분야에서 고수가 되길 바란다. 돈과 명예가 따르기 때문이다. 고수가 되기 위해서는 고수만이 갖고 있는 비법을 전수받아야 한다고 굳게 믿고, 그 '한 수(手)'를 배워보려고 애쓴다. 하지만 안타깝게도 어느 날 갑자기 고수로 만들어주는 '한 수'란 없다.

    그렇다면 고수와 하수(下手)의 차이는 뭘까? 가장 근본적인 차이는 '기본의 차이'다. 기본이 얼마나 탄탄하게 다져져 있느냐에 따라서 고수와 하수가 결정된다.

    고수는 "기본은 쉽기 때문에 가장 먼저 배우는 것이 아니라, 가장 중요하기 때문에 가장 먼저 배운다"라는 사실을 잘 알고 있다. 또한 고수의 한 수란 알고 보면 어느 날 갑자기 하늘에서 뚝 떨어지는 것이 아니라, '기본기'를 100% 자기 것으로 만든 후 자유자재로 활용하는 과정에서 자신도 모르게 체득하게 된다는 사실 역시 분명히 인식하고 있다. 때문에 기본을 대하는 자세가 진지하고, 틈만 나면 기본을 익히고 또 익힌다. 반면에 하수일수록 기본을 우습게 여기고 대충 건너뛰려고 한다. 남들도 다 아는 이렇게 쉬운 걸 배워서 뭐에 쓰느냐고 말한다. 대신 있지도 않은 '한 수'를 배우기 위해 목숨을 거는 것이다.

고수의 잘 다져진 기본기는 결정적인 순간에 빛을 발한다. 승부는 몇 번 오지 않는 결정적인 기회를 누가 더 잘 살리느냐에 따라 판가름나는데, 이때 승부를 결정짓는 것이 바로 잘 다져진 기본기인 것이다. 결정적인 순간이라고 해서 특별한 기술이 필요한 것은 아니다. 결정적인 순간일수록 잘 체득된 기본기가 필요하다는 사실을 알아야 한다. 실제로 무술 고수들 간의 대련에서는 기본 동작으로 승부가 난다고 한다. 좀 더 엄밀히 말하면 기본 동작을 바탕으로 한 응용 동작인데, 이것은 기본 동작을 완전히 자기 것으로 체득한 후에야 비로소 가능한 일이다. 또 응용 동작은 평소에 한 번도 연습해본 적이 없는데도 대련 중에 자신도 모르게 나온다고 한다. 그래서 동작을 펼친 사람 스스로도 자기 동작에 놀란다고 한다. 고수가 기본기를 다지고 또 다지는 것은 바로 이 때문이다.

박지성 선수가 뛰고 있는 영국 프리미어 리그의 '맨체스터 유나이티드(이하 맨유)' 팀의 축구 경기를 보다 보면 "맨유는 역시 세계 최정상의 팀이구나!"라는 감탄이 절로 나온다. 맨유도 상대방 골 문전에 갈 때까지는 우리 프로축구 팀들과 별반 다를 게 없어 보인다. 화려한 개인기보다는 패스와 스피드가 중심이 되는 맨유의 플레이는 오히려 단조로워 보이기까지 한다. 하지만 골 찬스가 오면 여간해서는 놓치는 법이 없다. 한 치의 오차도 없는 정교한 플레이로 여지없이 득점으로 연결시킨다. 반면에 하수 팀들은 상대방 골문까지는 잘 간다. 하지만 결정적인 순간에 실수를 저지른다. 골키퍼와의 일대일 찬스에서 볼트래핑 실수나 어이없는 킥으로 다 잡은 골 찬스를 허공으로 날려버린다. 뿐만 아니라 수비수의 엉뚱한 패스미스 한 방으로 순식간에 무너져버리기도 한다. 볼키핑이나 볼트래핑, 패스, 킥 등은 축구 기술에서 기본 중의 기본에 속한다. 바로 이 기본기가 승부를 가르는 것이다. 맨유 같은 고수는 평소에 잘 다져진 기본기 덕분에 어떤 상황에서도 침착하게 자신의 실력을 100% 발휘한다. 결정적인 기회를 놓치는 법도 없고, 결정적인 위기를 자초하는 일도 없다. 물론 맨유의 세계적인 선수들도 사람인지라 실수를 한다. 하지만 그 횟수가 절대적으로 적을 뿐만 아니라 결정적인 순간에는 거의 실수를 하지 않는다. 잘 다져진 기본기 덕분이다. 전체적인 경기 내용이나 볼 점유율 등에서 열세인 경기에서도 맨유가 승리하는 이유는 바로 이것이다.

반면에 하수는 평소에는 고수들과 별 차이가 없어 보인다. 훈련이나 연습 경기에서는 제 실력을 발휘하다가도 정작 본 경기에서 결정적인 기회가 오면 허둥대고 당황하다가 어이없는 실수로 기회를 날려버린다. 기본기가 약하기 때문이다.

이처럼 기본의 중요성은 아무리 강조해도 지나치지 않다. 일의 성패를 좌우하는 것도, 고수와 하수의 차이를 만들어내는 것도 모두 기본에 달려 있기 때문이다. "급할수록 쉬어가라"는 말이 있다. 일이 복잡하게 꼬여 있거나 어느 순간 벽에 부딪쳐 한걸음도 더 나아갈 수 없을 때일수록 처음으로 돌아가 기본부터 차근차근 되짚어보는 지혜가 필요하다. 골프 황제의 과외 선생인 부치 하먼과 한일 월드컵의 영웅 거스 히딩크처럼 말이다. 난제를 해결할 '한 수'가 바로 '기본'에 있다는 것을 잊지 말자.

기본으로

돌아가자

기본으로 돌아가라(Back to the Basic)

- 기본을 뛰어넘고 나서 기본을 깨라.

  (*Breaking the Basic over the Basic.*)

- 법칙에 정통한 사람이 법칙을 깰수 있다.

  (*You know the Rule. You can Break the Rule.*)

- 법칙은 분명한 목적이 있을 때 깨는 것이다.

  (*Breaking the Rule for the Clear Goal.*)

강의 첫머리에 나는 참석자들에게 다음과 같은 질문을 한다.

"기획이란 어떤 일을 하는 건가요?"

"기획은 왜 하나요?"

"기획에서 가장 중요한 게 뭔가요?"

아주 기본적인 것들이다. 그래서인지 참석자들의 얼굴이 시큰둥해

진다.

"강사가 기획 전문가라고 해서 특별한 비법이라도 한 수 배울까 하고 왔는데 뭐 이런 기본적인 걸 다 물어보나. 우리 수준을 너무 낮게 보는 거 아냐!"

이런 표정이 역력하다. 참석자들 대부분이 현재 기획 업무에 종사하고 있는 사람들이라 어쩌면 당연한 반응인지도 모른다. 하지만 막상 대답을 들어보면 기획에 대해 제대로 알고 있는 경우가 거의 없었다. 알고 있다 하더라도 '기획이란 새로운 비즈니스를 개발하는 것'이라든지 '기획이란 새로운 아이디어를 찾는 일'과 같이 추상적이고 막연하게 알고 있어서 실제 기획 업무에는 도움이 되지 않는 경우가 많았다. 잘못 알고 있거나 전혀 개념이 없는 경우도 있었다. 그들 말처럼 아주 기본적인 질문인데 말이다. 가장 안타까운 것은 자신이 당면한 문제를 단번에 해결할 수 있는 기획의 한 수(手)를 강의를 통해 찾으려고 한다는 것이다. 유감스럽지만 그런 한 수는 강의나 책 속에 없다. 설사 과거에 비슷한 문제를 해결한 한 수가 있더라도 그것이 당신의 문제를 해결해줄 가능성은 거의 없다. 세상일이란 그렇게 거저먹기로 되는 게 아니다.

세상 모든 일에는 기본이라는 것이 있다. 기본이란 가장 중요하고 근본이 된다는 뜻이지 쉽다는 의미가 아니다. 그래서 가장 먼저 배우고 공(功)을 들여 익혀야 한다. 기획도 마찬가지다. 기본이 중요하다. 기획을 하는 사람의 기본은 기획에 대해 제대로 아는 것이다. 기획의 개념과 특성, 원리, 방법에 대해 분명하고 명확하게 알고 있어야 한다. "기획이란 어떤 일을 하는 것인가?", "기획은 왜 하는가?", "기획은 어떤 방법으로 하는가?"와 같이 가장 기본적인 질문에 자신 있게 대답할 수 없다면 성공적인 기획은 기대하기 어렵다. 기획에 대한 분명한 이해야말로 기획자의 기본인 동시에 성공하는 기획의 핵심이기 때문이다.

'시작이 반'이라는 말처럼 모든 일에는 첫발이 중요하다. 첫발의 작은 차이가 끝에 가서는 엄청난 차이를 만들기 때문이다. 첫발을 잘 내딛기 위해서는 자신이 하고 있는 일에 대한 큰 그림을 그릴 수 있어야 한다. 설계도 같은 것 말이다. 그래야 발을 헛딛지 않는다. 잔가지에 가려 큰 줄기를 놓치는 어리석음도 피할 수 있다. 기획의 개념과 특성에 대해 제대로 알면 기획의 큰 그림을 그릴 수 있게 된다. 여기서 '제대로'라는 의미는 막연하고 추상적인 것이 아니라 '구체적이고 실제적'이라는 뜻이다.

바둑에 '정석(定石)'이라는 말이 있다. 그대로 따라하면 성공할 확률이 가장 높은 최선의 수(手)를 정석이라고 한다. 기획에도 정석이 있다. 큰 그림을 그리고 첫발을 내디뎠다면 정석을 따를 일이다. 목적지로 가는 데 훌륭한 가이드가 돼줄 것이다. 기획의 원리와 방법에 대한 이해가 이것을 가능케 한다.

기본의 중요성은 아무리 강조해도 지나치지 않다. 나 역시 기본에 충실할 것이다. 당신도 기본에 충실해야 한다. 세부적인 테크닉 같은 것들에 현혹되지 말고, 기획과 관련된 핵심 개념과 원리, 방법들에 집중해야 한다. 그것들을 구체적이고 실제적으로 이해하고, 공을 들여 몸에 익혀야 한다. 실전을 통해 익혀서 100% 자기 것으로 만들어야 한다는 말이다. 그러고 나면 그 토대 위에 자신의 경험과 연구가 쌓이고, 다른 사람들의 충고나 조언이 보태지면서 자신만의 이론과 실천력을 갖추게 된다. 그래야 비로소 한 수가 나오는 것이다. 난제일수록 기본은 빛을 발한다. 쾌도난마(快刀亂麻)의 한 수가 필요할 때일수록 기본으로 돌아가야 한다. 문제를 단숨에 해결할 수 있는 '회심의 한 수'가 기본에 있다는 것을 명심하라.

카메론 감독과 송해 씨

영화 〈타이타닉〉으로 아카데미 감독상을 수상한 제임스 카메론(James Cameron)은 잠수정을 타고 27회나 해저 4천 미터에 침몰된 타이타닉호에 다녀왔다고 한다. 영화제작 분야의 최고 전문가인 그이지만, 타이타닉호에 대해 제대로 알지 못하고는 이처럼 훌륭한 영화를 만들지 못했을 것이다. 우리나라 최장수 방송 프로그램인 KBS 〈전국노래자랑〉에서 26년째 MC를 맡고 있는 송해 씨의 저력은 무엇일까? 그는 방송 녹화 전날에는 어김없이 현지로 내려가 그 지방의 음식을 먹어보고, 목욕탕에 가서 그 지역 사람들을 만나 진솔한 이야기를 나눈다고 한다. 수많은 방송 경험과 노하우를 가진 그이지만 그 지역에 대해서 제대로 알지 못하고서는 현장감 있는 방송을 할 수 없음을 잘 알기 때문이다. 당신도 마찬가지다. 아마도 당신은 자신이 맡은 사업 분야, 즉 영업·광고·마케팅·인사·영화·출판 등에 대해서는 전문가급의 지식과 노하우를 가지고 있을 것이다. 영화감독으로서의 카메론이나 MC로서의 송해 씨처럼 말이다. 하지만 기획에 대해서는 어떤가? 당신의 사업 분야처럼 전문가라고 자부할 수 있는가? 광고 기획자는 광고만큼 기획에 대해 잘 알아야 한다. 마케팅 기획자는 마케팅만큼 기획에 대해 잘 알아야 한다. 광고, 마케팅만 알고 기획을 모르면 제대로 된 기획을 할 수 없다. 그것이 기본이다.

성공하는

기획의

특징

드라마 〈주몽〉은 숱한 화제를 만들어냈다. 50%를 상회하는 시청률로 드라마 왕국 MBC의 위상을 올려놓았으며 안방극장 스타를 여럿 배출했다. 뿐만 아니라 통일신라에 가려져 있었던 고구려의 역사와 문화에 대한 국민적 관심과 함께 민족적 자긍심을 일깨우는 국민 드라마가 되었다. 〈주몽〉의 성공 이후 고구려를 소재로 한 드라마가 봇물을 이루었지만 어느 것도 〈주몽〉의 기록을 깨지는 못했다.

방송가에서는 '시청률 50%'를 '꿈의 시청률'이라고 부른다. 그만큼 달성하기 어렵다는 뜻이다. 드라마 PD들은 "각종 미디어가 범람하고 있는 2000년대에 시청률 50% 돌파는 기적이다"라고까지 말한다. 〈주몽〉은 어떻게 이런 기적을 만들어낼 수 있었을까?

〈주몽〉의 정식 명칭은 'MBC 특별기획 드라마 〈주몽〉'이다. 여기서 우리는 '기획'이라는 단어에 주의를 기울일 필요가 있다. 방송국에서 특별히 시간과 돈을 많이 투자해서 방송 프로그램을 제작하는 목적은 경쟁 방송국보다 높은 시청률을 달성하는 것이다. 시청률이 높아야 많은 기업들이 광고 스폰서로 참여하고 그래야 더 좋은 프로그램을 제작할 수 있기 때문이다. 그런데 이제까지는 높은 시청률을 달성하기 위해서 연출담당 PD와 편성담당 PD, 두 사람이 그 역할을 담당했다. 연출 PD가 스토리 전개와 구성이 탄탄한 대본을 고르고 주연 배우와 조연 배우의 연기력을 통해 드라마를 연출하면, 편성 PD가 경쟁 방송국의 프로그램을 고려해 시청률의 우위를 달성할 수 있는 시간대에 편성하는 것이다.

하지만 이제는 상황이 바뀌었다. 케이블 TV의 급성장으로 방송 채널 간 경쟁이 치열해졌을 뿐만 아니라 인터넷이란 막강한 경쟁자가 TV 앞에서 시청자들을 빼앗아가고 있는 것이다. 좋은 대본과 연기, 적절한 편성만 가지고는 시청자들을 되찾아올 수 없게 됐다. 그래서 등장한 직종이 '기획 PD'이다.

기획 PD의 역할은 독특한 소재와 사회적 이슈를 결합한 콘텐츠를 개발하는 것이다. 즉 지금까지 없었던 새로운 소재를 찾아서 시청자들의 관심을 불러일으킬 수 있는 드라마의 내용을 개발하는 것이다. 스타 배우나 작가를 앞세운 드라마들이 좋은 성적을 거두지 못하면서 기획 PD의 역할이 점점 중요해지고 있으며, 실제로 〈주몽〉을 비롯해 〈대장금〉, 〈내 이름은 김삼순〉 등 많은 드라마들이 기획의 힘으로 대박을 터뜨렸다. 이런 드라마들의 공통적인 특징은 무엇일까?

〈주몽〉의 최완규 작가가 말하는 〈주몽〉의 성공 요인을 들어보자.

"처음 고대사를 드라마로 접근한 소재 자체가 지니는 신선한 요소가 있었고, 이런 부분이 중국의 동북아공정과 맞물려 시청자의 관심과 연결됐다. 또 구조가 단순하고 쉬워 대중의 접근이 쉬웠던 것 같다."[1]

여기서 우리는 성공하는 기획의 특징을 세 가지로 요약할 수 있다.

첫째, 성공하는 기획은 창의적이어야 한다. 새롭고 신선해야 한다. 당신이 기획하는 대상이 무엇이든 그것의 종착역은 고객의 선택을 받는 것이다. 새롭고 신선해야 한 번이라도 더 보게 되고 한 번이라도 더 생각하게 되며, 그만큼 소비자에게 선택될 확률도 높아진다.

〈주몽〉은 우리나라 고대사를 본격적으로 다룬 최초의 드라마였다. 〈대장금〉은 아무도 다루지 않았던 궁중요리를 소재로 다룬 유일한 드라마였다. 〈내 이름은 김삼순〉은 '파티시에'라는 직업과 뚱뚱하고 촌스러운 여자 주인공의 신데렐라 스토리라는 독특한 시각이 새롭고 신선했기 때문에 시청자의 시선을 끌 수 있었다.

둘째, 성공하는 기획은 문제 해결 지향적이어야 한다(문제 해결에는 '목표 달성'의 의미도 포함된다). 기획의 핵심이 창의성인 것은 분명하지만 창의성 자체가 기획의 목적은 아니다. 기획의 목적은 문제 해결이다. 당신의 기획은 당신 회사의 문제를 해결할 수 있어야 한다. 아무리 독특한 기획안이라도 당면한 문제를 해결하지 못한다면 아깝지만 이면지로 쓸 수밖에 없다. 앞에서 예로 든 드라마들도 '시청률 향상'이라는 방송국의 문제를 해결하지 못했다면 아무리 소재나 시각이 독특하더라도 성공한 기획으로 평가받지 못했을 것이다. 드라마나 영화의 경우 비평가들로부터는 높은 평가를 받고도 일반 시청자나 관람객들로부터 외면당하는 경우를 종종 볼 수 있다. 광고계에서는 광고상을 휩쓸고 유행어까지 만들어내면서 인구에 회자되는 광고가 판매에서는 맥을 못 추는 일이 자주 발생한다. 상을 타는 것이 목적이 아니라면 모두 실패한 기획이다. 당신이 기획한 상품, 광고, 영화, 웹사이트, 이벤트가 참신한 아이디어로 업계 전문가들로부터는 호평을 받았으나 판매, 관람객 동원, 방문자 수에서 실적이 저조했다면 그것 역시 실패한 기획이다. 당신 회사의 문제를 해결하지 못했기 때문이다.

문제를 해결하지 못하는 기획은 제대로 된 기획이 아니다. 당신의 기획안은 아이디어가 얼마나 독특한가로 평가받는 것이 아니라 문제를 얼마나 잘 해결할 수 있느냐로 평가받는다는 점을 명심하라.

셋째, 기획이 성공하려면 설득력이 있어야 한다. 아무리 창의적인 아이디어라 할지라도 고객을 설득하지 못한다면 아이디어가 없는 것과 같다. 당신의 상사를 설득하지 못하면 심혈을 기울인 당신의 기획안은 쓰레기통으로 들어갈 것이다. 고객을 설득하지 못한다면 당신의 제품은 수많은 특허에도 불구하고 창고에서 먼지를 뒤집어쓰게 될 것이다(고객에는 내부 고객과 외부 고객이 있다. 내부 고객이란 당신이 기획안을 승인받아야 할 상사를 말하며, 외부 고객이란 당신의 클라이언트나 당신이 기획한 제품과 서비스를 구입, 사용할 일반 소비자를 가리킨다. 이 모두를 '고객'으로 표현한다).

그럼에도 기획에서 설득의 중요성은 종종 간과되기 일쑤다. 당신의 아이디어가 탁월함에도 불구하고 채택되지 않는다면 설득력에 문제가 있는 것이다. 설득의 핵심은 공감이다. 설득력이 있다는 것은 당신의 기획이 고객과 폭넓은 공감대를 형성할 수 있어야 한다는 뜻이다. 그러기 위해서는 당신의 기획은 고객의 관심과 이익에 부합해야 한다. 아무리 독특하고 개성 넘치는 아이디어라도 고객은 자신과 관련 없는 이야기에는 절대로 귀를 열지 않기 때문이다. 고구려의 역사를 자신들 역사에 편입시키려는 중국의 동북아공정이라는 사회적 이슈와 맞물려 〈주몽〉의 시청률은 더욱 탄력을 받을 수 있었다. 〈대장금〉의 성공 배경에는 당시 유행하던 웰빙 음식과 요리에 대한 소비자들의 관심이 있었고, 백마 탄 왕자를 기다리는 신데렐라 콤플렉스는 〈내 이름은 김삼순〉의 시청률 고공행진의 밑바탕이 되었다.

한마디로 '기획은 창의적이고 동시에 설득적인 문제 해결 행위'다.

기획은 당신의 문제를 해결할 수 있는 창의적인 아이디어를 찾는 일이다. 모든 아이디어는 당신의 문제를 해결하는 데 초점이 맞춰져야 한다. 당신과 비슷한 문제를 당신의 경쟁자들도 가지고 있기 때문에 당신의 문제 해결 아이디어는 경쟁사와는 다른, 기존에는 볼 수 없었던 새롭고 신선한 것이어야 한다. 즉 창의적이어야 한다. 그래야 고객들의 주목을 받을 수 있다. 또한 아이디어가 빛을 보려면 고객을 설득할 수 있어야 한다. 아무리 훌륭한 아이디어도 고객을 설득하지 못하면 그 종착역은 쓰레기통이라는 점을 잊지 마라.

성공한 기획의 특징	1. 창의적이다. 2. 문제해결 지향적이다. 3. 설득력이 있다.

더 좋은 것보다

맨 처음이 낫다

'더 좋은 것보다는 맨 처음이 낫다'는 마케팅 법칙이 있다. '선도자의 법칙'이라 불리는 것으로, 마케팅의 성공을 위해서는 더 좋은 제품보다 최초의 제품이 훨씬 효과적이라는 것이다.[2]

드라마 〈바람의 나라〉는 방영 전부터 화제에 올랐다. 김진 화백의 인기 만화가 TV 드라마로 만들어진다는 점, 200억 원이라는 막대한 제작비, 대형 스타, 해외 로케이션, 거기에 사극 열풍까지, 누구도 드라마의 순항을 의심치 않았다. 하지만 예상과 달리 줄곧 10% 중반대의 시청률을 오르내리며 중박(中舶) 수준에 머물렀다.

반면에 〈베토벤 바이러스〉는 제작비 35억 원에, 주연 김명민 씨 말고는 눈에 띄는 대형 스타도 없고, 해외 로케이션도 없었지만 같은 시간대의 〈바람의 나라〉, 〈바람의 화원〉을 누르고 평균 시청률 1위를 기록했다. 〈베토벤 바이러스〉는 MBC '올해의 드라마상'을 비롯해 각종 연기상은 물론이고, 삼성경제연구소가 뽑은 '2008년 10대 히트상품'에까지 이름을 올렸다. 아무도 예상치 못한 결과였다.

이처럼 〈바람의 나라〉와 〈베토벤 바이러스〉의 희비가 엇갈린 이유는 뭘까?

〈바람의 나라〉의 예상치 못한 부진의 원인은 시청자 게시판을 보면 금방 알 수 있다. 비판적인 의견들의 요지는, "MBC 사극 〈주몽〉을 보는 것 같다"는 것이었다. 이를테면 '주몽 2'라는 것이다. 같은 주연 배우(송일국)에, 고구려 초기 역사라는 비슷한 소재, 비슷한 톤과 매너 등에서 시청자들은 식상함을 느꼈다. '더 좋은 주몽'을 만드는 것이 제작 목표였는지는 알 수 없으나, 설사 그렇게 만들어졌다 하더라도 결과는 별로 달라지지 않았을 것이다. 사람들은 최초의 것, 새로운 것에 관심이 많으며 '더 좋은 것'으로 사람들의 관심을 끌기는 어렵기 때문이다.

반면에 〈베토벤 바이러스〉는 여러 면에서 새로운 기획이었다. 먼저 우리나라 최초의 음악 드라마였다. 그것도 비인기 소재인 클래식과 오케스트라를 주 소재로 삼았다. 주인공 강건우(일명 강마에)도 정형화된 남자 주인공의 모습과 사뭇 달랐다. 지금까지 드라마의 남자 주인공은 약자를 보호하고 온갖 역경을 헤쳐 나가는 '정의파'의 모습을 보여주었는데, 강마에는 '똥, 덩, 어, 리', '구제불능' 같은 독설을 퍼붓는 까칠한 주인공이었던 것이다. 한마디로 새롭고 신선했다.

여기에 '희망'이라는 공감 코드가 깔렸다. 김명민 씨는 그해 연기 대상 수상 소감에서 "우리 드라마를 보고 희망을 얻은 분들이 있어 기뻤다"라고 말했다. 그렇다. 〈베토벤 바이러스〉의 메시지는 '희망'이었다. 삶의 무게에 눌려 꿈을 버리고 살았던 아마추어 단원들이 음악을 통해 행복과 꿈을 찾아가는 과정을 통해 〈베토벤 바이러스〉는 경기 침체로 허덕이는 시청자들에게 희망을 선물한 것이다. 이것이 시청자들을 설득했다.

〈베토벤 바이러스〉는 새로우면서도 설득력 있는 기획이었다. 선도자의 법칙에 잘 따르면서 기획의 성공 법칙에도 잘 들어맞는 탁월한 기획인 것이다. 그 결과 35억의 투자로 200억짜리 바람과 60억짜리 바람, 둘 다를 잠재울 수 있었다.

경영혁신상을 휩쓴 '아사히야마 동물원'[3]

아사히야마 동물원은 일본 홋카이도에 위치한 소규모 시립 동물원이다. 이 작은 동물원이 일본의 쟁쟁한 기업들을 물리치고 2005년과 2006년 연거푸 경영혁신상을 휩쓸었다. 1996년까지만 해도 이 동물원은 입장객이 적어 문을 닫아야 할 형편이었다. 인근에 큰 도시가 없고 판다나 코알라와 같이 사람들의 관심을 끌 만한 동물도 없었다. 게다가 1년 중 절반은 폭설로 인한 휴관으로 연간 관람객이 26만 명까지 떨어졌다. 하지만 지금은 최고 인기 동물원 중의 하나가 됐다. 2006년에는 입장객 수가 280만 명까지 늘어났고, 이 작고 추운 동물원에 중국과 홍콩 등지에서까지 단체 관람객들이 몰려들었다. 그 비결이 뭘까?

최악의 입지 조건을 극복하고 성공을 거둔 배경에는 일반인들의 고정관념을 깨는 창의적인 발상이 있었다. 입장객 감소라는 문제를 해결하기 위해 고스케 원장을 비롯한 전 직원이 고심 끝에 '행동 전시'라는 새로운 개념의 전시 방법을 기획한 것이다. 아이디어의 핵심은 관람객들이 동물들의 행동을 잘 볼 수 있도록 전시 방법을 바꾼 것이다.

예를 들어, 펭귄관에 가면 관람객들의 머리 위쪽에 유리로 만든 터널이 지나간다. 관람객들은 그 속에서 마치 하늘을 나는 듯 헤엄치는 펭귄의 그림 같은 모습을 볼 수 있다. 바다표범관에는 투명 원형기둥이 설치돼 있어 바다표범이 물을 박차고 수직으로 상승하는 모습을 바로 눈앞에서 볼 수 있다.

'행동 전시'의 개념은 '관람객들이 동물원을 찾는 목적'에 가장 충실한 답이다. 관람객들은 동물들의 행동을 보기 위해 동물원에 온다. 가능하면 가까운 곳에서 자세히 동물들의 행동을 관찰하고 싶어한다. 하지만 다른 동물원에서는 이런 목적을 달성하기가 어렵다. 온 가족이 시간을 내서 모처럼 동물원을 찾았는데 동물들이 우리 안에서 잠을 자거나 어슬렁거리는 모습을 보는 것이 고작이다.

하지만 아사히야마 동물원에서는 다르다. 투명 유리창을 통해 북극곰의 털 한 올까지도 생생하게 관찰할 수 있기 때문이다.

아사히야마 동물원의 행동 전시는 기존 동물원에서는 볼 수 없었던 창의적인 아이디어일 뿐만 아니라, 동물들의 행동을 자세히 관찰하고 싶어하는 관람객들과 폭넓은 공감대를 형성함으로써 악조건에도 불구하고 관람객들이 아사히야마를 방문하도록 설득할 수 있었다.

기획과

아이디어는

다르다

이솝 우화에 '고양이 목에 방울 달기'라는 이야기가 있다. 고양이의 위협으로 불안에 떨던 쥐들이 모여 회의를 열게 된다. 갑론을박 끝에 한 젊은 쥐가 "고양이 목에 방울을 달면 그 방울소리를 듣고 고양이가 오는 것을 미리 알 수 있기 때문에 쉽게 도망갈 수 있다"라는 아이디어를 제안한다. 쥐들이 모두 "그것 참 묘안이다"라고 박수를 치는데, 한 늙은 쥐가 말한다. "그런데 고양이 목에 방울은 누가 달지?" 그러자 쥐들이 쥐 죽은 듯 조용해지고 말았다.

기획은 문제 해결을 위한 아이디어를 찾는 일이며, 그 핵심은 아이디어다. '새롭다'는 면에서 보면 기획과 아이디어는 관련이 깊다. 하지만 기획과 아이디어는 다르다. 아이디어만 가지고는 기획을 할 수 없다. 둘은 다음과 같은 차이가 있다.

첫째, 기획은 크고 작은 아이디어들이 유기적으로 통합되어야만 비로소 가치를 지닌다. 기획의 단초는 물론 하나의 아이디어이지만 그것이 바로 기획이 되는 것은 아니다. 하나의 아이디어로부터 시작해서 그와 관련된 크고 작은 아이디어들이 모이고 쌓여야 한다. 그리고 그 아이디어들이 문제 해결이라는 목적을 향해 하나로 통합되어야 비로소 기획이 완성된다. '고양이 목에 방울 달기'라는 매력적인 아이디어를 기획으로 완성하기 위해서는 또 다른 아이디어들이 필요하다. 최정예 쥐들로 구성된 방울 달기 특공대를 구성한다든지, 고양이가 스스로 자기 목에 방울을 달도록 만든다든지 하는 크고 작은 아이디어들이 필요한 것이다. 그리고 이 아이디어들이 '고양이의 위협으로부터 생명을 보호한다'는 문제를 해결할 수 있도록 유기적으로 통합되어야 비로소 기획이 완성된다.

둘째, 기획에는 창의적 사고뿐만 아니라 현실적 사고, 논리적 사고가 함께 필요하다. 아이디어의 창의성에 현실성과 논리성이 더해져야만 비로소 그 빛을 발할 수 있기 때문이다. 창의적 사고는 기획의 핵심인 아이디어를 찾아내는 사고이며, 논리적 사고는 왜 그 아이디어가 문제 해결에 적절하고 유효한지를 설명하는 사고이고, 현실적 사고는 기술·예산·시간 등 현실적인 조건과 상황들을 고려할 때 실현 가능한 아이디어인가를 가늠해보는 사고다.

아무리 아이디어가 창의적이라 할지라도 기업의 자금력이나 기술력 등 현실적인 여건을 고려(현실적 사고)하지 않았다거나, 왜 그 아이디어가 문제 해결에 가장 유효하고 적절한 방법인지를 논리적으로 입증(논리적 사고)할 수 없다면 기획이 아니다. 쥐들의 현실적 상황을 고려해볼 때 '고양이 목에 방울 달기'가 불가능한 것이라면 그것은 단지 하나의 아이디어일 뿐이지 기획은 아니다. 창의적인 아이디어에 현실적 사고와 논리적 사고가 통합적으로 이루어져야 비로소 기획이 완성된다.

셋째, 기획은 기업의 문제를 해결하기 위한 행위이므로 기획의 본래 목적에 충실한 방향성을 가져야 한다. 아이디어는 처음부터 방향성을 필요로 하지 않는다. 방향성이 없는 아이디어에 방향성을 부여하고 기업의 목적에 부합하도록 생명력을 부여하는 과정을 통해 기획은 완성된다. '고양이 목에 방울 달기'는 그것이 '고양이의 위협으로부터의 생명 보호'라는 목적을 달성하기 위한 하나의 방법으로 제안될 때 기획으로서 의미를 가진다. 아무런 방향성 없이 '고양이 목에 방울을 달아보면 어떨까?' 하는 생각은 아이디어에 불과하다.

기획과 계획도 다르다. 사전에 보면, 기획이란 "아직까지 없거나 어떤 새로운 일을 이루기 위해 미리 짠 얼개", 계획은 "미래의 일에 대한 좀 더 조직적이고 실천성을 고려한 얼개"라고 풀이돼 있다. 풀어보면, 기획의 특징은 '아직까지 없거나, 새로운', 즉 '창의성'이며, 계획의 특징은 '조직적, 실천적', 즉 '현실성과 논리성'이다. 기획은 새로운 일의 내용이나 그 자체를 결정하는 것이며, 계획은 내용이나 체계가 결정돼 있는 일을 어떻게 실시하느냐 하는 경우에 사용된다. 기획이 '무엇을 할까(what)'에 중점을 둔다면, 계획은 '어떻게 할까(how)'에 중점을 둔다. 따라서 기획이 먼저 있고 그다음에 계획이 있다.

정리해보면, 기획과 계획의 차이는 창의성에 있다. 기획이 창의적인 무엇을 만들어내는 것이라면, 계획은 그것을 합리적이고 체계적으로 실행하는 절차나 순서를 생각하는 것이다. 기획서에는 기획과 계획의 내용이 모두 포함돼야 한다.

쥐덫 이야기

미국 최대의 쥐덫 회사인 울워스(Woolworth)에서 플라스틱으로 만든 쥐덫을 만들어냈다. 이 제품은 기존 나무 쥐덫에 비해 혁신적인 신제품이었다. 모양도 예쁘고 쥐도 잘 잡히며 위생적일 뿐만 아니라, 가격은 조금 비싸지만 한 번 사용하고 버리는 기존의 나무 쥐덫에 비해 반영구적으로 쓸 수 있다는 장점이 있었다. 회사는 큰 기대를 걸었다.

하지만 결과는 참담했다. 제품의 아이디어는 신선하고 독특했지만 제품 사용상의 현실적인 문제를 고려하지 못했기 때문이다. 기존의 나무 쥐덫은 쥐가 잡히면 쥐와 함께 버렸다. 하지만 플라스틱 쥐덫은 그럴 수가 없었다. 모양도 예쁘고 위생적이고 고가여서 한 번 쓰고 버리기엔 아까웠다. 그렇다고 한 번 쓴 쥐덫을 다시 사용하는 것은 더더욱 못할 일이었다. 당신이라면 쥐만 버리고 쥐덫은 깨끗이 세척해서 다시 사용하겠는가? 결과적으로 플라스틱 쥐덫의 제품 기획은 실패했다. 아무리 창의적인 아이디어의 제품이라도 기업과 고객에 대한 현실적 사고의 과정을 반드시 거치지 않으면 안 된다.

기획의

5단계

기획 작업은 다음 쪽 그림에서 보듯 크게 2개로 나누어 생각할 수 있다. "무엇이 문제인가?"를 발견하는 '문제 파악 단계'와 "(그 문제를) 어떻게 해결할 것인가?"라는 '문제 해결 단계'다. 즉 기획의 50%는 문제를 발견하는 것이며 나머지 50%는 아이디어를 발견하는 것이다. 기획에서 아이디어만큼 중요한 것이 문제를 올바르게 파악하는 것이라는 사실을 명심하라. 무엇이 문제인지 정의하느냐에 따라서 그 해결책이 엄청나게 다를 수 있기 때문이다.

좀 더 세부적으로 구분하면, 기획 작업은 문제 설정, 문제 파악, 목표 설정, 문제 해결, 종합 평가의 5단계로 나누어진다. 물론 이 5단계는 편의상 구분한 것이며, 실제 작업 단계에서는 칼로 무 자르듯 명확하게 구분되는 것은 아니다.

🔎 기획의 5단계

문제 설정	문제 파악	목표 설정	문제 해결	종합 평가
• 문제들에 대한 확실한 규정 • 문제의 명확화, 구체화	• 연관 사실의 파악 및 분석 • 핵심 문제의 추출	• 목표 설정 • 평가 기준 설정	• 다양한 대안 개발 • 아이디어의 구체화	• 대안의 평가 및 선택

"무엇이 문제인가?"

문제의 발견

"(문제를) 어떻게 해결할 것인가?"

아이디어의 발견

첫 번째 문제 설정 단계에서는 무엇이 문제인지를 확실하게 규정지어야 한다. 문제가 명확히 규정되면 해결된 것과 같다는 말처럼, 팀원들이 문제를 명확하게 인식하고 공유할 때까지 구체화하는 것은 매우 중요한 일이다.

두 번째 문제 파악 단계에서는 앞에서 설정된 문제와 연관해서 사실을 철저히 파악하고 분석해야 한다. 직접, 간접의 모든 사실들을 가능한 한 많이 수집하고 분석하여 문제점 중에서 핵심을 파악하도록 노력해야 한다.

세 번째 목표 설정 단계에서는 기획의 지향 목표와 평가 기준을 설정한다. 문제 파악 단계와 문제 해결 단계를 연결하는 단계로, 파악된 문제점들에서 과제를 추출하고 그것들이 기업의 목표와 합치되는 방향으로 기획 목표를 설정한다. 또한 문제 해결책으로 제안된 아이디어가 기획 목표를 달성하는 데 얼마나 효과적인지를 평가할 수 있도록 객관적인 평가 기준을 설정해야 한다.

네 번째 문제 해결 단계에서는 다양한 아이디어들을 생각해내고 그것들을 구체화시킨다. 브레인스토밍(brainstorming) 등의 방법을 통해 유효하다고 생각되는 모든 아이디어를 내놓고 그중에서 의미 있는 몇 개의 안을 추려서 구체적으로 발전시켜본다.

마지막으로 종합 평가 단계에서는 구체적으로 정리된 아이디어들 중에서 객관적인 평가 기준에 의해 최종안을 선정한다. 평가 기준은 기획 목표와 합치하는가, 어느 것이 가장 효과적인가, 현실성이 있는가, 논리적인가 등이다.

각 단계에 대해 다양한 예를 통해 좀 더 자세히 알아보자.

문제를

아는 것이

치료의 절반

앞에서 말한 바와 같이 '기획은 창의적인 문제 해결 행위'다. 여기에는 두 가지 의미가 담겨 있다. '창의적인 문제 설정'과 '창의적인 문제 해결'이 바로 그것이다. "병의 원인을 알면 치료의 절반은 끝난 것이다"라는 말처럼 문제 해결의 아이디어를 찾기에 앞서 "무엇이 문제인가?"를 아는 것의 중요성은 아무리 강조해도 지나치지 않다. 사실 이것이 더 어렵다. 하지만 대부분의 기획자들이 문제 설정의 중요성을 간과해버린다. 더 큰 실수는 창의적 사고는 문제 해결의 아이디어를 찾는 데만 필요한 것으로 착각하고 문제를 찾아내는 데는 전혀 머리를 쓰지 않는다는 사실이다. 그래서 기획회의가 소집되면 "무엇이 문제인가?"에 대한 토의는 거의 이루어지지 않고 바로 아이디어 회의로 넘어간다. 이렇게 해서는 절대로 올바른 해결책이 나올 수 없다. 어디가 아픈지도 모르는데 어떻게 올바른 처방을 내릴 수 있겠는가!

뛰어난 기획자는 해결책을 찾는 데 쏟는 만큼의 많은 시간과 노력을 "무엇이 문제인가?"를 파악하기 위해 투자한다. 창의적인 사고를 통해 문제를 설정하는 것이야말로 창의적인 문제 해결책을 찾는 시작이며 지름길이라는 사실을 잘 알기 때문이다.

예를 들어 당신이 도심에 있는 10층 빌딩의 주인이라고 가정해보자(생각만으로도 기분 좋은 일이다). 그런데 문제가 생겼다. 빌딩에 입주한 세입자들이 엘리베이터를 기다리는 시간이 너무 길다고 불평하며 주인인 당신에게 해결책을 요구한 것이다. 당신이라면 이 문제를 어떻게 해결하겠는가? 문제를 복잡하게 생각하지 않고 겉으로 드러난 사실만 보고 문제를 해결할 수도 있다. 즉 해결해야 할 문제를 '엘리베이터의 속도 개선'이라고 설정하고 엘리베이터 기술자에게 전화를 걸어 해결책을 찾는 것이다. 엘리베이터 시스템을 업그레이드시키는 방법, 그에 따른 소요 비용과 시간 등에 대해 기술자와 상의하여 최적의 방법을 도출해내는 것이다. 당신은 이 방법을 통해 머리로 생각하는 수고는 덜겠지만 아마도 꽤 많은 비용과 시간을 엘리베이터 속도 개선을 위해 투자해야 할 것이다.

하지만 만일 당신이 문제 설정 단계에서부터 창의적인 사고를 시작한다면 의외로 간단하고 효과적인 해결책을 찾을 수도 있다. 즉 해결해야 할 문제의 초점을 엘리베이터가 아닌 엘리베이터 이용객으로 옮기고, 그에 따라 해결해야 할 문제를 '엘리베이터의 속도 개선'이 아닌 '엘리베이터 이용자들의 불평 해소'로 설정하면 근본적으로 다른 해결책을 찾을 수 있다. 당신은 엘리베이터 문 옆에 거울을 부착하는 간단한 아이디어만으로도 문제를 해결할 수 있을 것이다. 이용자들이 엘리베이터를 기다리는 시간에 신경 쓰는 대신 거울을 통해 모양을 내는 것에 관심을 가지게 함으로써 세입자들의 불평을 큰돈 들이지 않고 해결할 수 있다. 아니면 이런 방법도 있을 것이다. 엘리베이터의 속도 개선을 위해서는 빌딩 관리비가 늘어나기 때문에 부득이 빌딩 임대료를 올릴 수밖에 없음을 고지하여 '엘리베이터 이용자들의 불평 해소'라는 문제를 해결하는 것이다. 당신의 머리가 잠시 동안 수고했지만 대신 수천만 원의 비용과 시간을 절약하게 된 셈이다.

이처럼 기획에서 창의적으로 문제를 설정하는 능력은 창의적으로 문제를 해결하는 능력만큼 중요하다. 문제 해결을 위해 창의적인 아이디어가 필요한가? 그렇다면 문제 설정에서부터 창의적으로 생각하라.

우문우답,
현문현답

콩 심은 데 콩 나고, 팥 심은 데 팥 나는 법이다. 기획에는 우문현답 (愚問賢答)이란 없다. 우문우답(愚問愚答)이요, 현문현답(賢問賢答)이 있을 뿐이다. 문제가 어리석다면 어리석은 아이디어가 나올 것이요, 문제가 똑똑하다면 똑똑한 아이디어를 발견하게 될 것이다. 문제의 질(質)이 아이디어의 질을 좌우하는 셈이다. 문제를 올바르게 파악하 는 데 큰 도움을 줄 세 가지 사고법을 소개한다.

첫 번째, 당신의 문제를 분명하고 정확한 질문 형식으로 적어보라. 그리고 가능한 한 다양한 방식으로 질문해보라. 문제에 대해 여러 방 향으로 캐물어 들어갈수록 옳은 질문과 옳은 답변을 찾을 확률이 높 아지기 때문이다.[4]

앞에서 예로 들었던 '엘리베이터 사례'에서 보듯, "누구와 이 문제 를 상의할까?" 하고 해결책을 찾기 전에 "내가 지금 어떤 문제에 맞 닥뜨려 있는가?" 하고 문제에 대해 묻게 되면 당신은 좀 더 다양한 문 제와 해결책을 찾게 된다. "이것은 기계의 문제인가?"라고 묻게 되면 당신은 "어떻게 하면 엘리베이터의 속도를 빠르게 할 것인가?"라는 쪽으로 해결책을 찾게 될 것이다. 반면에 "이것은 사람의 문제인가?"라고 묻게 되면 당신은 "어떻게 해야 사람들의 불평을 그치게 할 수 있을까?"라는 쪽으로 아이디어를 찾게 될 것이다. 다양한 각도에서 질문할수록 전혀 다른 다양한 해결책들을 얻게 된다. 그만큼 최적의 답을 찾을 확률도 높아지는 것이다.

뱅크 오브 아메리카(Bank of America)는 고객 서비스를 향상시키기 위해 여러 가지 실험과 조사를 하던 중 고객들이 은행에서 기다리는 시간의 임계치가 3분이라는 사실을 알았다. 3분 이상 기다리게 되면 실제 시간보다 오래 기다렸다고 느끼고 자신의 수고를 과대평가한다는 것이다. 당연히 고객들의 만족도는 떨어지게 된다. 이 문제를 해결하기 위해 BOA는 기다리는 고객들에게 비디오를 틀어주는 등의 서비스를 제공했다. 그 결과 고객 만족도가 높아진 것은 물론이고, 고객 1인당 1.4달러의 매출 증대 효과까지 거둘 수 있었다.[5] 즉 "어떻게 하면 서비스를 더 빠르게 제공할 수 있을까?"에서 끝내지 않고 "어떻게 하면 고객들을 지루하지 않게 할 수 있을까?"라고 다양하게 질문해봄으로써 비디오 서비스와 같은 좋은 아이디어를 발견할 수 있었던 것이다.

〈올드보이〉에서 배우는 기획의 지혜

박찬욱 감독의 〈올드보이〉는 이유도 모른 채 15년 동안 사설 감방에 갇힌 남자가 자신을 감금한 사람의 정체를 밝혀가는 과정을 그린 영화다. 2004년 칸영화제 '심사위원 대상'을 비롯해 같은 해 대종상영화제 감독상, 남우주연상 등 수많은 영화상을 수상했다. 주연 배우들의 탄탄한 연기력, 스토리의 치밀한 구성과 전개, 독특한 소재와 상황 설정 등이 잘 어우러져 흥행에도 성공했을 뿐만 아니라 오대수(최민식 분)가 산 낙지를 통째로 먹는 장면 등의 명장면과 대사가 두고두고 화제를 만들어냈다.

이 영화에서 주인공 오대수는 15년 만에 극적으로 탈출에 성공하게 되고, 이우진(유지태 분)과의 만남에서 "내가 누군지, 왜 가뒀는지 밝혀내면 죽어주겠다"는 제안을 받는다. 이때부터 오대수는 "누가 왜 나를 가두었을까?"라는 문제에 초점을 맞추고 답을 찾아간다. 하지만 영화가 진행될수록 답을 찾기는커녕 오히려 오대수의 문제는 복잡하게 꼬여간다. 영화 후반부에 이르러 이우진은 오대수에게 그가 답을 찾지 못하고 있는 이유를 이렇게 말한다.

"당신의 진짜 실수는 대답을 못 찾은 게 아냐. 자꾸 틀린 질문만 하니까 맞는 대답이 나올 리가 없잖아. '왜 이우진은 오대수를 가뒀을까?'가 아니라 '왜 오대수를 풀어줬을까?'란 말이야. 자 다시! 왜 이우진은 오대수를 딱 15년 만에 풀어줬을까요?"

이우진의 말처럼 문제의 초점을 '왜 가두었을까'가 아닌 '왜 풀어줬을까'로 옮겨갔다면, 오대수는 좀 더 현명한 답을 찾을 수 있지 않았을까? 최소한 사설 감방에서 탈출한 이후에 벌어진 더 불행한 일들은 피할 수 있지 않았을까?

두 번째, "어디가 문제인가?"가 아니라 "무엇을 위해 문제를 해결하려 하는가?"를 먼저 생각하라. 문제를 해결하려 할 때, 우선 무엇을 위해 문제를 해결해야 하는지를 알아야 올바른 해결책을 찾을 수 있다는 것이다. 즉 문제 해결을 하려면 먼저 문제의 목적을 물어야 하고 다시 그 목적의 목적을 묻는다. 이것을 반복할 때 비로소 문제의 전체상이 파악되고, 노력해야 할 방향이 뚜렷해지는 것이다.

이 방법을 '돌파의 사고법(breakthrough thinking)'이라고 부르는데, 문제 해결의 목적이 무엇인지를 정의하고 바람직한 미래의 모습을 통해 사물을 생각하는 사고법이다. 문제가 생기면 요소나 부분으로 구멍을 파고 들어가 사물을 생각하는 사고 방법인 '데카르트 사고법'과 반대되는 사고법이다(50쪽 도표 참조).[6]

웅진코웨이의 예를 들어 생각해보자. IMF 이전까지 웅진코웨이는 정수기를 제조해서 판매하는 중소기업으로, 강력한 방문판매망을 통한 연고판매로 정수기 시장에서 1위 자리를 지키고 있었다. 정수기가 주력 상품으로 가격은 50만 원에서 100만 원대였다. 일부 방문판매 사원들의 부적절한 판매 방식으로 인해 부정적인 기사가 연중행사처럼 매스컴에 보도되고 그때마다 판매에도 나쁜 영향을 미쳤지만, 웅진코웨이는 매년 성장을 거듭하여 IMF 직전 연 매출 2천억을 돌파했다. 그러나 IMF 이후 상황이 급변했다. 가정경제의 붕괴로 방문판매원들을 통한 연고판매가 급격히 감소했고, 그로 인해 또 하나의 경쟁력이었던 광고 역시 할 여력이 되지 못했다.

웅진코웨이의 초기 대응은 이랬다. '가격 부담으로 인한 정수기의 판매 부진'을 문제로 설정하고 그에 따른 해결 방안을 마련했다. 30만 원대 저가 정수기 개발, 판매수수료 증액을 통한 방문판매원 증원,

광고비 증액 등. 하지만 판매는 계속 고전을 면치 못했다. 상황이 개선될 기미가 보이지 않자 웅진코웨이는 새로운 사고법으로 접근을 시도한다(여기서부터는 객관적으로 드러난 사실을 토대로 웅진코웨이 내부의 문제 해결 과정을 추론해본 것이다).

웅진코웨이는 "어디가 문제인가?"가 아닌 "무엇을 위해 문제를 해결하려 하는가?"로부터 문제 해결의 실마리를 찾지 않았을까? "정수기를 판매하는 목적이 무엇이며 또 그 목적의 목적은 무엇인가?"라는 목적 전개를 통해 전혀 새로운 시각으로 문제에 접근할 수 있었을 것이다. 즉 '정수기 판매 증진'의 목적은 '모든 가정에 정수기를 보급하는 것'이며, 또 그것의 목적은 '공기청정기·비데 등의 제품을 연관 판매하는 것'이 되고, 이어서 '생활환경 제품을 판매하는 것' → '깨끗한 생활환경을 제공하는 것' → '고객에게 건강을 제공하는 것'으로까지 목적을 전개해 나갔다. 정리해보면 '정수기 판매 증진'의 상위 목적은 '정수기를 가정의 필수품으로 만드는 것'이며, 또 그 상위 목적은 이를 바탕으로 공기청정기, 비데 등의 생활환경 관련 제품을 판매하고, 그 궁극적인 목적은 '생활환경 전문기업으로서 고객에게 깨끗하고 건강한 생활환경을 제공하는 것'이 된다. 이렇게 목적을 전개하다 보면 전혀 다른 관점으로 문제를 파악할 수 있게 된다.

당시 웅진코웨이 내부 서류에 가장 단골로 등장하는 말은 '정수기의 가정필수품화'였다. TV나 냉장고처럼 가정의 필수품으로 만들자는 것이다. 그리고 그 시장을 바탕으로 또 다른 생활환경 제품인 공기청정기, 비데, 연수기를 순차적으로 판매함으로써 궁극적으로는 생활환경 제품을 가정의 필수품으로 만드는 것이다. 그러나 IMF가 아니더라도 방문판매와 고가격 전략으로는 그 목적을 달성하기가 어려웠다.

왜냐하면 경쟁사와의 치열한 방문판매원 확보 경쟁, 정수기 방문판매원에 대한 사회의 곱지 않은 시선 등으로 방문판매 조직 확장이 한계에 이르렀고, 정수기는 점점 고급화·고가화됨으로써 고객과의 거리가 멀어지고 있었기 때문이다. '정수기의 가정필수품화'라는 목표는 요원해 보였고, 공기청정기·비데의 판매는 엄두도 내지 못했다.

그러나 결과적으로는 IMF 위기가 오히려 돌파의 기회를 만들어준 셈이 됐다. 초기 대응 실패 이후 웅진코웨이는 "어디가 문제인가?"에서 "무엇을 위해 문제를 해결하려 하는가?"로 사고를 전환하고, '생활환경 제품의 가정필수품화'라는 관점에서 사업 전반을 돌아보게 된다. 사고의 초점이 "어떻게 하면 정수기 판매를 늘릴 수 있을까?"에서 "어떻게 하면 정수기, 공기청정기, 비데를 가정필수품으로 만들 수 있을까?"로 바뀌면서, '정수기 판매 부진'이 문제가 아니라 방문판매 시스템과 고가격 전략이 해결해야 할 문제로 떠오르게 된 것이다. 그리고 이 두 가지 문제를 해결하기 위해 '렌털(rental)정수기'와 '코웨이 레이디(Coway Lady)'라는 혁신적인 아이디어를 채택하게 된다. 새로운 아이디어의 위력은 실로 대단했다. 고객들이 저렴한 임대료로 정수기를 빌려 쓸 수 있게 되면서 정수기는 명실상부한 가정의 필수품이 됐고, 이어서 렌털 시스템을 통해 공기청정기와 비데가 연속 히트를 치면서 웅진코웨이는 연 매출 2천억 원대 중소기업에서 연 매출 1조 5천억에 이르는 대기업으로 급성장했다. 뿐만 아니라 주부 사원을 모집해 렌털 회원의 관리와 정기적인 애프터서비스를 책임지는 코웨이 레이디 시스템을 도입함으로써 주 고객인 주부들과의 접근성이 획기적으로 높아졌고 소비자의 불만이 크게 줄어들었다. 또한 웅진코웨이 관련 기사는 사회면에서 경제면으로 옮겨가 마케팅 성공 사례의 단골 메뉴가 되었다.

이처럼 웅진코웨이는 '생활환경 제품의 가정필수품화'라는 바람
직한 미래의 모습을 통해 전혀 다른 관점에서 문제를 설정하게 되었
고, 그에 따라 사업구조 전반을 뜯어고치는 혁신적인 아이디어를 발
견할 수 있었다. "무엇을 위해 문제를 해결하려는 것인가?"에 집중
함으로써 회사가 문을 닫을 뻔했던 위기를 오히려 새로운 비즈니스
모델을 구축하는 기회로 반전시키고 비약적인 성장의 발판을 마련한
것이다.

배 위에 앉아 시선을 집중해 강물을 뚫어져라 쳐다보고 있노라면, 어
느 순간 멈춰 있는 배가 움직이는 것으로 착각하게 된다. 문제도 이와
같다. 문제에만 집중하다 보면 큰 그림을 놓칠 수 있다. 문제를 생각하
되 문제에 빠져서는 안 된다. 문제에 빠지지 않는 방법은 높은 곳에서

🔍 데카르트 사고법 vs 돌파의 사고법

데카르트 사고법

- 먼저 대상물을 철저히 분석하여 그 데이터로부터 가설을 이끌어내고 그것을 실증하고
  진리를 확정하는 과학적인 사고법
- 요소나 부분으로 구멍을 파고 들어가 사물을 생각하는 사고법
- "어디가 문제인가?"

돌파의 사고법

- 사실이 아니라 목적에 착안하여 목적 전개를 거쳐 시스템 전체를 파악하고, 보다 커다
  란 시스템의 해결책을 찾는 사고법
- 문제 해결의 목적이 무엇인지를 정의하고 바람직한 미래의 모습을 통해 사물을 생각하
  는 사고법
- "무엇을 위해 문제를 해결하려 하는가?"

문제를 바라보는 것이다. 아마추어가 프로 기사(棋士)들의 대국에 훈수를 할 수 있는 이유는 내 수와 내 계산에 매몰되지 않고 판 전체를 볼 수 있기 때문이다. '돌파의 사고법'이 이것을 가능하게 해준다.

세 번째, 당신의 관점이 아닌 고객의 관점에서 문제를 생각하라. 고객의 관점에서 바라보면 당신의 관점에서 보던 것들과는 전혀 다른 것들을 볼 수 있게 된다. 새로운 시각에서 새롭게 문제를 설정할 수 있게 됨에 따라 해결 방안에서도 전혀 새로운 아이디어를 발견할 수 있게 되는 것이다. 또한 관점의 전환을 통해 당신의 문제가 아니라 고객의 문제에 초점을 맞춤으로써 고객에게 훨씬 유용한 해결 방안을 발견할 수 있는 토대가 마련된다.

당신 기획(안)의 존재 이유는 당신의 아이디어가 독특하고 뛰어나서가 아니다. 고객이 가진 문제를 해결하는 데 도움이 되기 때문이다. 당신의 기획(안)이 아무리 신선하고 새롭다 하더라도 고객의 문제를 해결하지 못한다면 아무 쓸모없다. 고객에게 쓸모 있는 기획(안)이 되려면 고객의 관점에서 문제를 바라보아야 한다. 자신의 시각에 매몰되지 말고 고객의 관점에서 문제를 생각하면 전혀 새로운 해결책을 찾을 수 있게 된다. 성공하는 기획은 고객으로부터 시작하여 고객에서 끝난다.

앰트랙(Amtrak)은 19세기 중반에 설립된 미국의 철도회사다. 서부 개척 시대에 대폭적으로 늘어난 화물과 승객 수송을 독점하다시피 하여 1세기 동안 비약적인 성장을 거듭했다. 그런데 1960년대에 이르러 문제가 발생한다. 비행기라는 강력한 경쟁자가 등장한 것이다. 2차 세계대전을 거치면서 항공기술이 급속히 발달하고 그 결과 항공운송이 보편화되면서 웬만한 중소도시까지 비행장이 들어섰다. 그로 인해 앰트랙은 많은 화물과 승객을 비행기에 빼앗기게 되었다. 대응에 나선 앰트랙은 비행장이 있는 곳을 피해서 철도를 놓는 등 항공 수송 대비 경쟁력을 키우고자 많은 노력을 기울였다. 하지만 이용객의 수는 계속 감소했고 결국 도산 직전까지 가게 된다.[7]

앰트랙이 선택한 문제 해결 방법들을 통해 유추(類推)해보면, 앰트랙은 '철도 운송 수요의 감소'를 문제로 설정하고 '철도 운송 수요 증진'을 위한 아이디어를 찾는 데 총력을 기울인 것으로 보인다. 비행기를 주(主) 경쟁자로 생각하고 비행기로부터 승객과 화물을 빼앗아 오는 데만 골몰한 것이다. 하지만 결과는 실패로 끝났다.

만일 앰트랙이 고객의 관점에서 문제를 생각했다면 어떻게 됐을까?

기업 입장에서 보면 앰트랙은 '철도사업을 하는 회사'다. 하지만 고객 입장에서 보면 '빠르고 편리한 운송수단을 제공하는 회사'다. 즉 앰트랙의 철도사업은 기존의 마차보다 훨씬 더 빠르고 편리함을 고객에게 제공했기 때문에 비약적인 성장을 이룰 수 있었다. 비행기 역시 기차보다 훨씬 더 빠르고 편리한 운송수단이기 때문에 기차로부터 승객과 화물을 빼앗아 올 수 있었다. 고객 입장에서는 마차인지 기차인지 비행기인지가 중요한 것이 아니라 '어느 것이 더 빠르고 편리한가?'가 중요한 것이다. 이런 관점에서 생각해보면 앰트랙의 문제를 "어떻게 하면 철도 운송 수요를 늘릴 수 있을까?"가 아닌 "어떻게 하면 더 빠르고 편리한 운송수단을 제공할 수 있을까?"로 바꾸어 생각할 수 있지 않을까? 기업의 관점인 '철도사업'에서 고객의 관점인 '빠르고 편리함을 제공하는 사업'으로 관점을 전환함으로써 문제를 새롭게 설정할 수 있게 되고, 그에 따라 전혀 다른 해결 방안을 도출할 수 있게 되는 것이다.

만일 앰트랙이 "어떻게 하면 더 빠르고 편리한 운송수단을 제공할 수 있을까?"에 집중했다면 철도사업만을 고집하지 않고 항공 사업에도 참여할 수 있었을 것이다. 항공사업에 참여함으로써 고객의 항공 운송 수요에 적극적으로 대처하는 것은 물론이고, 철도사업과 항공 사업의 시너지 효과를 통해 지난 100년보다 더 큰 성장을 이루었을지도 모를 일이다. 대부분의 공항이 대도시와 멀리 떨어져 있는 점에 착안해 공항에서 시내까지 철도서비스를 함께 제공하는 등 다른 철도회사나 항공회사에 비해 월등한 경쟁력을 가질 수 있기 때문이다.

현대자동차는 고객의 관점에서 문제를 바라봄으로써 미국 시장에서 도약의 전기를 마련했다. '실직자 보장 프로그램(Assurance Program)'이 그것이다. 현대자동차는 올해 1월 초 미 풋볼리그 슈퍼볼 경기에 다음과 같은 내용의 TV광고를 내보냈다.

"지금 당장 현대자동차에서 아무 차종이나 사십시오. 만일 내년에 당신이 직장을 잃고 수입이 없어지면 우리가 반납받겠습니다."

고객이 현대자동차를 구입한 지 1년 이내에 해고될 경우 현대자동차가 그 차를 되사주겠다는 것이다. 이 마케팅 기획은 크게 성공했다. 경쟁자인 도요타(-32%), 혼다(-25%), GM(-49%), 포드(-40%) 등이 전년대비(2009년 1월 기준) 마이너스 성장을 보인 가운데 현대자동차만 플러스 14% 성장이라는 놀라운 결과를 안게 되었다.[8] 경쟁 자동차 회사들 역시 무이자 할부, 할인 판매 등의 적극적 프로모션을 전개했는데도 불구하고, 왜 미국 소비자들은 유독 현대자동차에만 관심을 보인 걸까?

핵심은 "직장을 잃고 수입이 없어지면"이라는 표현에 있다. 현대자동차 역시 다른 경쟁자들과 마찬가지로 '경제위기로 인한 판매 부진'이라는 문제로 고민했다. 무이자 할부, 할인 판매 등을 동원할 수도 있었다. 하지만 그러기에는 소비자가 느끼는 경기의 체감온도가 너무 낮았다. 구매력이 급격하게 떨어진 소비자들은 자동차에 눈길 주는 것조차 꺼려했고, 그런 판에 할부니 할인이니 하는 것은 애당초 먹혀들어갈 소지가 아예 없었던 것이다.

"언제 잘릴지 모르는 판국에 자동차는 무슨?"

이것이 미국 소비자들의 심리 상태였다. 현대자동차는 여기에 착안해 차별화된 마케팅을 기획했다. 즉 '판매 부진'이라는 문제를 고객의 관점에서 바라봄으로써 '미래에 대한 불안에서 오는 구매력의 감소'로 문제를 재정의하고, 이것을 돌파하기 위한 아이디어에 초점을 맞추었다. 그 결과 "직장을 잃고 수입이 없어지면"이라는 메시지가 탄생했고, 이것이 직장과 수입 문제로 불안해하는 미국 소비자의 마음을 움직여 지갑을 열게 했던 것이다. 현대자동차는 지금 미국 시장에서 제네시스, 제네시스 쿠페, 아반떼 등으로 시장점유율을 급속히 넓혀 나가고 있다.

아오모리 현(縣)의 '떨어지지 않은 사과'

1991년 가을, 일본 아오모리 현에 강력한 태풍이 불어 닥쳤다. 수확기에 맞춰 불어온 태풍으로 인해 사과 농가가 엄청난 피해를 보았다. 전체 사과의 90% 정도가 떨어져버린 것이다. 대부분의 농부들이 망연자실하고 있을 때 한 농부가 기발한 아이디어를 내놓았다.

"나무에 붙어 있는 나머지 10%의 사과를 '떨어지지 않은 사과'로 이름 붙여 수험생에게 팔자!"

　그는 마을 사람들과 함께 떨어지지 않은 사과들을 정성껏 따서 예쁘게 포장하여 '떨어지지 않은 사과'라는 이름으로 시장에 1개당 만 원에 내놓았다. 결과는 대성공이었다. 보통 사과의 10배가 넘는 비싼 가격임에도 '행운의 사과'로 불리며 수험생들과 직장인들에게 폭발적인 호응을 얻었던 것이다.

　이 아이디어는 우리나라에도 수출(?)됐다. 2006년 가을, 강릉에 최대 풍속 37.5m의 강풍이 불어 대부분의 사과들이 떨어졌다. 강릉시와 농민들은 떨어지지 않은 사과에 '합격 사과'라는 이름을 붙여 2개들이 한 상자에 5천 원씩 총 5천 상자를 출하했다. '합격 사과'는 수험생을 둔 학부모나 친인척들에게 선물용으로 상종가를 누렸다고 한다.[9]

　이처럼 '관점의 전환'은 우리에게 놀라운 아이디어를 발견할 수 있는 기회를 제공해준다. 대부분의 농민들이 '떨어진 사과'를 보며 자신의 처지를 한탄하고 있을 때, 한 농부는 '떨어지지 않은 사과'를 농부의 관점이 아닌 고객의 관점에서 바라봄으로써 '수험생을 위한 떨어지지 않은 사과'라는 놀라운 아이디어로 발전시킬 수 있었던 것이다.

올바른 문제파악을 위하여	1. 다양한 방식으로 질문해보라.
	2. 무엇을 위해 문제를 해결하려 하는가?
	3. 고객의 관점에서 문제를 생각하라.

목표 설정이

기획의 성패를

좌우한다

우리는 우선 어느 방향으로 힘을 쏟아야 할 것인가를 알아야 한다. 그러고 나서 목적지에 가장 빨리 도달하는 길을 찾아야 한다. 일단 바른 길로 들어서기만 하면, 우리가 지금까지 얼마만큼 왔는가, 그리고 앞으로 얼마나 남았는가 알 수 있을 것이다.

– 루키우스 아나이우스 세네카

아무리 약한 사람이라도 단 하나의 목적에 자신의 온 힘을 집중시킴으로써 무엇인가 성취할 수 있지만, 아무리 강한 사람이라도 많은 목적에 분산하면 어떤 것도 성취할 수 없다.

– 샤를 몽테스키외

목표를 설정하고 그것을 성취하기 위한 계획을 세우는 능력이 바로 성공의 핵심 기술이다.

– 브라이언 트레이시

숙련된 항해사일수록 방향을 잘못 잡고 항해할 경우 그만큼 더 빨리 잘못된 목적지에 도착하게 된다.

- 빌 번벅

목표 설정과 관련된 재미있는 실험이 있다. 미국 하버드 대학 MBA 과정 재학생들을 대상으로, 재학 당시 뚜렷한 목표와 계획을 가졌던 학생과 그렇지 않은 학생들을 비교해보는 실험이었다. 재학생 중 3%는 뚜렷한 목표와 그것을 달성하기 위한 구체적인 계획을 가지고 있었고, 13%는 목표는 뚜렷했지만 구체적인 실천 계획은 없었으며, 나머지 84% 학생들은 뚜렷한 목표와 구체적인 계획도 가지고 있지 않았다. 졸업 후 그들의 수입에서 재미있는 결과가 나왔다. 목표와 계획이 뚜렷했던 3% 학생의 평균 수입이 나머지 97% 학생의 10배에 달했던 것이다. 또한 목표만 가지고 있었던 13%의 학생들은 목표와 실천 계획 모두 없었던 학생들보다 평균 2배의 수입을 올리고 있었다.[10]

개인이나 기업에게 목표 설정은 너무도 중요하다. 위 실험에서 보듯 목표를 갖고 나아가는 것과 그렇지 않은 것과의 차이가 실로 엄청나기 때문이다. 목표의 설정은 개인이나 기업으로 하여금 그들이 가진 자원을 집중할 수 있도록 만들어준다. 어느 개인이나 기업이든 가지고 있는 시간과 돈에는 한계가 있으며, 이 한정된 시간과 돈을 누가 더 효율적으로 사용하느냐에 따라 승자와 패자가 갈리게 된다. 목표 설정은 개인과 기업으로 하여금 그들이 가진 시간과 돈을 한곳에 집중하게 함으로써 그만큼 성공의 가능성을 높여준다. 그럼에도 불구하고 많은 기획자들이 뚜렷한 목표 설정 없이 기획안을 수립하는 것을 종종 보게 된다. 이것은 실패하는 기획으로 가는 지름길이다. 투자에서는 "달걀을 나누어 담아라!"는 충고를 따르는 게 좋다. 하지만 인생과 기획에서는 "당신의 모든 달걀을 한 바구니에 넣고 그 바구니를 잘 지켜라!"라는 마크 트웨인의 말에 귀를 기울여야 한다.

또한 기획 목표는 비행기의 계기판과 같은 역할을 한다. 비행착시(飛行錯視) 현상이라는 것이 있다. 비행기 조종사가 바다 위를 항해할 때 바다를 하늘로 착각하고 바다로 추락하는 현상을 말한다. 여기서 벗어나는 방법은 계기판을 보는 것이다. 계기판을 통해 조종사는 자신이 제대로 가고 있는지, 아니면 엉뚱한 곳으로 가고 있는지를 금방 알 수 있다.

기획회의를 하다 보면 문제 해결과는 전혀 상관없는 '아이디어를 위한 아이디어'가 많이 나온다. 이런 아이디어는 대부분 매우 독특해서 기획자의 눈을 홀린다. 여기에 현혹되면 기획이 바다로 추락한다. 이것을 막아주는 것이 바로 기획 목표다. 기획 목표는 쏟아져 나오는 수많은 아이디어를 걸러내는 기준이 된다. 이것만 바라보고 있으면 아이디어의 유혹에 빠질 염려가 없다. 이것을 통과하지 못하는 아이디어는 과감히 버리고, 통과한 아이디어만 챙기면 된다. 당신은 기획 목표라는 계기판을 수시로 보면서 기획회의를 조정해 나가야 한다. 그래야 성공을 향해 날아갈 수 있다.

프레젠테이션 기획 사례를 통해 목표 설정의 중요성에 대해 알아보자.

리앤디디비(Lee&DDB)라는 광고회사에 근무할 때의 일이다. 대림산업으로부터 'e-편한 세상' 경쟁 프레젠테이션에 초청을 받았다. 연간 광고물량이 200억 원을 상회하는 대형 광고주를 영입할 수 있는 좋은 기회였지만 상황이 그리 녹록하지 않았다. 그동안 대림산업은 매출 기준으로 업계 5위권 안에 드는 광고회사들하고만 같이 일을 해왔기 때문이다. 이번에도 경쟁에 초대받은 광고회사 모두 5위권 안에 속하는 회사들이었고 우리만 10위권 밖이었다. 리앤디디비는 들러리라는 소문이 파다했다. 하지만 "대림산업은 광고의 대대적인 변화를 원하고 있고, 지금까지와는 전혀 다른 기준으로 광고회사를 선택할 것"이라는 말에 기대를 걸고 프레젠테이션에 참여했다.

일반적인 경우 "어떻게 하면 광고주의 마케팅 목표를 달성하는 데 보다 효과적인 광고 전략과 크리에이티브(creative)를 제안할 수 있을까?"에 초점을 맞추고 일을 시작한다. 하지만 이번에는 달랐다. 남들도 비슷한 기획 목표를 갖고 프레젠테이션을 준비할 것이고, 그래서는 외형적인 조건에서 불리한 우리는 승산이 없을 것이라 판단했다. 수차례에 걸친 회의 끝에 광고주가 새로운 변화를 원하고 있다는 사실에 주목하여 "어떻게 하면 리앤디디비를 경쟁 광고회사와 차별화시킬 수 있을까?"에 초점을 맞추기로 입을 모았다. 즉 '리앤디디비는 대림산업이 지금까지 거래해온 광고회사와는 전혀 다른 광고회사라는 점을 인식시킨다'는 것을 프레젠테이션 기획의 목표로 설정했다. "We are different!" 이것이 이번 프레젠테이션을 통해 전달하고 싶은 핵심 메시지가 되었다.

그러고 보니 리앤디디비는 모든 면에서 달랐다. 그룹 계열사가 아닌 독립 광고회사라는 회사의 성격에서부터 광고에 대한 철학, 인적 구성, 기업문화 등 경쟁회사들과 비슷한 점이 하나도 없었다. 당연히 광고 전략과 크리에이티브도 달라야 했다. 설정된 목표에 맞춰 의도적으로 'e-편한 세상'을 비롯한 다른 아파트 광고에서는 볼 수 없었던 새로운 전략과 크리에이티브에 집중했다. 괜찮은 아이디어도 달라

보이지 않으면 가차 없이 버렸다. 너무 많이 나갔다 싶은 안도 달라 보이면 채택했다. 그리고 이 모든 내용들을 한 줄로 꿰어서 기획서를 준비하고 프레젠테이션을 실시했다. 결과는? 우리의 승리였다.

"리앤디디비의 안(案)을 놓고 이런저런 의견들이 많았습니다. 하지만 참석자들의 공통된 의견이 하나 있었는데, 리앤디디비는 다른 광고회사와는 확실히 다른 것 같다는 것이었습니다. 뭔가 새로운 돌파구를 마련하려는 우리에게 이 점이 크게 어필했던 것 같습니다."

상견례 시 대림산업의 한 임원분이 이렇게 말했다고 한다. 객관적으로 보았을 때 어느 회사의 제안이 가장 훌륭했는지는 알 수 없다. 하지만 '리앤디디비는 다르다'라는 사실만큼은 분명하게 전달된 것이 확실했다. 목표 설정이 그것을 가능케 했다. 리앤디디비의 모든 인력과 시간과 돈이 분산되지 않고 한곳에 집중될 수 있도록 만든 것이다.

《이상한 나라의 앨리스》의 앨리스가 갈림길에서 나무 위에 앉아 있는 체셔 고양이에게 물었다.

"어느 길로 가야 할까?"

"어디로 갈 건데?"

"모르겠어."

"그렇다면 어느 길로 가든 상관없어."

기획의 목표가 없다면 어떤 아이디어든 상관없다. 하지만 그 아이디어로는 어떤 목표도 달성할 수 없을 것이다.

기획 목표를

바르게

설정하는 방법

목표 설정의 중요성을 이해했다면 이제부터는 기획 목표 설정 방법에 대해 알아보자.

기획 목표를 설정할 때 첫 번째로 고려해야 할 것은, 당신의 기획 목표는 고객의 목표와 합치되도록 설정되어야 한다는 것이다. 아무리 독창적이고 우수한 아이디어라고 해도 고객의 목표와 들어맞지 않으면 쓸모없는 일이다.

"훌륭한 아이디어군. 지금까지 본 어떤 기획안보다 발상(發想)이 새롭고 획기적이네. 그런데 한 가지 아쉬운 점은 우리 회사의 경영 목표와 잘 맞지 않는다는 점일세. 조금 더 수고해주겠나?"

당신의 기획안에 대해 이런 말을 들어본 적이 있는가? 그렇다면 아쉽지만 그 기획안은 쓰레기통에 버리고 처음부터 다시 시작해야 한다. '훌륭한 아이디어'란 말에 현혹되어 미련을 못 버리고 그 기획안에 집착한다면 정말 미련한 짓이다. 좋게 둘러서 얘기했지만 한마디로 정리하면 그 기획안은 자기 회사에 아무런 도움이 안 되니 다시 하라는 뜻이다. 왜 이런 일이 생겼을까? 기획 목표가 잘못 설정됐기 때문이다. 고객의 목표, 즉 회사의 목표를 고려하지 않았기 때문이다.

기업은 구성원 모두가 하나의 공통된 목표를 향해 나아갈 때 효율이 극대화된다. 시너지 효과synergistic effect(상승효과)가 발휘되는 것이다. 당신의 상사나 최고경영진은 이 점을 잘 알기 때문에 당신의 기획 목표가 회사 전체의 목표에 부합하기를 원한다. 그렇지 않은 기획안은 아무리 획기적이고 독창적이라도 웬만해선 채택되기 어렵다. 설사 채택된다 하더라도 성공할 확률이 낮다. 가는 길이 달라서 주위의 도움을 기대하기 어렵기 때문이다.

이번에는 일반 소비자가 고객인 경우를 생각해보자. 당신이 일반 소비자를 대상으로 한 신제품을 기획하고 있다면, 당신은 소비자의 목표에 부합하도록 신제품의 기획 목표를 설정해야 한다. 무엇보다 먼저 소비자가 원하는 바가 무엇인지, 어떤 점에 관심이 있는지를 알아서 거기에 맞게 기획 목표를 설정해야 한다.

'바른 먹거리'로 잘 알려진 우리나라의 대표적인 식품회사 풀무원의 얘기를 해보자. 1981년 압구정동에서 소규모 무공해 농산물 직판장으로 시작한 이 회사의 2008년 매출액은 9천억 원, 당기순이익은 180억 원에 이른다. 오늘날의 풀무원을 만든 것은 바로 '포장 두부'다. 시장의 좌판에서 팔던 두부를 지금처럼 용기에 담아서 포장된 형태로 판매하는 아이디어로 시작해 현재의 풀무원을 일군 것이다. 아주 사소한 것으로 보일 수도 있는 이 아이디어가 대박을 낼 수 있었던 것은 소비자가 원하는 것이 무엇인지, 어떤 점에 관심이 있는지를 정확히 알아내서 거기에 맞는 제품을 기획했기 때문이다.

당시 주부들은 주로 재래식 시장의 좌판 위에서 두부를 샀다. 자주 먹는 반찬거리라 사긴 사지만 늘 마음이 찜찜했다. 누가 무슨 재료로 어떻게 만들었는지 믿음도 안 가고, 그다지 위생적이라고 할 수 없는 판매 환경도 마음에 걸렸기 때문이다. 풀무원은 여기에 초점을 맞췄다. 가족들의 건강을 책임지고 있는 주부들에게 '안심하고 먹을 수 있는 먹거리'는 무엇보다 중요한 관심사라는 점에 착안하여 '풀무원 두부'를 기획했던 것이다.

'믿을 수 있고 깨끗한 프리미엄급 두부 개발'이라는 기획 목표 아래서 신뢰할 수 있는 브랜드 두부, 100% 국산 콩, 깨끗하고 위생적인 포장이라는 아이디어가 개발됐다. 풀무원 두부는 기존 두부의 2배 가격에도 불구하고 날개 돋친 듯 팔려 나갔다. 풀무원 두부의 성공은 '풀무원 콩나물'로 이어졌고 그 밖의 많은 풀무원 제품들이 성장할 수 있는 밑거름이 되었다. 고객의 목표를 기획 목표에 반영하는 일은 이처럼 중요하다.

두 번째, 기획 목표는 명확하게 설정되어야 한다. 명확한 목표란 구체적으로 표현된 목표다. 목표는 구체적일수록 좋다. 무엇을 해야 하는지가 분명해지기 때문에 관련 스태프들이 한곳을 향해 한몸처럼 움직일 수 있다. 반면에 추상적인 개념은 그 내용을 이해하기 힘들며, 사람에 따라 완전히 다르게 해석될 소지가 있기 때문에 관련 스태프들이 조화롭게 행동하기 어렵게 한다. '구체적'이란 어떤 것인가? 당신이 감각을 이용해 검토할 수 있다면 그것은 구체적이다. '휴대용 라디오'는 구체적이다. 하지만 '차세대 라디오'는 추상적이다. 애매한 목표는 차라리 없는 게 낫다. '매출 증대', '시장점유율 향상', '방문자 수 증대', '우수 인재 확보', '브랜드 인지도 제고' 등등, 이런 것들은 기획 목표가 될 수 없다. 너무 추상적이어서 어디로 가야 할지도무지 감을 잡을 수 없기 때문이다. 목표라기보다는 전제에 가깝다. 목표는 구체적인 언어로 표현될수록 명확해지며 문제 해결을 위한 유용한 출발점이 된다.

목표에 숫자를 넣으면 기획의 방향이 더욱 명확해진다. 비행기 계기판이 무엇으로 돼 있는가? 숫자로 돼 있다. 그렇기 때문에 누가 조정석에 앉더라도 명확한 판단 기준을 얻을 수 있는 것이다.

'매출 증대'에 숫자를 덧붙여 목표를 세워보자. 예를 들어 '향후 3년간 매년 2% 매출 성장'이라는 목표를 세웠다면, 이것은 기존 고객을 공고히 하겠다는 의미다. 기존 고객들의 만족도를 높이는 방안들이 강구될 것이다. 반면에 '향후 6개월 내 매출 20% 성장'이라는 목표는 상당수의 새로운 고객을 끌어들이겠다는 의지를 담고 있다. 따라서 새로운 고객을 찾고 그들을 끌어들일 아이디어가 필요하다는 사실을 쉽게 알 수 있다. 숫자를 넣음으로써 목표가 명확해지고 그에 따라 무엇을 할지가 분명해진다.

구체적인 단어 역시 목표의 명확성을 높여주는 좋은 방법이다. 구체적인 단어를 쓰면 방향을 좁힐 수 있으며, 그만큼 유효하고 실질적인 아이디어가 나올 가능성이 높아진다. 구체적인 단어란, 그 단어를 들었을 때 머릿속에 구체적이고 실체적(實體的)인 이미지를 즉각적으로 떠올릴 수 있는 단어를 말한다. 구체적인 단어일수록 이미지의 실체가 뚜렷하고 분명하다.

신제품의 타깃(target)을 선정할 경우, '여자'보다는 '엄마'가 더 구체적이다. '엄마'보다는 '고등학생 자녀를 둔 주부'가, 다시 '수험생 자녀를 둔 주부'로 갈수록 타깃에 대한 이미지를 더욱 분명하게 형상화할 수 있다. 또 '맥주 음용자'보다는 '자사 맥주 음용자', '자사 맥주의 헤비 유저(heavy user)', '자사 맥주의 헤비 유저인 20대 후반 직장인'으로 갈수록 타깃 이미지의 실체가 명확해진다.

이번에는 웅진코웨이가 매출 증대를 전제로 마케팅 프로그램을 기획한다고 가정해보자. '매출 증대'만 가지고는 한 걸음도 나아갈 수가 없다. 너무 추상적이고 애매해서 기획 작업의 나머지 과정에 방향을 제시해주지 못하기 때문이다. 하지만 '매출 증대'에서 시작하여 '기존 렌털 비즈니스의 활성화', '기존 렌털 회원을 통한 매출 증대', '정수기 렌털 회원들의 공기청정기, 비데 중복 가입 유도' 등으로 목표를 구체화해 나가면 무엇을 집중적으로 고민해야 할지 명확해진다. 방향이 좁혀짐으로써 엉뚱한 곳에서 헤맬 가능성이 그만큼 낮아지는 것이다.

세 번째, 설정된 기획 목표는 간결하고 명확한 한 문장으로 정리하라. 기획 목표를 말로만 정리해서는 안 된다. 말로 한 약속은 법적 구속력이 없듯이 말로 정리한 기획 목표는 힘을 발휘하지 못한다. 기획 목표는 출발점이자 방향타다. 출발할 때 지향했던 방향으로 일관되게 달려갈 수 있도록 만드는 힘인 것이다. 이 힘은 문장으로 정리했을 때만 나온다. 반드시 기획 목표를 문장으로 정리하라. 그리고 그것을 당신 책상 위 가장 잘 보이는 곳에, 회의실 가장 눈에 잘 띄는 곳에 붙여라. 당신과 당신 팀이 옆길로 빠지려고 할 때, 결정을 못하고 고민하고 있을 때 든든한 길잡이가 돼줄 것이다. 때로는 복잡한 머릿속을 단칼에 정리해주기도 하고, 아이디어를 찾지 못해 헤매고 있을 때 당신의 영감(靈感)을 불러일으켜줄 것이다. 그것이 문장으로 정리된 목표의 힘이다.

존 F. 케네디의 국가기획 목표

1961년 4월 소련의 우주비행사 유리 가가린이 세계 최초로 우주비행에 성공했다. 이 사건은 세계에서 가장 앞선 기술력을 지닌 국가라는 미국의 자부심에 큰 상처를 입혔다. 미국은 그로부터 한 달 뒤에야 우주비행사 앨런 셰퍼드를 우주로 보낼 수 있었기 때문이다. 그 뒤로도 소련은 우주개척 분야에서 선두를 달리며 최초의 기록들을 하나씩 점령해갔다.

그해 의회의 특별회기를 맞아 케네디 대통령이 연단에 올랐다. 그리고 냉전시대에서 미국의 리더십을 유지하기 위한 몇 가지 제안을 하고, 다음과 같은 말로 연설의 대미를 장식했다.

"미국은 앞으로 하나의 목표에 전념해야 합니다. 앞으로 10년 안에 사람을 달 표면에 착륙시키고 지구로 무사히 귀환할 수 있도록 말입니다."

다가오는 우주시대의 주도권을 잡기 위한 국가기획 목표를 제시한 것이다. 기획 목표의 설정 기준과 비교해봤을 때, 케네디 대통령이 제시한 목표는 어떠한가? 고객, 즉 미국인의 목표와 부합하는가? 구체적인가? 간결하고 명확한 문장으로 정리되었는가?

만일 케네디가 다음과 같이 목표를 제시했다면 어떻게 됐을까?

"우리의 사명은 팀 중심적 혁신과 전략적인 주도권 확립을 통해 항공우주 산업 분야에서 국제적인 리더가 되는 것이다."

케네디는 직관력이 뛰어난 사람이었다. 그는 불명료하고 관념적인 사명은 사람들의 마음을 사로잡거나 고취시키지 못하리라는 사실을 잘 알고 있었다. 케네디의 이러한 목표는 그 후 10년 동안 수백만 명의 행동에 지대한 영향을 미친, 진정 탁월하고 아름다운 메시지였다.[11]

기획 목표 설정 방법

1. 고객의 목표와 합치되도록

2. 구체적으로

3. 간결하고 명확한 문장으로

문제 해결의 핵심,

콘셉트

    미국 영화업계에서 쓰는 용어 중에 '하이 콘셉트(high concept)'라는 것이 있다. 영화의 전체 내용을 한 줄로 줄여놓은 핵심 메시지를 말한다. 예를 들면, 〈조스〉는 '미녀가 상어에게 위협받는 영화', 〈E. T.〉는 '길 잃은 외계 생명체가 지구 소년과 함께 고향별을 찾아가는 이야기', 〈에일리언〉은 '우주선 버전 〈조스〉'와 같은 식이다. 할리우드에서는 이 한 줄의 '하이 콘셉트'가 영화의 모든 것을 결정한다고 해도 과언이 아니다. 이 한 줄로 수백만 수천만 달러의 투자를 결정하고, 관객이 얼마나 들 것인가를 예측하며, 제작 스태프 구성과 캐스팅의 기준으로 사용한다. 영화 홍보 역시 이 한 줄을 토대로 이루어진다. 왜냐하면 이 한 줄에 영화의 핵심 아이디어와 줄거리가 압축돼 있기 때문이다. 하이 콘셉트 없는 할리우드 영화는 상상하기 어렵다. 모든 영화가 하이 콘셉트에서 시작되고, 모든 아이디어가 하이 콘셉트로부터 나온다.[12]

이제 문제 해결 단계로 넘어왔다. 아이디어가 필요한 시점이다. 많은 아이디어 가운데에서도 당신이 가장 신경 써서 찾아야 할 아이디어가 있다. 바로 '콘셉트'다.

기획을 한마디로 요약하면 '콘셉트를 발견하는 일'이다. 기획은 문제를 해결하기 위한 것인데, 이 '문제 해결의 핵심'이 바로 '콘셉트'이기 때문이다. 모든 기획에는 콘셉트가 있어야 한다. 콘셉트가 없다는 것은 기획안에 핵심이 빠졌다는 뜻이다. 이 기획안으로는 문제 해결을 기대할 수 없다. 기획에 등장하는 모든 아이디어는 서로 밀접한 연관성을 가져야 하고 유기적으로 통합되어야 하는데, 이것을 가능하게 하는 것 역시 콘셉트다.

콘셉트란 모든 아이디어들의 중심이 되는 개념을 말한다. 아이디어 중의 아이디어라고나 할까! 콘셉트에서 모든 아이디어가 시작된다. 당연히 아이디어보다 콘셉트가 먼저다. 문제 해결 단계에 들어선 당신이 먼저 역점을 두고 해야 할 일이 바로 '콘셉트를 발견하는 일'이다. 물론 '콘셉트 찾기'가 '아이디어 찾기'보다 열 배 스무 배 더 어렵다. 어렵더라도 꼭 찾아야 한다. 잘 찾은 콘셉트 하나가 아이디어 100개보다 값지기 때문이다. 잘 찾은 콘셉트는 두고두고 써먹을 수 있다. 잘 찾은 콘셉트 하나에서 나올 수 있는 아이디어는 그야말로 무궁무진하기 때문이다. 아이디어는 조금 부족해도 콘셉트만 확실하다면 그 기획은 희망이 있다. 하지만 아이디어가 훌륭해도 콘셉트가 없거나 부실한 기획에는 크게 기대를 갖지 않는 것이 좋다.

"좋은 아이디어가 정말 많군요. 그런데 한마디로 요점이 뭐죠?"

콘셉트를 확실하게 말해달라는 주문이다. 당신은 한두 개의 짧은 단어로 즉각 대답할 수 있어야 한다. 즉 콘셉트는 짧은 한두 개의 단어로 압축돼야 한다는 말이다.

할리우드의 거물 프로듀서인 대릴 자누크(Darryl F. Zanuck)는 "한 줄로 표현할 수 없는 영화는 히트할 수 없다"고 말했다. 그렇게 할 수 없다면 자누크의 말처럼 그 기획은 성공하기 어려울 것이다. 그것은 당신의 아이디어들이 중심 없이 각자 따로 놀고 있다는 뜻이기 때문이다. 시너지 효과가 생길 리 만무다. 또한 당신의 머릿속이 분명하게 정리되지 않았다는 증거이기도 하다. 머릿속이 복잡하니 자신감이 있을 리 없다. 무엇을 기대할 수 있겠는가?

기획은 당신의 고객이 그것을 받아들일 때 비로소 의미를 가진다. 당신의 회사와 소비자가 당신의 기획을 사야 하는 것이다. 당신이 고객이라면 그런 기획에 확신을 갖고 시간과 돈을 투자하겠는가 말이다. 혹시 당신은 그 많은 아이디어들을 어떻게 한두 개의 단어로 줄일 수 있느냐고 불평할지도 모른다. 그렇다면 성경을 펴서 창세기 1장을 읽어보라. 천지창조가 단 600개 단어로 기록돼 있음을 알 수 있을 것이다. 이 세상 온갖 만물을 만드는 데도 600개 단어면 되는데, 기획서 한 권 정도야 얼마든지 가능하지 않겠는가?

콘셉트는

발견해내는 것

앞에서 언급한 것처럼 콘셉트는 '아이디어들의 중심이 되는 개념'으로 기획의 핵심이라고 부를 만큼 중요하다. 중요한 만큼 확실한 이해가 필요할 것이다. 콘셉트에 대해 좀 더 자세히 알아보자.

콘셉트는 원래 철학 용어로 '개념(槪念)'이라는 의미다. 요즘은 모든 분야에서 두루 쓰이는데, 특히 마케팅과 광고에서 많이 사용된다. "고객의 인식 또는 제품 자체 속에 잠재돼 있는 다른 각도의 견해나 사고방식을 찾아내어 강조한 것"이라는 의미다. 이것을 다시 정리하면 다음과 같다.

첫째, 콘셉트는 고객의 마음(머리)속이나 제품 속에 있다.

둘째, 콘셉트는 없는 것을 새로 만드는 것이 아니라 숨어 있는 것을 찾아내는 것이다. 즉 발견해내서 강조하는 것이다.

셋째, 콘셉트를 발견하기 위해서는 고객과 제품(서비스)에 대한 새로운 관점이 필요하다.

"콘셉트는 멀리 있는 것이 아니다. 당신 고객의 마음속과 기획의 대상인 제품이나 서비스 속에 있다. 단지 남들이 발견하지 못했을 뿐이다. 그것을 당신이 먼저 발견해내서 강조하는 것이다. 그러기 위해서는 제품(서비스)과 고객을 새로운 관점으로 관찰해야 한다"라는 뜻이다.

예를 들어보자. 휴대전화는 이동통신 기기다. 그래서 옛날에는 거의 모든 휴대전화 브랜드들이 "어디서나 통화가 잘된다"는 메시지로 마케팅 및 광고 활동을 했다. 지금은 그렇지 않다. 배경은 이렇다. 스카이(SKY)가 시장에 진입하려고 보니 애니콜("한국지형에 강하다")의 위상이 너무 견고했다. "어디서나 통화가 잘된다"라는 메시지를 가지고는 도저히 승산이 없어 보였다. 새로운 관점이 필요했다. 그래서 고객을 유심히 관찰했다. 그랬더니 당시 새로운 고객층으로 떠오르고 있었던 대학생 및 직장 초년생 층에서 새로운 기회가 발견됐다. 이들 젊은 고객들은 휴대전화를 개성을 표현하는 수단으로 인식하고 있었던 것이다. 이렇게 발견해낸 콘셉트가 "It's different, SKY"다. 스카이는 젊은 고객들 마음속에서 새로운 관점을 발견해냄으로써 후발주자임에도 불구하고 시장에 성공적으로 안착할 수 있었다.

애니콜도 젊은 층을 겨냥한 새로운 무기가 필요했다. 애니콜이 고객의 마음속에서 찾아낸 새로운 콘셉트는 '멀티미디어'였다. 멀티미디어 세대인 젊은 층들은 휴대하고 이동하면서 즐길 수 있는 간편한 멀티미디어를 원했고, 애니콜은 삼성전자의 막강한 멀티미디어 기술을 애니콜에 적용함으로써, 젊은 층들이 동영상도 보고 음악도 들으면서 즐길 수 있는 '손 안의 멀티미디어'(Digital exciting, Anycall)를 만들어냈다. 애니콜 역시 새로운 관점으로 고객을 관찰한 결과다.

한 가지 더 있다! 눈치 빠른 당신은 이미 알아차렸을 것이다. 이 책에서는 콘셉트나 아이디어와 관련해서 '만들다'라는 표현을 단 한 번도 사용하지 않았다는 사실을 말이다. 그렇다, 콘셉트나 아이디어는 '발견하는 것'이지 '만드는 것'이 아니다. '만들다'의 의미는 "없던 것을 새로 이루어낸다"는 것이다. 반면에 '발견하다'는 "(남이 미처 찾아내지 못했거나 세상에 널리 알려지지 않은 것을) 먼저 찾아낸다"는 뜻이다. 콘셉트나 아이디어는 '없는 것을 인위적으로 만들어내는 것'이 아니다. '원래 있던 것을 남들보다 먼저 찾아내는 것'이다.

　'카피라이터의 대부'라 불리는 헬 스티빈즈(Hal Stebbins)는 "아이디어는 하늘에서 떨어지는 것이 아니라 땅을 파서 캐내는 것이다"라고 말했다. 여기서 '땅을 파서 캐내는 것'이란 두 가지를 의미한다. 하나는 '아이디어는 운(運)이 아니라 열심히 노력한 결과'라는 것이다. 다른 하나는 '아이디어란 보이지 않는 곳에 숨어 있는 것을 찾아내는 것'이라는 의미다. 스티빈즈의 말처럼 세상은 아이디어의 밭이라고 할 만큼 곳곳에 무궁무진한 아이디어가 숨어 있으며, 우리가 할 일은 숨어 있는 아이디어들을 다른 사람보다 먼저 발견해내는 일이다. 스카이의 콘셉트인 'different'나 애니콜의 '멀티미디어'도 세상에 없던 것을 새로 만들어낸 것이 아니다. 고객의 마음속에 있던 것을 남들보다 먼저 발견해내서 자기 것으로 강조한 것이다. 2천억 원짜리 회사를 1조 5천억 원 규모의 대기업으로 키워낸 '렌털 정수기'라는 콘셉트도 없던 것을 새로 만든 것이 아니라 세상에 이미 존재하고 있던 '렌털'이라는 아이디어를 다른 정수기 회사보다 먼저 찾아내서 자신의 것으로 만든 것이다.

　서울올림픽 축시, 월드컵 4강 축시, 〈아, 숭례문〉 등으로 잘 알려진

이근배 시인은 자신이 쓴 시에 대해서 "내가 쓴 게 아니라, 내가 살아 온 시대가 흘리고 간 말을 주워 담은 것"이라고 말했다. 좋은 시(詩) 란 없는 말을 만들어서 쓰는 것이 아니라, 우리 삶 속에 숨어 있는 보석 같은 말들을 찾아서 옮기는 것이란 말이다.

다시 한 번 강조한다. 콘셉트나 아이디어는 만드는 것이 아니다. 발견하는 것이다. 괜찮은 콘셉트가 필요한가? 쓸 만한 아이디어가 필요한가? 그렇다면 책상 앞에 앉아서 안 나오는 콘셉트와 아이디어를 억지로 쥐어짤 일이 아니다. 밖으로 나가야 한다. 나가서 당신의 고객과 제품과 서비스를 이리저리 주의 깊게 관찰하고 살펴보아야 한다. 그래야 남들보다 먼저 고객과 제품 속에 숨어 있는 보석 같은 콘셉트와 아이디어들을 발견해낼 수 있다.

암앤해머의 변신은 유죄(?)

암앤해머(Arm & Hammer)는 원래 빵, 케이크, 과자 등을 만들 때 밀가루를 발효시키기 위해 사용되는 베이킹소다 브랜드다. 그런데 포장지 앞면을 보면 특이한 점이 있다. '청소, 탈취, 제빵용'이라고 쓰여 있는 것이다. 사연은 이렇다. 어느 날부터 암앤해머의 판매가 줄기 시작했다. 식생활이 고기와 같은 단백질 위주로 바뀌면서 베이킹소다에 대한 수요가 감소했기 때문이다. 문제 해결에 나선 암앤해머는 일부 소비자들이 베이킹소다를 냉장고 탈취제로 사용하고 있는 것을 발견한다. 베이킹소다는 습기를 빨아들이는 특성이 있어서 이것을 냉장고에 넣어두면 나쁜 냄새를 제거하는 작용을 하는데, 소비자가 먼저 이점을 알고 냉장고 탈취제로 사용하고 있었던 것이다. 암앤해머는 소비자 관찰을 통해 발견한 새로운 관점을 마케팅에 적극 활용했다. 제빵용이라는 용도 외에 천연 방취제라는 새로운 용도를 추가하여 냉장고는 물론이고 습한 냄새가 나는 모든 곳, 즉 지하실·화장실·차고 등에도 사용할 수 있다는 점을 알렸다. 그 결과 20배 가까이 판매가 증가했다. 또한 카펫에 뿌리면 습기를 빨아들여서 진공청소기가 먼지를 흡수하는 데 도움이 된다는 점을 알려서 '카펫 청소용'으로까지 용도를 넓혔다. 뿐만 아니라 지속적인 소비자 관찰을 통해서 베이킹소다에 금속의 표면을 깨끗이 닦아내는 연마성이 있다는 것을 발견하고, 오븐·냄비·프라이팬 세척제로 제품을 개발, 확장했다. 여기서 다시 연마성과 먹어도 된다는 특성을 살려 치약까지 개발하기에 이르렀다.[13]

　제빵용 베이킹소다에서 시작하여 탈취제, 세척제, 치약에 이르는 암앤해머의 끊임없는 변신은 새로운 콘셉트의 발견을 통한 성공적인 마케팅 기획의 좋은 사례다. 암앤해머는 소비자 관찰을 통해 제품 속에 잠재해 있던 베이킹소다의 새로운 관점을 발견해내고, 이것을 끌어내어 강조함으로써 문제 해결은 물론 새로운 도약을 이룰 수 있었던 것이다.

하나의 제품,

수많은 콘셉트

문제 다음 중 가구가 아닌 것은?

보기 1) 소파   2) 의자   3) 텔레비전   4) 침대

1994년 어느 초등학교 시험에 이런 문제가 출제되었다. 정답은 당연히 3)번이다. 그런데 많은 학생들이 한 침대회사 광고의 영향으로 4)번을 정답으로 써냈다고 해서 화제가 된 적이 있었다. 그 광고는 에이스침대의 '침대는 가구가 아닙니다' 캠페인이다. 학교에서 배운 대로 하면 '침대는 가구가 아닙니다'는 틀린 콘셉트다. 하지만 이 콘셉트는 에이스침대의 대폭적인 매출 성장을 가져왔을 뿐 아니라 소비자의 가구 구매 패턴까지 바꿔놓았다. 즉 그때까지만 해도 침대와 가구를 세트로 구매하던 소비자들이 '침대는 침대 전문회사(에이스, 대진, 시몬스 등) 제품으로, 장롱·식탁·의자 등은 가구회사(보루네오, 리바트 등) 제품으로' 구분해서 구매하게 되었던 것이다. 학교에서는 틀린 답이 광고에서는 대박을 터뜨린 것이다.

학교 시험문제와 당신이 지금 다루고 있는 문제는 근본적인 차이가 있다. 세상에는 두 종류의 문제가 있는데, 하나는 '답이 하나인 문제'이고 다른 하나는 '답이 여럿인 문제'다. 학교 시험문제는 전자에 속하고, 사회에서 발생하는 문제는 후자에 해당한다. 기획에서 해결해야 할 문제는 물론 후자에 속한다. 따라서 학교 시험문제에서는 옳은 답과 틀린 답이 존재하지만, 기획에서는 여러 개의 다른 답이 존재한다. 앞에서 예로 든 국내 휴대전화 시장의 경우에도, 스카이의 'different'와 애니콜의 '멀티미디어'라는 콘셉트는 어느 것이 옳고 어느 것이 틀린 것이 아니라 서로 다른 답이다. 두 브랜드 모두 시장에서 거두고 있는 성공적인 성과가 그것을 증명해준다.

　마찬가지로 당신의 기획에도 여러 개의 답이 존재한다. 당신의 기획 대상과 고객들 속에 여러 개의 다른 콘셉트들이 숨어 있다는 것이다. 그러므로 당신은 옳은 콘셉트 하나를 발견하려고 애쓸 것이 아니라, 서로 다른 여러 개의 다양한 콘셉트를 찾아내는 데 힘을 쏟아야 한다. 지금까지 당신이나 당신 회사가 시도해보지 않았던 새로운 관점으로, 당신의 경쟁자가 보지 못했던 새로운 시각을 가지고, 고객의 입장에서 당신의 기획 대상과 고객들을 관찰함으로써 가능한 한 많은 콘셉트를 발견해내야 하는 것이다. 그렇다고 여기서 나온 모든 콘셉트를 다 아이디어로 발전시킬 수는 없다. 그것은 시간과 자원의 낭비이기 때문이다. 그들 중에서 될성부른 콘셉트 두세 개를 추려내야 한다. 그리고 그것에 집중해서 아이디어들을 찾아야 한다. 그렇다면 어떤 기준으로 콘셉트를 추려내야 할까?

좋은

콘셉트의 조건,

ROI

오랜 고민과 회의 끝에 몇 개의 콘셉트 후보들이 추려졌다. 이 후보들 중에서 플레이오프를 거쳐 결승전에 나갈 최종 후보가 가려질 것이다. 최종 결승전에 나가기 위해서는 'ROI'라는 관문을 거쳐야 한다. ROI란 Relevence(적절성), Originality(독창성), Impact(영향력)의 약자다.

먼저 콘셉트는 '적절해야' 한다. 당신의 고객에 적절해야 하고, 기획의 대상에 적절해야 한다. 고객이 원하지 않거나 관심이 없는 콘셉트는 아무리 훌륭해도 버려야 한다. 고객이 원하지 않는 것이면 선택하지 않을 것이고, 선택받지 못하면 그 콘셉트는 존재 이유가 없기 때문이다. 현대건설 '홈타운' 아파트의 브랜드 콘셉트는 '튼튼함'이었다. 이 콘셉트는 현대건설을 대한민국 최고의 아파트 회사로 만드는데 커다란 기여를 했다. 하지만 고객이 변했다. 이제 주부들은 더 이상 튼튼한 아파트에 관심을 두지 않는다. 홈타운도 관심에서 멀어졌다. 현대건설은 변화하는 고객에 맞춰 아파트 브랜드를 새롭게 기획했다. 튼튼함을 과감히 버리고 '역사와 문화가 되는 주거명품'이라는 콘셉트로 '힐스테이트(Hillstate)'라는 새로운 브랜드를 도입했던 것이다. 지금 현대건설은 아파트의 종가(宗家)라는 명성을 빠르게 되찾아가고 있는 중이다.

또한 콘셉트는 기획의 대상인 제품, 서비스 등에 잘 들어맞고 어울리는 것이어야 한다. 자신에게 없는 것을 말하거나 체격보다 큰 옷을 입으면 오히려 역효과가 난다. 'One Shot 018'이라는 이동통신 서비스가 있었다. '한 방에 통한다! One Shot 018'이라는 공격적인 광고 콘셉트로 선발 브랜드인 011, 017 등과 경쟁을 벌였다. 광고에 대한 젊은 층의 반응이 매우 좋아서 론칭 초기에는 많은 가입자를 모을 수 있었다. 그런데 문제가 생겼다. 한 방에 통하기 위해서는 기지국을 많이 세워야 하는데, One Shot 018은 서비스 도입 초기라 그렇게 할 수가 없었다. 실제 서비스가 광고 내용을 따라갈 수 없었던 것이다. "한 방에 통한다!"는 One Shot 018에 적절치 않은 옷이었다. 가입자들의 불만이 입소문을 타고 퍼져 나갔고, 그 결과 가입자를 확보하는 데 많은 어려움을 겪어야 했다.

콘셉트는 독창적이어야 한다. 기존의 패턴에서 벗어나야 한다. 예전의 것, 남의 것을 답습한다면 그것은 이미 기획이 아니다. 더 큰 성과를 낼 수 없기 때문이다. 기획은 돌파다. 기존의 수준이나 경쟁자를 넘어서는 것이다. 일상적이고 상식적인 콘셉트로는 그 목표를 달성할 수 없다. 독창성만이 그것을 담보한다. 적절하면서 동시에 독창적인 콘셉트를 찾아내기란 정말 어렵다. 하지만 찾아내야만 한다. 그것이 기획자의 의무다.

얼마 전 신문에서 '제너럴 닥터'라는 병원에 대한 기사를 읽었는데, '카페식 병원'이라는 매우 독특한 콘셉트를 가진 병원이었다. 병원에 들어서면 소독약 냄새 대신 그윽한 커피 향이 코를 찌른다. 오래된 오르간, 옛날 TV, 빈티지 소품들이 놓여 있고, 환자와 의사는 책상 대신 소파에 마주 앉아 커피를 마시며 편안하게 상담한다. 카페의 분위기를 병원에 접목시켜놓은 것이다. 이 카페식 병원은 독특한 분위기와 함께 편안하고 안락한 분위기에서 진료 서비스를 받을 수 있어 인기가 높다고 한다.[14] 독창적일 뿐만 아니라 질 높은 서비스를 원하는 고객에게 적절한 것이다.

콘셉트는 영향력이 있어야 한다. 영향력이란 고객의 무관심을 헤치고 들어가 관심을 집중시키는 힘을 말한다. 콘셉트는 그 자체만으로도 고객을 끌어당기는 힘이 있어야 한다. 기획의 최종 목적은 '고객의 선택'이다. 당신의 상사나 클라이언트, 소비자로부터 선택받아야 하는 것이다. 그런데 당신의 상사는 하루에도 수십 건의 기획안을 본다. 당신의 소비자들은 하루에도 수백 수천 가지의 제품, 서비스와 만난다. 그들의 선택을 받기 위해서는 먼저 그들 눈에 띄어야 한다. 일단 고객의 관심권 안에 들어가야 하는 것이다. 콘셉트의 영향력이 필요한 이유다. 같은 내용의 콘셉트라도 말하는 방법에 따라서 그 차이가 엄청나다. '침대와 가구는 다릅니다'보다는 '침대는 가구가 아닙니다'가 훨씬 영향력이 있다. '부자가 되는 법'보다는 '부자 아빠, 가난한 아빠'가, '세계의 식량난'보다는 '글로벌 보릿고개'가, '스포츠를 통한 외교'보다는 '핑퐁 외교'가 훨씬 사람을 당기는 맛이 있을 뿐 아니라 기억에도 오래 남는다. 그럴수록 고객의 선택을 받을 확률은 높아진다.

뿐만 아니라 콘셉트가 가진 영향력은 아이디어 발상에도 많은 영향을 미친다. 좋은 콘셉트는 아이디어의 샘 같은 역할을 한다. 우리 머릿속에 영감을 불러일으켜서 쓸 만한 아이디어들이 한도 끝도 없이 떠오르게 만든다. 그러기 위해서는 콘셉트가 너무 추상적이어도 너무 구체적이어도 안 된다. 너무 추상적이면 아이디어의 폭은 넓어지는 대신 날카로움이 떨어지게 된다. 반대로 너무 구체적이면 아이디어의 날카로움은 살아날지 모르지만 아이디어의 폭을 제한하게 된다.

제17대 대통령 선거 당시 이명박 후보의 '일하는 대통령'이라는 콘셉트는 매우 탁월한 선택이었다. 대기업 CEO와 서울시장 재임 동안 수많은 성공 스토리를 만들어낸 이명박 후보에게 잘 들어맞았을 뿐 아니라, 경제 살리기를 고대하는 유권자들의 가려운 곳을 긁어주는 적절한 콘셉트였다. 또한 선거에서 주로 정치적 이슈를 제기했던 전임 대통령들과 다른 후보들에게서는 찾을 수 없는 차별화되고 경쟁력을 갖춘 독창적 콘셉트였다. '경제 대통령'이라는 콘셉트가 다소 추상적이고 개념적이었던 것에 비해 '일하는 대통령'은 일반인도 그 이미지를 쉽게 상상할 수 있을 정도로 구체적이면서도 연상의 폭이 넓어서 아이디어 발상에 훌륭한 디딤돌이 되었다. 당선 후에도 '일하는 대통령'이라는 콘셉트를 중심으로 노 홀리데이(no holiday) 근무, 임기 첫날 0시 합동참모본부에 전화로 업무 시작(이전 대통령들은 대부분 오전 7시경 현충원 참배로 근무 시작), 심야 국무회의 등의 아이디어들이 지속적으로 개발되었다.

디즈니랜드가 도쿄 만에 세워진 이유

일본 디즈니랜드 건립 당시의 일이다. 미쓰이 상사와 미쓰비시 상사가 이 프로젝트에 참여해서 치열한 경쟁을 벌였다. '건립 장소를 어디로 할 것인가?'와 '어느 기업이 전반적인 능력에서 뛰어난가?' 등이 주요 평가 대상이었다. 기업 규모에서 앞서 있던 미쓰비시의 압승이 예상되는 가운데 경쟁 프레젠테이션이 실시됐다. 미쓰비시가 제안한 콘셉트는 '가족을 위한 공간'이었다. "디즈니랜드는 가족을 위한 공간이니 가족 휴양지에 건립되어야 한다"는 것이다. 미쓰비시는 본사에서 회사를 소개하는 크리덴셜(credential) 프레젠테이션을 끝낸 뒤 차량편으로 하코네로 이동해서 본 프레젠테이션을 실시했다. 하코네는 온천, 산, 호수가 어우러진 천혜의 자연조건과 함께, 도쿄에서 한 시간 거리에 위치한 일본 최대의 관광지다. 미쓰비시는 "디즈니랜드는 가족을 위한 공간이므로 일본인들이 가족 단위로 가장 많이 찾는 하코네에 건립되어야 한다고 제안했던 것이다. 좋은 기획 내용과 매끄럽고 세련된 진행으로 디즈니 측의 호평을 받았다고 한다.

다음 날은 미쓰이 상사의 차례였는데, 미쓰이 상사 측의 요청으로 오전 10시로 예정돼 있던 프레젠테이션 시간이 오후 7시로 연기되었다. 프레젠테이션 시간의 연기는 준비 부족이 그 원인인 경우가 대부분이어서, 전체적인 분위기는 미쓰비시로 기운 듯했다. 본사에서 크리덴셜 프레젠테이션을 실시한 후 미쓰이는 미국 디즈니 본사 팀을 옥상으로 안내해 미리 준비된 헬기에 태웠다. 헬기로 얼마간을 이동한 후 본 프레젠테이션이 진행된 곳은 놀랍게도 도쿄 만의 하늘이었다! 칠

흑 같은 어둠 속에 떠 있는 헬기 안에서 다음과 같은 내용의 프레젠테이션이 진행됐다.

미쓰이가 기획한 일본 디즈니랜드의 콘셉트는 '꿈과 환상의 공간'이었다. "디즈니랜드는 단순한 놀이공간이 아니라 '꿈과 환상을 제공하는 공간'이어야 한다. 섬나라 일본 사람들의 '꿈과 환상의 공간'은 산이 아니라 바다이므로 일본 디즈니랜드는 바로 이곳 도쿄 만에 건립되어야 한다"는 것이다. 그리고 컴퓨터 시뮬레이션을 통해 도쿄 만에 건립될 디즈니랜드의 모습을 보여주었다.

'꿈과 환상의 공간'이라는 콘셉트는 스스로를 '꿈과 환상을 심으러 온 건설가'로 생각했던 월트 디즈니(Walt Disney)의 철학과, 바다를 바라보며 꿈을 키워온 일본 사람들을 절묘하게 연결시켜주는 매우 적절한 콘셉트였다. 또한 경쟁사에 비해 매우 독창적이었을 뿐 아니라, 기획 내용은 물론 '칠흑 같은 바다 상공에서의 프레젠테이션'과 같은 아이디어를 통해 임팩트 있게 전달되었다. 그 결과 일본 디즈니랜드는 1983년 도쿄 만에 건립되었다.

좋은 콘셉트의 조건

1. Relervance(적절성)
2. Originality(독창성)
3. Impact(영향력)

머리보다

발로

기획하라

콘셉트가 두세 가지로 압축되고 나면 본격적인 아이디어 찾기가 시작된다. 콘셉트를 가장 효과적으로 전달할 수 있는 아이디어들을 발견해내야 하는 것이다. 훌륭한 콘셉트를 찾았다고 해서 긴장의 끈을 놓아서는 안 된다. 고객에게 최종적으로 전달되는 것은 아이디어이며, 고객은 아이디어로 기획을 평가하기 때문이다. 고객의 입장에서는 콘셉트보다 아이디어가 더 중요하다.

어떻게 하면 '빅 아이디어'를 발견할 수 있을까?

거장(巨匠)들의 말을 참고해보자. 에디슨은 "천재는 1%의 영감과 99%의 노력의 결과"라고 했다. 만유인력을 발견한 뉴턴은 "굳은 인내와 노력이 없었던 천재는 이 세상에 존재하지 않았다"라고 했다. 헬 스티빈즈는 "아이디어는 땅을 파서 캐내는 것"이라고 했다. 한마디로 아이디어에 왕도는 없다는 얘기다. 땀 흘려 노력해가며 이곳저곳 열심히 파헤치다 보면, 수많은 시행착오 끝에 빅 아이디어를 발견하게 된다는 것이다. 실제로 에디슨은 2,339번의 시행착오 끝에 '필라멘트'라는 빅 아이디어를 발견했다.

그렇다고 무작정 아무데나 파볼 수는 없는 일이다. 이 책의 2장 '기획의 발상'에는 아이디어의 개념과 발상법, 발상 단계, 성공 사례 등에 대해 소상히 적혀 있다. 이 내용들을 충분히 배우고 연습과 경험을 통해 온전하게 몸에 익히면, 빅 아이디어를 찾아가는 당신에게 틀림없이 훌륭한 가이드가 돼줄 것이다. 거기까지다. 그 이상을 기대해서는 안 된다. 중요한 건 당신이다. 당신의 열정과 노력이 빅 아이디어를 찾아내는 열쇠다.

"머리보다는 발을 써라!"는 것은 취재기자의 철칙이다. 특종은 머리가 아니라 발에서 나온다. 기획 역시 그렇다. 빅 아이디어는 발에서 나온다. 당신이 찾게 될 아이디어의 크기는 당신 발이 움직인 거리에 비례한다. 책상을 끼고 앉아 있으면 책상 크기만 한 콘셉트와 아이디어를 발견하게 될 것이고, 밖으로 나가서 돌아다니면 당신 발이 움직인 거리만큼의 콘셉트와 아이디어를 발견하게 될 것이다. 아이디어를 찾기 위해 책상 앞에 앉아 머리를 쥐어짜는 기획자들의 모습을 볼 때마다 안쓰럽기 짝이 없다. 노력하는 모습이 안쓰러운 게 아니라 '번지수가 틀렸는데?'라는 생각 때문에 안쓰럽다. 아이디어란 책상 앞에 앉아서 머리를 쥐어짠다고 나오는 게 아니다. 회의실에 모여 하루 종일 회의를 한다고 해서 나오는 것도 아니다. 물론 그렇게 해서 아이디어를 건질 수는 있다. 하지만 잔챙이다. 대어를 잡고 싶다면 발을 움직여 밖으로 나가야 한다.

당신은 철학자가 아니라 탐험가가 돼야 한다. 책상 앞에 앉아 깊은 사색에 잠길 것이 아니라 밖으로 나가야 한다. 보물이 나올 만한 곳을 찾아 이리저리 뛰어다녀야 한다. 다시 말하지만 아이디어는 머리가 아니라 발에서 나오기 때문이다. 탐험가란 남들이 모르는 곳을 찾아서 알려주는 사람이다. 그러기 위해서는 맹수가 우글거리는 밀림을 지나기도 하고, 악어가 입을 쩍 벌리고 있는 늪을 건너기도 하며, 박쥐 떼를 뚫고 컴컴한 동굴 속으로 들어가야 할지도 모를 일이다. 하지만 걱정하지 마라. 다행히 당신은 아이디어 탐험가다. 당신이 찾을 것은 아이디어다. 아이디어는 그렇게 험한 곳에 있지 않다. 그렇게 멀리 있지도 않다. 바로 당신 곁에 있다. 당신과 다른 사람들이 아직까지 발견하지 못했을 뿐이다. 등잔 밑이 어둡다는 속담이 이렇게 반가울 수가 없다.

당신이 가장 먼저 탐험해야 할 곳은 '고객'이다. 고객만큼 당신의 제품 및 서비스에 대해 많이, 잘 알고 있는 사람은 없기 때문이다. 고객의 말 속에, 행동 속에, 마음속에 수많은 아이디어가 숨어 있다. 고객이야말로 아이디어의 시작이며 끝이고, 보물섬이다.

고객을 직접 만나 그들의 생각과 의견을 들어라. 어떤 선입견도 갖지 말고 열린 마음으로 그들의 말을 있는 그대로 경청하라. 무엇을 필요(needs)로 하며 원하는 것(wants)은 무엇인지, 왜 당신의 제품 및 서비스를 사용하는지, 만족한다면 그 이유는 무엇이며, 불만족스러워한다면 무엇 때문인지 충분히 들어야 한다. 일대일로 만나도 좋고, FGI(Focus Group Interview)도 좋다. 그냥 듣지 말고 꼼꼼히 메모하라. 녹음을 할 수 있다면 더욱 좋다. 몇 번이고 읽고 들으면서 고객의 말 속에, 마음속에 숨어 있는 빅 아이디어의 힌트를 찾으려고 노력하라. 고객의 행동을 지켜보는 것도 좋은 방법이다. 고객이 제품과 서비스를 구매하는 현장이나 사용하는 모습을 유심히 관찰하라.

발매 1년 만에 200만 개 이상을 판매한 아모레퍼시픽의 '라네즈

슬라이딩 팩트'. 빅 히트의 핵심 아이디어는 제품 표면에 달린 거울이었다. 여자들은 수시로 자신의 얼굴을 확인한다. 그런데 다른 파우더 제품들은 꼭 뚜껑을 열어야 거울을 볼 수 있어 불편했다. 여기서 힌트를 얻어 표면에 거울이 달린 파우더를 기획했던 것이다. 뿐만 아니라 파우더를 쓸 때면 슬라이딩 휴대전화처럼 열리게 만들어 '뚜껑을 여는' 단계를 없앴다.

이 제품의 패키지를 디자인한 사람은 이노디자인의 김영세 사장이다. 그는 어느 날 자신의 아내가 운전하다가 "잠깐 얼굴을 보고 싶은데 기존 파우더는 꼭 뚜껑을 열어야 해서 불편하다"고 한 말에서 아이디어를 얻었다고 한다.[15] 고객의 말을 경청한 대가는 이렇게 크다.

앞에서 예로 들었던 많은 빅 아이디어들 역시 고객으로부터 시작됐다. 애니콜, 스카이가 그렇고, 풀무원 두부와 암앤해머 역시 고객에 관심을 집중한 결과다. 이 밖에도 수많은 빅 아이디어들이 고객으로부터 나왔다. 고객은 아이디어의 존재 이유이며 목적지다. 그 속에 빅 아이디어가 숨어 있다는 사실을 명심하라.

다음으로 당신이 찾아야 할 곳은 유통망이다. 백화점이나 슈퍼마켓, 대리점 등을 방문해서 당신의 제품과 서비스를 판매하는 사람들과 만나라. 그들은 소비자들과 가장 가까운 곳에 서 있는 사람들이다. 소비자들에 대한 현장감 넘치는 싱싱한 정보를 당신에게 전해줄 것이다. 모 식품회사는 "매장에서 소비자들이 우리 제품을 못 찾는 것 같아요"라는 매장 직원의 말에서 힌트를 얻어 상품의 패키지를 교체함으로써, 정체에 빠졌던 매출 곡선을 끌어올릴 수 있었다.

전문가들은 엉뚱한 곳으로 항로가 틀어지는 것을 방지해주는 좋은 등대다. 어느 업계든 흐름이라는 것이 있다. 현재의 흐름이 있고, 앞으로 다가올 흐름도 있다. 이 흐름을 벗어난 아이디어는 성공할 확률이 낮다. 전문가들은 이 흐름을 볼 줄 아는 사람들이다. 이들을 찾아가 업계 전반에 대한 정보와 지식을 구하라. 업계를 담당하는 기자, 업계에 정통한 교수나 전문가들이 그들이다. 직접 방문해 만날 수도 있고, 세미나 참석 등을 통해서 만날 수도 있다. 아니면 그들이 쓴 기사나 논문, 기고, 인터뷰 기사 등을 참고해도 된다.

보물을 찾기 위해서는 선배들과 동료들의 도움도 필요하다. 적극적으로 그들의 조언을 구하라. "그 사람들이 이 프로젝트에 대해 뭘 안다고!" 이렇게 생각하면 큰 오산이다. 바둑을 잘 두어야만 훈수를 할 수 있는 것은 아니다. 아마추어도 얼마든지 훈수를 할 수 있는 이유는 큰 판세를 볼 수 있기 때문이다. 프로젝트에 관한 디테일은 담당자인 당신이 훨씬 강하다. 그런 이유로 판 전체를 볼 수 있는 시야가 좁아진다는 사실을 잊지 마라.

다른 사람이 이루어놓은 성공 사례에도 닻을 내리고 구석구석 살펴봐야 한다. 성공 사례 속에는 반드시 성공한 이유가 숨어 있다. 그 이유를 찾아 참고하고 때로는 베껴야 한다. 경영의 귀재라 불리는 잭 웰치(Jack F. Welch)도 "최고의 성공 사례를 훔쳐라"고 말하지 않았는가. 특히 동종 업종이 아닌 다른 업종의 성공 사례에 관심을 가질 것을 권한다. 적절한 것을 골라 전용만 잘해도 얼마든지 훌륭한 아이디어가 될 수 있기 때문이다(2장 기획의 발상: '100% 새로운 아이디어란 없다' 참조).

현대자동차의 '실직자 보장 프로그램' 캠페인을 기억하는가? 미국에 조셉 뱅크(Jos. A. Bank)라는 남성복 업체가 있다. 이 회사는 양복을 구입한 고객이 직장을 잃으면 최대 199달러까지 돈을 돌려주고, 양복도 돌려받지 않겠다는 캠페인을 했다. 그 양복을 입고 직장을 구하라는 것이다. 불황임에도 불구하고 이 캠페인 덕분에 매출이 꽤 늘었다고 한다.[16] 두 아이디어가 거의 비슷하지 않은가? 어느 회사의 아이디어가 먼저인지는 모르겠으나 어쨌든 두 회사 모두 성공했다.

이 밖에도 서점에 들러 관련 서적과 베스트셀러를 사 본다거나, 인터넷을 뒤져본다거나, 관련 전시회에 참가하는 많은 방법들이 있다. 중요한 것은 탐험가로서 당신의 의지와 노력이다.

기획 목표에 맞게

버리고

선택하기

　이제는 고객에게 제안할 최종 콘셉트와 아이디어를 골라야 할 시간이다. 산고 끝에 낳은 옥동자들이라 어느 것 하나 아깝지 않은 것이 없겠지만, 과감하게 취할 건 취하고 버릴 건 버려야 한다. 그래야 기획에 힘이 생긴다. 아까운 생각에 이것저것 모아서 아이디어 백화점을 차리면 당신은 뿌듯할지 모르지만, 고객에 대한 설득력은 현격히 떨어진다(3장 기획의 실현: '하나의 메시지에 집중하라' 참조).

　아이디어를 고르는 첫 번째 기준은 기획 목표와의 합치성(合致性)이다. 독창성이 아니다. 아이디어의 존재 이유는 기획 목표의 달성이다. 아무리 창의적인 아이디어라도 기획 목표에 맞지 않으면 버려야 한다. 아무리 평범한 아이디어라도 기획 목표를 효과적으로 달성할 수 있다면 취해야 한다. 기획은 비즈니스이지 아이디어 경연대회가 아니다.

　세계적인 광고전문 잡지인 《애드 에이지(*Advertising Age*)》 1999년 12월호에 다음과 같은 기사가 실렸다.

"5년 전 칸 국제광고제에서 기립 박수를 받고 광고상을 수상했던 브랜드의 70%가 시장에서 사라졌거나 고전하고 있다."

유산균 음료 '이오'는 탤런트 김자옥 씨를 모델로 기용해 '꼭 집어 이오'라는 메시지로 TV 광고를 기획, 방송에 내보냈다. 이 광고는 1997년 한 조사에서 '촌스러운 광고 3위, 저속한 광고 9위, 모델 호감도 61위'라는 불명예를 안았다. 하지만 광고 효과 측면에서는 '유산균 음료 광고 중 1위, 전체 6위'라는 기염을 토했다.

상을 타는 기획과 금전등록기를 울리는 기획, 당신이라면 어떤 기획을 하겠는가?

기획 목표 달성에 기여할 수 있는 아이디어들이 걸러졌다면, 이제는 효과적인 측면과 현실성, 논리성이라는 잣대를 사용해야 한다.

고객은 당신보다 훨씬 비용에 민감하다. 당신은 투입 비용, 시간, 노력 대비 효과가 가장 큰 아이디어를 선택해야 한다. 고객의 이익은 당신의 이익으로 돌아올 것이다.

현실성과 논리성은 아이디어 발상에 큰 적이다. 하지만 아이디어를 평가할 때는 빼놓을 수 없는 중요한 기준이다. 아이디어는 현실에 적용될 때 생명력을 갖기 때문이다. 당신의 아이디어는 자금, 기술, 인력 등에서 고객의 능력 안에 있어야 한다. 또한 고객이 원하는 것, 필요로 하는 것이어야 한다. 뿐만 아니라 당신의 아이디어는 논리적으로 그 효과를 입증할 수 있어야 한다. 머리로 명쾌하게 이해되지 않으면 고객은 당신의 아이디어에 결코 투자하지 않는다. "한번 믿고 맡겨보라"는 말은 당신에 대한 무한한 신뢰가 쌓였을 때만 효과가 있다. 감(感)으로만 좋아서는 안 된다. 논리로 입증할 수 있어야 진짜 좋은 아이디어다. 그런 아이디어를 고르라.

02

기획의 발상

문제를 돌파하는 힘,
창의력

기획의 핵심은

창의성

마케팅은 팔기 위한 최후의 수단이다. 아이디어와 창조성이 먼저다.

– 브루노 파블로브스키, 샤넬 패션부문 총괄사장

기획의 핵심은 창의성이다. 기획은 창의적이어야 한다. 창의적이 아닌 것은 기획이 아니다. 기획의 목적은 어떤 수준이나 결과를 뛰어넘는 것, 즉 돌파이며, 창의성이 그것을 가능케 한다. 창의적인 기획은 당신이 상상할 수 없을 정도의 엄청난 부가가치를 가져다준다.

그렇다면, 창의적인 기획의 비결은 무얼까? 타고난 천재성일까? 아니면 그들만의 특별한 비법이 따로 있는 걸까? 있다면 그들이 그것을 공개할까? 또 나같이 평범한 사람이 따라할 수 있을까?

'사막의 죄(The Sin of the Desert)'라고 부르는 것이 있다. 사막에서 물을 발견한 사람이 다른 사람들에게 물이 있는 곳을 말해주지 않는 것을 말하는데, 우리의 선배들은 그런 죄를 짓지 않았다. 수많은 시행착오를 통해 몸으로 부딪혀 얻은 지혜를 고스란히 우리에게 물려주었다. 의지와 노력만 있다면 누구든지 이해하고 따라할 수 있도록 정리해서 말이다. 그리고 이런 충고도 잊지 않았다.

이토록 소중한 '아이디어 생산기술(A Technique for Producing Ideas)'을 혼자만 알지 않고 세상에 널리 알리는 이유는 두 가지다.

첫째, 법칙이라는 것은 말하기는 쉽지만, 그것을 듣는 이의 대부분은 그것을 믿지 않는다.

둘째, 법칙을 말하기는 쉬워도 실행에 옮기는 것은 매우 힘들고 고된 작업이다. 따라서 많은 사람들이 법칙을 수긍하면서도 실행에 옮기지는 못한다.

— 제임스 웹 영

자 이제, 선배들이 남긴 지혜의 길을 따라가 보자.

세계적인

베스트셀러,

두바이

"한계는 오직 상상력뿐이다(The only limit is your imagination)."
"꿈에는 한계가 없다. 마음껏 꿈꿔라(Dreams have no limits. Go further)."

2006년 세계 최고의 베스트셀러는 단연 두바이였다. 세계 각국의 사람과 기업들이 너도나도 돈과 장비를 싸들고 두바이의 기적을 직접 보고 참여하기 위해 벌떼같이 몰려들었다. 덕분에 두바이로 가는 비행기와 두바이의 호텔, 도로는 최근의 세계 경제위기 전까지 늘 북적거렸다. 무엇이 이들을 중동의 작은 어촌마을로 끌어들였을까?

두바이에서는 지금 세계 8대 불가사의 중의 하나로 불리는 대역사(大役事)가 벌어지고 있다. 인구 120만 명, 국토 면적 4,114제곱킬로미터(우리나라의 약 20분의 1), 그중의 90%는 사막인 중동의 작은 나라에, 두바이 전체 인구의 3배가 넘는 외국인 근로자 380만 명과 지구상에 있는 타워크레인 10대 중 2대가 모여들어서 '세계 경제의 허브(hub)'를 건설하고 있는 것이다. 어림잡아 2천억 달러(약 240조 원)에 이르는 공사 금액도 놀랍거니와 공사 내용은 우리의 상상을 초월한다. 거대한 아라비아 돛단배를 형상화해 바다 위에 건립된 7성급 호텔 '버즈 알 아랍(Burj Al Arab)'을 시작으로, 21세기 바벨탑이라 불리는 세계 최고 800미터 높이의 160층 빌딩 '버즈 두바이(Burj Dubai)', 직경 5.5~14.5킬로미터 크기의 야자수 모양으로 만들어지는 매혹적인 3개의 인공 섬 프로젝트 '팜 아일랜드(Palm Island)'와 세계 지도 형상으로 만들어지는 인공 섬 '더 월드(The World)', 미국 디즈니랜드의 8배가 넘는 세계 최대 테마파크 '두바이 랜드(Dubai Land)', 수중(水中) 20미터에 건설되는 세계 최초의 수중 호텔 '하이드로 폴리스(Hydro-polis)'를 비롯하여, 450미터에 이르는 슬로프와 봅슬레이 코스까지 갖춘 실내 스키장 '스키 두바이 파크(Sky Dubai Park)', 축구장 80개가 들어가는 초대형 쇼핑몰, 사막 위에 그림같이 펼쳐진 초록색 잔디의 골프장과 그 주변에 들어서는 900여 채의 초호화 맨션 그리고 40억 달러를 들여 내륙 지역에 대규모로 건설되는 크릭(creek) 등 두바이의 천지개벽은 그야말로 끝이 없다.

10여 년 전까지만 해도 두바이는 진주잡이를 생업으로 하는 아라비아 만 연안의 작은 어촌에 불과했다. 말 그대로 '중동의 진주'였다. 아무도 거들떠보지 않던 그 두바이에 지금 전 세계인의 이목이 집중되고 있는 것이다. 두바이라는 나라를 알리는 데 혁혁한 공을 세운 버즈 알 아랍 호텔은 이미 세계적인 명물로 각종 화보집이나 달력에 단골 모델로 등장하고 있으며, 버즈 두바이 빌딩 1~39층에는 조르조 아르마니가 디자인한 호텔이 들어설 예정이다. 팜 아일랜드 프로젝트의 첫 번째 섬인 '팜 아일랜드 주메이라'에는 2천 동의 호화 빌라, 6천 동의 아파트, 1만 2천 개의 객실을 가진 호텔이 들어서는데, 전 건

물이 분양 개시 4일 만에 매진됐다고 한다. 이 건물의 주인들은 대부분 세계적인 유명 인사들이며 이중에는 영국의 축구스타 데이비드 베컴도 있다. 150여 개의 인공 섬으로 이루어지는 더 월드는 섬 하나의 가격이 60억~360억 원임에도 불구하고 이미 3분의 2가 임대됐다고 한다. 여기에는 한반도 모양의 섬도 있는데 약 247억 원이란다. 또한 전 세계에서 온 기업과 부호들은 앞다퉈 평당 300만 원씩에 두바이의 바다와 사막을 구입, 그 위에 자기 돈을 투자하여 200여 개에 이르는 마천루와 400여 개의 호텔을 건설하고 있다. 그 덕분에 두바이는 부동산 매각 대금으로 매년 17조 원 이상의 외화를 벌어들이고 있다. 이 같은 두바이 열풍은 중동은 물론 북아프리카 지역까지 변화시키고 있다. 가장 보수적인 사우디아라비아를 비롯해 쿠웨이트, 오만, 카타르 등 주변국들은 물론이고, 모로코, 이집트, 리비아까지도 두바이 개발 방식을 베끼기 시작한 것이다.

뿐만 아니라 두바이는 미국의 뉴욕, 이탈리아의 베네치아, 이집트의 피라미드 등과 함께 영국의 BBC가 선정한 '죽기 전에 꼭 가봐야 할 50곳'에 이름을 올림으로써 세계 최고의 관광지로 떠올랐다. 이제 더 이상 두바이는 진주잡이로 살아가던 그 옛날의 중동의 진주가 아니다. 블랙홀처럼 전 세계 사람과 돈을 끌어들이며, 산업·금융·관광을 아우르는 세계 경제의 허브로 기적처럼 탈바꿈하고 있는 것이다. 명실상부한 '중동의 진주'가 된 것이다.

우리나라 서해안에도 두바이 팜 아일랜드 프로젝트에 버금가는 세계적인 규모의 토목공사가 진행되고 있다. 바로 새만금 개발사업이다. 두 프로젝트는 여러 가지 면에서 공통점이 있다. 먼저 두 지역 모두 빼어난 입지조건을 자랑한다. 두바이가 아프리카, 유럽, 독립국가

🐾 새만금 간척 사업과 팜 아일랜드 프로젝트[17]

	새만금 간척 사업	팜 아일랜드 프로젝트
길이/직경	33km	5.5~14.5km
공사 기간	15년	약 7년
공사 비용	약 3조 4,756억 원	13조 원
면적	1억 2천만 평	9,018만 평

연합, 동남아시아를 연결하는 지정학적 관문이라면, 새만금은 동북아시아의 4대 경제권 중 하나인 환황해(環黃海) 경제권의 중심 지역이다 (이 지역의 중요성을 간파한 중국은 이미 새만금과 마주 보는 위치에 서울 3배 크기의 항구를 건설하고 있다). 또한 두 프로젝트 모두 바다를 매립하는 대규모 토목공사다. 도표에서 보는 것과 같이 팜 아일랜드가 직경 5.5~14.5킬로미터에 이르는 3개의 인공 섬 건설을 통해 9,018만 평의 새로운 땅을 만들고, 새만금은 33킬로미터에 이르는 방조제로 바다를 막아 1억 2천만 평(서울의 3분의 2, 싱가포르의 2분의 1)의 새로운 땅을 만드는 대역사다. 규모나 투입된 노동력, 기술 등에서 두 프로젝트는 별 차이가 없다.

하지만 두바이 팜 아일랜드가 세계적인 경탄을 받고 있는 데 비해, 새만금이 극동의 진주가 될 것이라고 기대하는 사람은 거의 없다. 관심과 기대보다는 오히려 지속적인 논란의 대상이 되고 있다. 똑같이 대규모 바다 매립공사임에도 팜 아일랜드는 전 세계적인 관심 속에서 천문학적인 부가가치를 창출하는 데 비해, 왜 새만금은 국내에서조차 논란거리가 되고 있을까? 무엇이 그 둘의 차이를 만든 것일까?

두바이에는 있고

새만금에는 없는 것

두바이에는 있고 새만금에는 없는 것은 무엇일까?

혹자는 오일달러의 힘을 언급할지도 모른다. 틀린 말은 아니다. 원유가 발견되지 않았다면 이 엄청난 일을 시작할 엄두를 내지 못했을 테니 말이다. 하지만 오일달러만으로 두바이의 기적을 설명하는 것은 짧은 생각이다. 두바이에 묻혀 있는 원유는 전 세계 매장량의 1%에도 훨씬 못 미치기 때문이다. 게다가 두바이는 오일로 벌어들인 달러가 아니라 전 세계 투자자와 부자들의 돈으로 대부분의 공사를 진행하고 있다. 여기에 세계 최대의 산유국으로 막강한 오일달러의 위세를 뽐내고 있는 사우디아라비아(전 세계 매장량의 약 25% 보유)가 두바이의 개발 방식을 베끼기 시작했다는 점까지 감안하면, 두바이 기적의 원동력으로 오일달러를 첫손가락에 꼽는 것은 설득력이 떨어진다.

두바이에는 있고 새만금에는 없는 것, 그것은 바로 '창의력'이다. 창의력의 차이가 오늘의 두바이와 새만금을 만든 것이다. '믿거나 말거나(believe it or not)'로 유명한 로버트 리플리(R. Ripley)는 창의력의 중요성에 대해서 다음깨 같이 말했다.

"5달러짜리 철봉을 가지고 말발굽에 대는 편자를 만들면 10달러 50센트가 되지만 이것으로 재봉틀용 바늘을 만들면 3,285달러, 시계용 용수철을 만들면 무려 2만 5천 달러가 된다. 5달러짜리 철봉을 2만 5천 달러의 가치 있는 것으로 바꾸는 것은 창의력이 아니면 불가능한 일이다."[18]

두바이와 새만금은 창의력의 중요성을 실감할 수 있는 좋은 사례다. 앞서 말한 바와 같이 두 프로젝트는 기술력, 노동력, 자본 등에서는 큰 차이가 없다. 차이가 있다면 창의력의 차이가 있을 뿐이다. 두바이가 적극적으로 창의적인 아이디어를 개발하여 사업 시작 7년 만에 진주잡이 어촌마을의 한계를 넘어 세계 경제의 허브로 도약하고 있는 반면, 새만금은 창의적 아이디어의 부재로 15년째 33킬로미터짜리 방조제 안에 갇혀 있다. 창의적인 아이디어를 통해 획기적인 발상의 전환이 이루어지지 않는다면 새만금은 10달러 50센트짜리 말발굽 편자가 될지도 모른다.

두바이 프로젝트는 창의성이 돋보이는 훌륭한 기획이다. '세계 경제의 허브'와 '세계 최대·최고'라는 콘셉트에서 이벤트성이 강한 개발사업에 이르기까지 곳곳에 창의적 아이디어가 숨 쉬고 있다. '산업·금융·관광을 아우르는 세계 경제의 허브'라는 콘셉트는 언뜻 보면 두바이와는 거리가 먼 것 같다. 전 국토의 90%가 사막인 작은 나라에 세계 경제의 중심지를 만들겠다니! 비상식적이고 비논리적이며 무모해 보이기까지 한다. 하지만 걸프 만의 입구라는 사실에 사고의 초점을 맞추고 다시 보면, '세계 경제의 허브'란 콘셉트는 두바이에 잘 어울릴 것 같으면서 지금까지 누구도 생각하지 못했던 기발하고 창의적인 발상인 것이다. 여기에 '세계 최대·최고'라는 콘셉트가 어우러지면서 두바이는 홍콩, 싱가포르 등을 능가하는 차별성이 더해진다. 뿐만 아니라 돛단배 모양을 한 세계 유일의 7성급 호텔, 사막 위의 실내 스키장과 골프장 건설, 팜 아일랜드, 더 월드와 같은 이벤트성 강한 개발 아이디어는 전 세계인의 관심과 돈을 끌어들일 만큼 독창적이고 매력적이다. 두바이는 상상을 초월하는 창의적 아이디어로 척박한 국토를 약속의 땅으로 바꾸고 있는 것이다.

이에 비해 새만금은 사업 시행 전부터 '창의력의 부재, 상상력의 빈곤'이라는 문제점을 안고 있었다. 새만금의 매력적인 미래 모습을 그려볼 수 있는 독창적인 콘셉트도 없고, 사람들의 이목을 집중시킬 만한 구체적인 아이디어도 없이 사업이 시작됐다. 새만금만의 부가가치를 높여줄 독창적인 아이디어가 없었던 것이다. 물론 농지를 늘리는 일도 중요하다. 하지만 살아 있는 자연의 보고(寶庫)인 서해 갯벌 위에 수조 원의 돈을 쏟아 부어 농업용지를 만든다는 것은 아무리 생각해도 '아이디어의 빈곤'이라고밖에는 설명할 길이 없다. 그러다 보니 대한민국의 지도를 바꾸는 대역사임에도 불구하고 세계는커녕 국내에서조차 관심 두는 사람이 별로 없다. 지금 이 순간에도 새 땅을 만들기 위해 수많은 덤프트럭이 바다 속으로 바위 덩어리를 쏟아내고 있지만, 그 땅이 어떻게 쓰일지 자신 있게 말하는 사람은 아무도 없다. 수많은 이익집단 간의 이해관계가 복잡하게 얽혀서 새만금의 기본 개발 방향조차 확정하지 못한 채 이러지도 저러지도 못하고 있는 것이다. 창의적 아이디어의 부재가 그렇게 새만금의 발목을 잡고 있다.

세계의 화두,

창의력

"창조적 인간 키우자." … 한국의 지성들이 나섰다

미래형 교실 '창조학교' 출범

한국은 얼마나 창조적인 국가일까. 캐나다 토론토 대학 교수인 리처드 플로리다의 연구결과에 따르면 한국의 창조지수는 세계에서 38위다. 조사 대상국 중 꼴찌에서 둘째에 해당한다.

이어령 전 문화부장관은 어떻게 하면 아이들을 창조적으로 키울 수 있을지를 고민해온 대한민국의 대표적 지성이다. 그는 "군사력도 경제력도 아닌 '창조성' 이야말로 바로 미래 국부의 원천"이라고 강조해왔다.

15일 낮 서울 세종문화회관 M시어터에선 '창조학교' 출범식이 열렸다. 창조학교 명예교장을 맡은 이 전 장관의 취지에 공감해 문학·예술·과학·경제 등 각 분야의 지성이 창조적인 아이들 만들기에 동참했다. 각 분야 지성들은 앞으로 전국에 있는 창조적인 아이들의 멘토(스승)가 된다. 온라인과 오프라인을 통해 학생들을 직접 지도한다…….

– 〈중앙일보〉, 2009년 7월 16일

낙서는 언제 어디서나 … 뜬구름 잡는 얘기도 OK
삼성전자 '창의력 발전소' VIP센터

   (중략) VIP센터는 '귀빈(Very Important Person)'의 준말이 아니라 '가치 혁신 프로그램(Value Innovation Program)'을 뜻한다. 이 센터 1동 4층에 있는 '과제룸'은 구조가 특이했다. 실내로 들어가는 복도의 벽에는 짚신과 고무신이 천장을 향해 올라가는 듯한 모양으로 잔뜩 붙어 있었다. VIP센터 김동준 부장은 "상상하는 것 그 이상으로 뛰어넘으라는 뜻을 담은 인테리어"라고 설명했다. 안에 들어가 보니 온통 낙서투성이의 벽 때문에 어지러웠다. 여기서 낙서는 절대 권장 사항이다. 낙서하라고 거울·화이트보드·테이블을 곳곳에 배치하고 여기저기에 매직펜이 널려 있다. 참신한 아이디어가 나오면 만화가를 종종 초빙해 생각을 형상화한다. (중략) 삼성전자는 한국의 간판 글로벌 기업이다. 메모리 반도체와 TV 시장에서 세계 1위다. 휴대전화 시장에서도 1위를 넘본다. 이런 위치에 이르기까지 VIP센터 같은 '창조경영'이 결정적 역할을 했다는 자평이다. (중략)

– 〈중앙일보〉 2009년 8월 31일

실컷 놀아라 … 단, 아이디어를 내라
포스코, 어른 놀이방 '포레카'

   서울 대치동 포스코센터 동관 4층에는 어린이가 아닌 어른들을 위한 이색 '놀이방'이 있다. 포스코가 2일 직원들의 창의적 사고를 키우기 위한 문화공간으로 만든 '포레카(POREKA)'다. 포레카는 고대 그리스 수학자 아르키메데스가 외친 '유레카(EUREKA: 알았다)'를 '포스코(POSCO)'와 결합한 것. 포스코의 '문제해결마당'이란 의미다. 이 놀이

방은 총 360평 규모로 휴식(Refresh), 펀(Fun), 스터디(Study) 공간으로 구분했다.

이용자들이 휴식과 다양한 놀이, 학습 등을 할 수 있도록 했다. 다양한 분야의 책 1,000여 권을 비치해 독서를 할 수 있는 '북카페'가 있다. 미술·음악·서예 등 예술 감상을 통해 창의성을 키운다는 '예감창방'도 있다. (중략) 포스코의 인력 담당인 글로벌 HR실 최종진 그룹장은 "창의력 개발 프로그램의 활성화를 위해 직원들이 방해 받지않고 놀이방을 활용할 수 있도록 근무 중 일정 시간을 '크리에이티브 타임(Creative Time)'으로 부여할 예정"이라고 말했다.(중략)

– 〈중앙일보〉 2009년 9월 3일

2005년 8월 《비즈니스 위크》는 '창의적인 기업이 되어라!(Get Creative!)'라는 기사에서 "이제 지식 경제(knowledge economy) 시대는 가고 창의성 경제(creative economy) 시대가 도래하고 있다"고 말했다. 지식과 정보를 기반으로 하여 물건을 더 빨리, 더 싸게, 더 좋게 만드는 것으로는 더 이상 경쟁 우위를 확보할 수 없게 됐으며, 앞으로 기업들은 창의적 혁신(creative innovation)을 통해서 새로운 성장 동력을 찾아야 한다는 것이다.

세계적인 미래학자 앨빈 토플러(Alvin Toffler)는 그의 저서 《부의 미래》에서 "기술적 발전이 한계에 직면한 미래사회에서의 새로운 가치는 상상력에 의해 창출될 것이다"라고 말했다. 세계적인 칼럼니스트 데이비드 워시(David Warsh)는 21세기에 적합한 생산의 3요소로 "사람(people), 아이디어(idea), 지식(knowledge)"을 규정하고, "창의적 아이디어의 힘이 경제적 진보를 이끌 것"이라고 주장했다.[19]

창의성 경제 시대가 오고 있다. 창의성 경제란 '경제성장의 핵심이 창의성'인 시대를 말한다. 새로운 아이디어가 경제성장을 주도하는 시대인 것이다. 창의성 경제의 도래는 기술적 발전을 통한 고부가가치의 창출이 점점 어려워지고 있기 때문이다. 기술 발달이 어느 정도 한계에 다다라 더 이상의 기술적 진보를 기대하기가 어려울 뿐만 아니라, 많은 비용과 시간을 투자해 기술적 진보를 이루었다 하더라도 발 빠른 경쟁자에 의해 투자비용을 회수하기도 전에 기술 격차가 없어지는 것이다. 반면에 인간의 창의력은 한계가 없다. 무궁무진할 뿐만 아니라 상상을 뛰어넘는 고부가가치를 생산해낸다. 일반적으로 기술 개발에 의존하는 상품보다 비용이 적게 들어갈 뿐만 아니라 짧은 시간에 엄청난 속도와 규모로 전파되는 특성도 갖고 있다.

대표적인 아이디어 상품인 컴퓨터 프로그램을 예로 들어보자. 프로그램이 개발될 때까지는 어느 정도의 비용이 들어간다. 하지만 일단 개발되고 나면 그것을 대량 생산해서 판매하는 데는 거의 비용이 들지 않는다. 또한 유통되는 속도와 물량이 엄청나기 때문에 막대한 수익을 기대할 수 있다. 창의적 아이디어가 '저비용 고수익' 비즈니스를 가능하게 하는 것이다. 이런 이유로 대표적 기술 산업인 반도체 분야에서도 창의성이 주요 화두로 떠오르고 있다. 세계 최고의 반도체 기업인 삼성전자의 이건희 전 회장은 "반도체 업계의 패러다임이 바뀌고 있다. 반도체는 과거처럼 타이밍과 투자만으로 경쟁력을 유지할 수 없으며, 창의적인 사고 없이는 살아남기 어렵다"고 말했다고 한다.

만일 두바이가 토목이나 건축 기술적인 면에서 세계의 다른 도시들과 경쟁하려 했다면 어떻게 됐을까? 오늘의 두바이는 없었을 것이다. 그 정도의 기술력이나 규모, 자본이 들어간 공사는 세계 도처에 널려 있기 때문이다. "두바이는 창의적 아이디어와 척박한 땅을 제외하곤 모두 다 외부에서 가져온다"는 말처럼 두바이는 창의적 아이디어로 승부했기 때문에 모래뿐인 척박한 땅을 금싸라기 땅으로 바꿀 수 있었다. 그리고 지금도 무궁무진한 아이디어로 국토의 가치를 점점 더 높여가고 있다.

창의성 경제에서 살아남으려면 기업은 경쟁의 패러다임을 바꿔야 한다. 토지, 노동, 자본, 기술과 같은 과거의 패러다임에서 벗어나, "시장의 흐름을 꿰뚫는 통찰력, 기존의 틀을 깨는 발상의 전환, 현실을 뛰어넘는 상상력"으로 눈을 돌려야 한다. 창의적인 리더십, 창의적인 기업문화, 창의적 인재로 경쟁력을 길러야 한다. 창의력을 기업의 핵심 경쟁력으로 만들어야 하는 것이다. 이미 삼성을 비롯한 세계 유수의 기업들이 기업 경영에서 창의성의 중요성과 가치를 깨닫고 많은 시간과 노력을 투자하고 있으며, 또 실제로 창의적 아이디어로 위기를 극복하고 새로운 성장의 발판을 마련하는 많은 사례가 나타나고 있다.

세계 최대 검색 업체인 구글(Google)은 영국 《파이낸셜 타임스》에서 선정한 '2008년 100대 글로벌 브랜드'에서 GE, 코카콜라, IBM, 나이키 등을 누르고 '세계 최고 가치를 보유한 기업 브랜드'로 2년 연속 선정됐다. 대표적인 아이디어 기업인 구글에는 '70:20:10 원칙'이라는 것이 있다. 업무 시간의 70%는 회사의 핵심 분야인 검색과 광고 업무에 쓰고, 20%는 이와 연관성이 있는 것 중에서 자신이 하고 싶은 일에 쓰며, 나머지 10%는 새로운 아이디어나 비전 개발에 쓰라는 것이다. 직원들이 창의적인 일에 시간을 투자할 수 있도록 회사 차원에서 정책적으로 배려하고 있는 것이다.

마이크로소프트 사의 빌 게이츠 회장은 자신을 CEO가 아닌 CIO

(Chief Imagination Officer), 즉 '최고 상상력 책임자'로 소개한다고 한다. 또 1년에 두 차례씩 '생각 주간(Think Week)'을 갖는 것으로 유명한데, 이 기간 동안 미국 서북부 호숫가에 위치한 자신의 별장에 머물면서 오로지 마이크로소프트 사의 미래에 대한 아이디어와 전략을 구상하는 데 시간을 보낸다고 한다. 마이크로소프트가 소프트웨어로 하드웨어(IBM)를 누른 저력이 무엇인지를 엿볼 수 있는 대목이다.

휴렛팩커드의 창업자 중 한 사람인 빌 휴렛(Bill Hewlett)이 "3M이 무슨 상품을 가지고 나올지 아무도 모른다. 3M조차도 그들이 무엇을 새로 개발하게 될지 모른다는 점이 3M의 매력이다"라고 말할 정도로 3M은 세계에서 가장 혁신적이고 창의적인 기업으로 통한다. 이러한 기업 문화를 유지하기 위해서 3M은 독특하고 다양한 제도와 시스템을 운영해오고 있다. 먼저 '15% 룰(rule)'이다. 3M의 연구원은 근무시간의 15%를 자신에게 부여된 일과 무관한, 자신이 흥미를 가진 창의적인 일에 사용해도 된다. '제품 챔피언' 제도는 가능성 있는 아이디어가 나오면 제안자를 리더로 하여 관련 부서의 인원을 모아 팀을 만들어 작은 회사처럼 운영하는 제도다. 좋은 아이디어를 가진 사람이라면 누구든지 제품 챔피언이 될 수 있다. 또 최근 3년간 개발된 신제품으로 매출의 30%를 올린다는 '30% 원칙'을 비롯해서 수많은 프로그램들이 창의적 기업 문화를 지원하고 있다. 전 세계에서 가장 많이 팔리는 사무용품인 포스트잇도 이러한 창의적이고 혁신적인 기업 문화의 소산이며, 그 결과 3M은 창업 100년이 지난 지금까지도 초우량 기업으로 건재를 과시하고 있다(3M은 2006년 매출 229억 달러, 순수익 38억 달러를 달성했다).

LG전자가 중동 아시아 시장을 장악한 원동력 역시 창의력이다.

'메카 인디케이터폰(Mecca Indicator Phone)'이라는 상품이 있다. '메카'는 이슬람교 창시자인 마호메트의 출생지로, 이슬람교 최고의 성지다. 이슬람 교도들은 하루 다섯 번 정해진 시각에 이 메카가 있는 쪽을 향하여 기도를 하는데, LG전자가 개발한 '메카 인디케이터폰'에는 메카의 방향을 가리키는 기능과 하루 다섯 번 기도 시간을 알려주는 기능이 들어 있다. 기도 시간과 메카 방향을 일일이 챙기지 않아도 휴대전화가 다 알려주니 이슬람 교도들에게는 매우 편리하고 꼭 필요한 상품이 아닐 수 없을 것이다. 기술적으로는 대단하지 않을지 몰라도 이슬람의 문화적 특성을 창의적인 상품으로 담아냄으로써 중동 사람들의 마음을 사로잡았던 것이다.

앞서 예로 든 웅진코웨이는 '렌털 정수기'라는 아이디어로 IMF 위기에서 기사회생했다. 위기에서 벗어났을 뿐 아니라 매출 1조 5천억 원대의 회사로 도약하는 성장의 발판을 마련했다. 창의적 아이디어는 기업의 성격까지 바꿔놓았다. 웅진코웨이는 더 이상 방문판매 회사가 아니다. 정수기, 비데, 공기청정기, 연수기 등의 상품을 통해 고객에게 건강한 생활환경을 제공하는 '생활환경 전문기업'인 것이다. 분기별 행사처럼 언론에 오르내리던 부정적인 기사도 찾기 힘들 정도로 줄어들었고, 그에 따라 기업에 대한 인식도 많이 개선되었으며 직원들의 근무 만족도도 상당히 높아졌다고 한다. 창의적 아이디어 하나가 기업의 규모, 성격, 이미지까지 모두 바꾸어놓은 것이다.

슈베르트의 교향곡 제8번은 〈미완성 교향곡〉으로 잘 알려져 있다. 이유는 알 수 없지만 그는 3악장 첫머리까지만 쓰다가 중간에서 팽개치고 말았다. 어떤 상인이 그것을 가져다가 "무슨 방법이 없을까?" 하고 아이디어를 찾던 중 그 곡에 "내 사랑이 영원한 것처럼 이 곡도 영원히 끝나지 않으리라"는 말을 붙여 팔기 시작했다. 그러자 그 곡은 불타나게 팔리기 시작했다. 상인의 아이디어로 빛을 본 것이다. 그 아이디어가 아니었다면 미완성 교향곡이 지금처럼 영원히 보존될 수 있었을까! 어떻게 생각하느냐에 따라 결과가 달라진다. 중요한 것은 창의적 사고다.[20]

창의력은
타고나는
것일까

　고대 서양에서 '시인(poet)'이라는 호칭은 존경의 표시였다고 한다. 그 어원이 되는 그리스어 'poietes'에는 '시인'이라는 뜻과 함께 '창조자'라는 의미가 포함되어 있다. 이로 미루어 보건대 당시 사람들은 '시를 쓴다는 것은 매우 창조적인 일'로 생각했던 것 같다. 또 창조적인(창의적인) 일은 아무나 할 수 있는 것이 아니며, 그래서 그런 일을 하는 사람을 높게 대접했던 모양이다.

　그때나 지금이나 창의성에 대한 인식은 비슷한 것 같다. 요즘도 "가장 창의적인 인물이 누구라고 생각하느냐?"라고 물어보면 많은 사람들이 베토벤, 모차르트, 피카소, 레오나르도 다 빈치, 셰익스피어와 같이 음악·미술·문학 분야의 예술가들을 떠올린다. 경영인이나 기술자, 과학자를 창의성과 연결 지어 대답하는 경우는 드물다. 또 "당신이 가장 최근에 한 창의적인 일은 무엇인가?"라고 물어보면 거의 대답을 하지 못한다. 오히려 "나와 창의성이 도대체 무슨 상관이 있다고?" 하는 의아한 표정을 짓는다.

이런 내용들을 종합해보면, 대다수 사람들이 갖고 있는 창의성에 대한 인식은 '예술과 같은 특수한 분야의 일부 사람들이 지닌 선천적인 능력'으로 요약할 수 있겠다. 창의성이란 일부 특별한 사람에게 나타나는 능력이며, 창의성은 모든 분야에 필요한 것이 아니라 필요한 분야가 따로 있다는 것이다. 당신도 그렇게 생각하는가?

결론부터 말하면 이것은 잘못된 인식이다. 창의력은 일부 사람들에게 국한된 것이 아니라 정도의 차이는 있지만 모든 사람에게서 나타나는 능력이다. 창의력은 선천적으로 지니고 태어나는 것이라기보다는 후천적인 습관과 노력의 결과다. 연구에 따르면 창의성과 지적 능력(IQ) 사이에는 특별한 상관관계가 없다고 한다. 창의성이 뛰어난 사람들의 IQ는 125에서 130 정도로 나타나 보통 사람들과 별 차이가 없었다는 것이다. 또한 창의력은 더 이상 화가나 음악가 같은 예술가들에게만 필요한 능력이 아니다. 기술적 발전의 한계 상황에 놓여 있는 기업을 위시해서 적은 노력으로 고부가가치의 결과를 기대하는 모든 분야 모든 사람에게 필요한 능력인 것이다

창의적 경영(creative management), 창조경영이 주요 화두가 된 요즘 기업들은 "예술가들의 창의성의 원천은 무엇일까?"에 관심을 쏟고 있다. 이를 반영하듯 《하버드 비즈니스 리뷰》는 세계적인 안무가이자 현대무용가인 트와일라 타프(Twyla Tharp)와 창의성을 주제로 한 인터뷰 기사를 실었다. 1965년에 무용계에 첫발을 내딛은 그녀는 뉴욕시티 발레단, 런던 로열발레단, 파리 오페라발레단 등 세계 유수 발레단의 안무를 맡았으며, 바흐, 모차르트, 베토벤에서 프랭크 시나트라, 브루스 스프링스틴까지 시공을 넘나들며 다양한 음악을 작품에 녹여냈다는 평가를 듣고 있다.

그녀는 인터뷰에서 "저는 모든 사람이 창조적이 될 수 있다고 생각해요. 다만 평소에 일상적으로 준비를 해야죠. 그것 말고는 방법이 없어요. 예술은 실용적이지 않고, 비즈니스는 창조적일 수 없다는 생각은 아주 잘못된 거예요. 가장 좋은 예술가는 아주 실용적이어야 돼요"라고 하면서, 아울러 "사람들은 '나는 천부적 재능이 없어 할 수 없다'고 합니다. 하지만 자기 자신을 넘어보세요. 가장 훌륭한 창조성은 습관과 성실함의 결과로 나오는 거예요"라고 말했다. 그리고 기업 경영자들에게 필요한 창의적 습관에 대해서는 이렇게 말했다. "움직이세요. 몸을 움직이면 당신의 뇌도 더 잘 움직이게 됩니다. 움직임은 우리가 인식하지 못하는 방식으로 뇌를 자극합니다."[21] 창의력은 예술에서 비즈니스에 이르기까지 모든 분야, 모든 사람에게 필요한 능력이며, 모든 사람이 평소 습관과 성실성에 의해서 얼마든지 창의적이 될 수 있다는 것이다.

전 세계 인구의 0.25%에 불과한 인구로 노벨상(문학상. 평화상 제외) 수상자의 3분의 1을 배출한 유대인의 힘은 교육에서 나오며, 그 교육 내용의 핵심은 "머리를 쓰라!"는 것이다. 에디슨은 "천재는 1%의 영감과 99% 노력의 결과다"라고 말했다. 창의력도 이와 같다. 창의적으로 사고하는 법을 배우고, 노력해서 개발시키면 누구든지 빅 아이디어를 발견해낼 수 있다. 창의적으로 생각하는 법은 얼마든지 배울 수 있는 것이며, 알고 보면 당신이 생각하고 있는 것보다 훨씬 쉬울지도 모른다. 문제는 그것을 평소에 얼마나 습관화하느냐에 달려 있다.

내 친구 중 하나는 퇴근할 때마다 다른 길을 찾아 집으로 간다. "빠른 길로 가야 한다"는 고정관념에서 벗어나기 위해서란다. 시간의 속박에서 벗어나니 평소에 안 보이던 많은 것들을 볼 수 있다고 한다.

몇 년 전 초등학교 4학년이던 큰딸 민선이가 신문기사를 보고 '돈세탁'이 무슨 뜻이냐고 물었다. "돈세탁이란, 돈을 뇌물같이 부정적인 목적으로 쓰기 위해 그 돈의 출처를 알 수 없게 하는 것"이라는 내용을 쉬운 말로 설명해주었다. 얼마 뒤 큰딸과 TV를 같이 보는데 "일부 상인들이 중국산 쌀의 원산지를 감추기 위해, 일부러 여러 단계의 복잡한 유통 과정을 거친 후 국산 쌀로 속여 판다"는 뉴스가 나왔다. 그랬더니 딸이 "아빠, 저거 '쌀세탁'이다, 그치?" 하고 말하는 것이 아닌가!

창의력은 누구나 발휘할 수 있는 능력이며, 습관과 노력에 따라 얼마든지 개발될 수 있다. 따라서 빅 아이디어의 계기가 되는 기발한 착상이나 자극을 얻고 싶다면, 평소 일상생활에서 기존의 틀과 관점을 벗어나려는 습관적 노력들을 경주해야 한다.

자, 이제부터 창의적으로 사고하는 방법에 대해 알아보자. 창의적으로 생각하는 법을 배우는 첫걸음은 창의성에 대한 올바른 개념을 정립하는 것이다.

100%

새로운 아이디어는

없다

국어사전을 찾아보면 "창의성이란 새로운 생각(착상)이나 의견을 생각해내는 특성"이라고 풀이돼 있다. 이 말처럼 창의성의 목적은 '새로운 것'이다. 새로운 제품, 새로운 광고, 새로운 전략, 새로운 기획을 위해 창의성을 발휘하는 것이다. 만일 당신이 낸 생각이나 의견이 새롭다는 느낌을 주지 않는다면 그것은 창의적이지 않은 것이다. 창의적이기 위해서는 새로워야 하며 새롭지 않은 것은 창의적인 것이 아니다.

그런데 여기서 중요한 것은 "새로운 것의 의미를 어떻게 해석하느냐"는 것이다. 당신은 무엇이라고 생각하는가? 당신이 만일 "세상에 없던 전혀 새로운 것을 만들어내는 것"이라고 대답한다면, 아마도 당신은 평생 동안 단 하나의 창의적인 아이디어도 못 찾아낼지 모른다. 왜냐하면 100% 새로운 것을 만들거나 생각해내는 것은 "무(無)에서 유(有)를 만들어낸다"는 의미인데 이것은 조물주만이 할 수 있는 일이기 때문이다.

세상에 100% 새로운 것은 없다. 우리가 말하는 '새로운 것'이란 알고 보면 '이 세상에 없던 100% 새로운 것'이 아니라 '기존의 것들과 다른 새로운 것'이다. 실제로 사람들은 100% 새로운 것이 아닌 것에서도 얼마든지 새로움을 느낀다. 익숙하게 보아왔던 것들에 약간의 변화만 주어도 마치 새로운 것을 본 것처럼 새로움을 느끼는 것이다. 늘 만나오던 여자친구가 헤어스타일만 바꾸어도 "와, 오늘은 딴사람 같네!" 하면서 전혀 새로운 느낌을 받는다. 카메라 기능을 휴대전화에 옮겨놓았을 뿐인데 '카메라 기능을 가진 휴대전화'가 처음 나왔을 때 얼마나 신기해했는지 떠올려보라. 배스킨라빈스 31의 '골라 먹는 아이스크림'이라는 콘셉트도 이미 베이커리에서 사용되고 있는 아이디어였다. 하지만 고객들은 "아이스크림도 골라서 먹어?"라며 무척 새롭다는 반응을 보였다. 뉴스 프로그램이 꾸준히 시청률을 유지하는 이유는 말 그대로 뉴스(새로움)이기 때문이다. 하지만 세상에 100% 새로운 뉴스는 없다. 당신이 "세상에 어떻게 저런 일이 있어!" 하는 뉴스조차도 주인공과 무대만 바뀌었지 이전에 발생했던 뉴스들과 크게 다르지 않다.

　　리앤디디비 근무 시절, "기존의 아이디어에 약간의 변화만 주어도 사람들의 반응이 이렇게 다를 수 있구나!" 하고 깨달았던 경험이 있다. 오리온제과의 포카칩 TV 광고 '씨즐 편'을 통해서였는데, 광고 내용은 신선하고 깨끗한 통감자를 얇게 썰고 기름에 튀기는 화면을 통해 포카칩을 아주 먹음직스럽게 보여주는 것이었다. 처음 이 광고의 카피는 남자 성우로 녹음돼 방송을 탔다. 그러던 중 한 직원이 '엄 상궁' 목소리로 바꿔보자는 아이디어를 제안했다. '엄 상궁'은 당시 장안의 화제가 됐던 드라마 〈여인천하〉에 등장하는 인물인데, 독특한 목소리와 표정으로 시청자들의 사랑을 받고 있었다. 아이디어는 즉각 채택됐다. 비주얼과 광고 카피는 하나도 손대지 않은 채 목소리와 말투만 '엄 상궁' 역을 맡았던 여자 탤런트의 것으로 바꿔서 광고를 내보냈다. 고객들의 반응은 놀라웠다. 성우 목소리 하나만 바꿨을 뿐인데 고객들은 '엄 상궁' 편을 새로운 광고로 받아들였고, 이전 광고와 비교가 안 될 정도로 반응이 폭발적이었다. 인터넷으로 수많은 댓글이 올라왔고, 매출도 대폭 상승했다. 기존의 아이디어에서 1%만 바꾸어도 얼마든지 새로움을 창출할 수 있다는 것을 확실하게 보여준 사례였다.

포카칩 TV 광고 '엄 상궁' 편 카피

엄 상궁: 신선한 생감자만 골랐사옵니다.

통으로 썰었사옵니다.

깨끗하게 튀겼사옵니다.

생감자칩 포카칩 들었사옵니다.

드시옵소서. 포카칩.

세상에 존재하는 아이디어 가운데 무에서 태어난 아이디어는 없다. 아무리 창의력이 뛰어난 아이디어라도 그 발상의 씨앗이 된 다른 아이디어가 있게 마련이다. 이런 이유로 우리는 기존의 낡은 아이디어들을 씨앗으로 하여 여기에 약간의 변화를 주는 것만으로도 얼마든지 새로움을 만들어낼 수 있는 것이다. 그럼에도 불구하고 당신이 "남의 아이디어를 이용해서 찾아낸 아이디어를 창의적인 아이디어라 할 수 있는가? 그것이 과연 새로움을 줄 수 있는가?"라고 의문을 가진다면 다음을 읽어보라.

일생 동안 1,097가지의 발명품을 만든 '발명왕' 에디슨은 "다른 사람이 성공시킨 색다르고 흥미로운 아이디어가 무엇인지 늘 살펴보라. 그 아이디어를 차용하기만 해도 당신의 아이디어는 충분히 독창적일 수 있다"라고 주장했다. 또 "나의 진짜 천재성은 다른 과학자들의 아이디어를 흡수하고 가공하는 능력이다"라고 말했는데, 실제로 에디슨의 가장 대표적인 발명품인 백열등은 1808년에 세계 최초로 전구를 발명한 험프리 데이비 경과 푸코, 조지프 스완 경 등의 발명을 바탕으로 이루어진 것이다.

전 GE 회장이며 경영의 귀재라 불리는 잭 웰치는 "최고의 성공 사례를 훔쳐라"고 강조했다. 한 시대를 풍미했던 '벤치마킹(benchmarking)'이 무엇인가? 다른 기업의 좋은 아이디어나 전략 등을 가져와서 자기 기업에 맞도록 적용하는 것 아닌가! 세계적인 베스트셀러《보랏빛 소가 온다》의 저자 세스 고딘(Seth Godin)은 그 책에서 이렇게 말했다. "베껴라! 당신이 속한 산업이 아니라 다른 산업에서 베껴라. 당신의 산업보다 더 지루한 산업을 찾아서, 누가 리마커블(remarkable)한지 알아낸 다음 그 회사가 한 걸 베껴라."

낡은 아이디어들을

새롭게

조합하라

앞에서 살펴본 바와 같이 창의력이란 낡은 아이디어들을 활용해서 기존의 것들과 다른 새로운 것을 생각해내는 능력이다. 낡은 아이디어들을 재료로 해서 새로운 아이디어를 창출해내는 것이다. 에디슨은 '차용하라'고 했고, 잭 웰치는 '훔쳐라', 세스 고딘은 '베껴라'고 했다. 그렇다면 다른 사람의 아이디어를 그대로 가져오기만 하면 창의적 아이디어가 나온다는 말인가? 경쟁사가 성공시킨 신제품을 이름만 바꿔서 그대로 베끼면 우리도 성공할 수 있다는 말인가? LG텔레콤이 '되고 송(song)'과 비슷하게 CM송을 작곡해 '오즈(OZ)'의 광고를 만들면 'T' 광고처럼 히트할 수 있다는 말인가? 그렇지 않다는 건 당신도 잘 알 것이다.

우리는 '흡수하고 가공하는', '다른 산업에서'라는 말에 주목해야 한다. 여기에 창의적 사고의 방법론이 들어 있기 때문이다. 이 말들을 정리해보면, "자신과 직접적인 관련이 없는 분야에서 아이디어를 가져오되, 그대로 베끼는 것이 아니라 흡수하여 가공하라"는 뜻이다.

즉 창의력이란 새로운 아이디어를 생각해내는 능력인데, 그것을 위해서는 직접적인 관련이 없는 분야에서 아이디어를 빌려와서 새롭게 가공해야 한다는 말이다. 이 내용 속에서 우리는 창의적 사고를 위한 핵심 원리 두 가지를 발견할 수 있다.

첫 번째 원리, 즉 '아이디어를 빌려와서 흡수하고 가공하는 능력'에 대해 좀 더 구체적으로 이해하기 위해서는 창의적인 일에 종사하면서 창의성에 대해 많은 관심을 가졌던 전문가들이 내린 창의성에 대한 정의를 살펴보는 것이 도움이 된다. 사전적 정의가 "창의성이란 무엇인가?"라는 개념 이해에 도움을 준다면, 실무적 정의는 "창의적 아이디어를 어떻게 찾아낼 수 있는가?"라는 질문에 답을 주기 때문이다.

다음에 알렉스 오즈번과 제임스 웹 영, 아서 케슬러 그리고 앨빈 토플러, 네 사람의 정의를 정리해놓았다. 알렉스 오즈번(Alex Osborn)은 광고인이면서 브레인스토밍, 체크리스트법 등 다양한 창의적 문제 해결 방법에 대한 연구 및 개발로 미국 교육 개혁에 지대한 공헌을 한 사람이다. 제임스 웹 영(James W. Young)은 정규교육을 6년밖에 받지 못했지만 시카고 대학 경영대학원 교수를 지낸 광고계의 전설적인 카피라이터이자 아이디어맨이다. 아서 케슬러(Arthur Koestler)는 세계적인 과학 작가이자 심리학자였으며, 앨빈 토플러는《부의 미래》등의 책으로 유명한 미래학의 대가다. 모두 각 분야의 최고봉으로 인정받는 전문가인 동시에 창의력에 대해 일가견이 있는 사람들이다.

창의적인 사람들은 새로운 생각을 창조하지 않는다.
자신의 마음에 이미 존재하는 생각들을 새롭게 조합할 뿐이다.

– 알렉스 오즈번

아이디어란 낡은 요소들의 새로운 조합이다.

- 제임스 웹 영

창조성은 지금까지 다른 맥락으로 존재하던 두 가지를 충돌시키고 통합시키는 작업이다.

- 아서 케슬러

이전에 관련이 없던 아이디어와 개념, 데이터와 정보, 지식을 새로운 방식으로 결합할 때 상상력과 창의력이 생겨날 수 있다.

- 앨빈 토플러

이들 네 사람의 정의는 용어만 조금 다를 뿐 결국 같은 말이다. 즉 '창의력이란 기존의 것들을 새롭게 조합(new combination)하는 능력'이라는 것이다. 이것은 창의적 아이디어를 발견하는 데 있어 가장 중요한 사실이며, 그래서 창의력의 첫 번째 원리가 된다. 에디슨이 말한 '아이디어를 흡수하고 가공하는 능력'이란 바로 '새롭게 조합하는 능력'을 말하는 것이다.

조합이란 두 가지 이상의 것을 한데 섞는 것을 말하는데, 창의적 아이디어는 기존의 것들을 한데 섞는 과정을 통해 탄생한다. 섞는 재료는 기존의 낡은 아이디어들이다. 아이디어란 세상에 태어나는 순간 낡은 것이 되어버리므로, 우리가 지금 보고 있는 모든 것은 낡은 아이디어다. 즉 세상에 존재하는 모든 개념, 데이터, 정보, 지식들이 창의적 아이디어의 재료들이며, 이것들을 조합하는 것만으로 당신은 얼마든지 새롭고 유용한 아이디어를 창출해낼 수 있다.

그런데 조합한다고 모두 창의적 아이디어가 되는 것이 아니다. 조합하되 새로운 조합으로 해야 한다. 새로운 조합이란 이전에 한 번도 만난 적이 없었던 개념, 데이터, 정보, 지식들을 새롭게 만나게 해주는 것을 말한다. 보통 사람들이 "에이, 저것들 사이에 무슨 관련성이 있겠어!"하고 한 번도 한데 섞어보지 않았던 개념, 데이터, 정보, 지식들을 새롭게 섞는 데서 창의적 아이디어가 탄생한다. 이를테면 이종교배(異種交配) 같은 것이다.

세상에는 수많은 개념, 데이터, 정보, 지식들이 단독으로 혹은 다른 것들과 조합된 형태로 존재한다. '사랑'이라는 개념이 그 자체만으로도 존재하지만, '가족'이나 '고객'이라는 개념과 만나서 '가족사랑', '고객사랑'과 같은 형태로도 존재하는 것처럼 말이다. 그런데 중요한 것은 같은 개념이라도 어떤 것과 조합되느냐에 따라서 의미가 달라질 뿐 아니라 조합되기 전에는 볼 수 없었던 전혀 새로운 의미와 가치가 탄생한다는 것이다.

예를 들면, '여우 사냥', '여우 목도리'에서 '여우'는 동물원에서 볼 수 있는 갯과(科)의 짐승을 의미하지만, 운동장을 뜻하는 '그라운드'와 만나 '그라운드의 여우'가 되면 '꾀가 많은 사람, 지략이 뛰어난 사람'이라는 의미로 바뀌면서, 그라운드나 여우가 갖고 있지 않았던 '김재박 감독'이라는 새로운 의미를 갖게 된다.

멀티미디어라고 하면 사람들은 거실 한 공간을 차지하고 있는 큼지막한 전자제품을 떠올린다. 그렇게 큰 걸 갖고 다니라고? 애니콜이 조합하기 전까지 '모바일(mobile)'과 '멀티미디어(multimedia)'는 아무런 연관성이 없어 보였다. 하지만 애니콜은 멀티미디어에 대한 고객의 욕구와 기업의 강점을 결합시킨 'mobile multimedia'란 새로운 조합을 발견해냈다. 그 결과 높은 가격을 받을 수 있고, 제품의 교체 주기도 짧은 고부가가치의 휴대전화 시장을 만들어낸 것이다.

다행스러운 것은 세상에는 이미 수많은 아이디어와 개념, 데이터와 정보, 지식 그리고 그것들의 조합이 존재하고 있지만, 이것들보다 훨씬 많은 수의 조합들이 우리 주변에 숨겨져 있다는 것이다. 세상에서 한 번도 만나지 못했던 개념, 데이터, 정보, 지식들을 찾아 새롭게 조합해보라. 예전에는 미처 몰랐던 새로운 의미와 가치들을 발견할 수 있을 것이다.

닌텐도의 철학

2008년 닌텐도는 세계적인 불황에도 불구하고 매출 1조 8,386억 엔(약 28조 원), 순이익 2,791억 엔(약 4조 1,865억 원)이라는 창사 이래 최고 실적을 기록했다. 수익성의 원천은 흔히 첨단기술에 있다고 보기 쉽다. 그러나 닌텐도는 다르다. 닌텐도는 자사 히트상품에 '첨단'이나 '차세대'라는 수식어를 붙이지 않는다. 언론에서 그렇게 부르는 것도 부담스러워한다. 이와타 사장은 한 인터뷰에서 "닌텐도는 차세대 게임기를 만들지 않는다. 생각을 바꾸면 이미 나와 있는 기술로도 얼마든지 새 시장을 만들 수 있다"고 주장했다.

이는 닌텐도가 주력 업종을 화투에서 게임기로 바꿀 때부터 중시해온 노선이다. 게임메이커로 발전시킨 요코이 군페이(橫井軍平)는 사원들에게 최첨단에 대한 집착을 버리라고 했다. 패미콘, 게임보이 등 전설적인 히트작을 개발한 그의 지론은 이렇다.

"돈 버는 상품을 만드는 데 최첨단 기술은 오히려 마이너스다."

비싸고 어려워진다는 이유에서다. 그는 사원들에게 "엄청난 물건을 만들려 욕심 내지 말고, 팔리는 걸 만들라"고 가르쳤다. 그는 자신의 논리를 '재래기술의 수평적 사고'라고 표현했다. 평범한 기술을 전혀 생각지 못한 용도에 사용해 히트상품을 만든다는 뜻이다.

그가 입사해 처음 만든 것은 장난감이었다. 거창한 개발이 아니라 그냥 한번 해본 일이었다. 심심해서 공장 비품으로 장난감을 만들다 사장한테 들켜 혼날 각오를 하고 있었는데, 의외로 "그걸 상품으로 만들어보라"는 지시를 받았다. 그렇게 해서 만든 게 '울트라 핸드'라는 간단한 장난감이었는데, 이게 140만 개나 팔리는 대박을 터뜨렸다. 닌텐도의 개발 철학은 여기에서 나왔다.[22]

이종교배로

탄생한

아이디어들

"창의적 아이디어란 기존의 낡은 것들의 새로운 조합이다"라는 창의성의 첫 번째 원리는 우리의 생활 주변에서 기업 활동, 인류 역사에 남을 위대한 발명에 이르기까지 모든 영역에서 발견된다.

하이만 리프만(Himan L. Lipman)이라는 미국인은 연필 끝에 지우개를 다는 아이디어로 엄청난 돈을 벌었다. 지금은 당연한 것으로 생각되지만 당시 사람들은 연필과 지우개가 별개로 떨어져 있어서 매우 불편했다고 한다. 중요한 것은 하이만은 연필을 만들지도 지우개를 만들지도 않았으며, 단지 다른 사람들이 이미 만들어놓은 연필과 지우개를 남들보다 먼저 조합했을 뿐이라는 사실이다. '퓨전(fusion)'이 무엇인가? 서로 다른 두 종류 이상의 것을 합해 새로운 것을 만드는 것이다. 1997년 우리나라에 상륙하여 하루건너 한 집씩 음식점이 생길 정도로 선풍을 일으켰던 퓨전 요리는 동양 요리와 서양 요리의 장점을 조합한 것 그 이상도 그 이하도 아니다. '퓨전'이라는 아이디어는 음악에서 차용한 것인데 퓨전 음악 역시 재즈, 록, 팝 음악의 요소와 스타일을 혼합, 융합한 것이다. 요즘 한창 인기를 끌고 있는 '팝페라(popera)'는 오페라의 성악 발성으로 노래를 부르되 편곡은 팝의 스타일을 따르는, 즉 오페라의 음악성과 팝의 대중성을 결합한 것이다.

편지 봉투에 붙이는 우표에도 창의적 아이디어가 숨어 있다. 영국의 우체국 직원이었던 헨리 아처(Henry Archer)는 우표에 재봉틀의 원리를 조합한 아이디어로 부와 명예를 거머쥐었다. 우표와 재봉틀이 도대체 무슨 관계가 있는 걸까? 당시에는 우표와 우표 사이에 바늘구멍이 없어서 가위로 한 장씩 잘라 팔았는데, 여간 성가시고 불편한 게 아니었다. 아처가 어느 날 양복점 앞을 지나가다가 재봉틀을 발견하고, "저 재봉틀에서 실을 빼내고 돌리면 구멍만 뚫리지 않을까?" 하는 아이디어를 떠올리게 된다. 그길로 재봉틀의 원리를 이용한 구멍 뚫는 기계 개발에 매달린 아처는 몇 번의 실패 끝에 마침내 성공했고, 이 아이디어는 사무용지, 메모지 등에도 사용되면서 사무 자동화의 원조로 기록되었다.

기업 활동에서의 예를 살펴보자.

오늘날의 애니콜을 있게 한 콘셉트 중의 하나가 '손 안의 멀티미디어(mobile multimedia)'다. 휴대전화와 카메라, MP3라는 서로 다른 세 종류의 전자제품을 이종교배 함으로써 '손 안의 멀티미디어'라는 새로운 콘셉트를 찾아낸 것이다. 삼성전자의 장점과 주 고객인 젊은 층의 욕구를 잘 버무린 콘셉트로, 애니콜은 넘버 원 브랜드로서의 위치를 확고히 다졌을 뿐만 아니라 전체 시장의 파이도 키울 수 있었다.

웅진코웨이를 1조 5천억 원대의 회사로 키운 핵심 아이디어는 렌털 서비스다. 그런데 이 서비스는 정수기 업계에서는 새로운 아이디어였지만, 다른 업종에서는 흔하게 볼 수 있는 아이디어였다. 우리는 이미 복사기를 비롯한 사무기기, 자동차, 집 등 많은 제품들을 렌털 서비스를 통해 이용하고 있었는데, 이 낡은 아이디어를 웅진코웨이가 정수기 분야에 최초로 도입했다. 정수기와 렌털 서비스의 새로운 조합으로 웅진코웨이는 위기를 기회로 바꿀 수 있었다.

인텔은 컴퓨터 제조회사들과 연계하여 '인텔 인사이드(Intel Inside)'라는 매우 독특한 광고 캠페인을 전개했다. 컴퓨터 제조회사들은 자사 제품에 인텔에서 만든 CPU를 사용한다는 의미로 광고에 'Intel Inside' 로고와 로고 사운드를 노출시켜주고, 인텔은 그 대가로 CPU 가격의 6%를 할인해준 것이다. 인텔이 세계 최고의 반도체 회사로 성장하는 데 혁혁한 공을 세운 이 캠페인 역시 기존에 있었던 아이디어를 새롭게 조합한 것이다. 내부의 땀은 배출하고 외부의 빗물은 차단하는 특수원단 고어텍스로 유명한 고어(Gore) 사가 바로 그 아이디어의 모태다. 고어 사는 자신의 소재를 납품받아 만든 옷에는 'Gore-tex: Guaranteed to Keep You Dry'라는 꼬리표를 달도록 하는 마케팅 전략으로 고어텍스라는 브랜드를 널리 알렸는데, 인텔이 이 아이디어를 응용한 것이다.

케토톱은 태평양제약의 매출을 2배 이상 신장시킨 효자 상품이다. 이 제품의 콘셉트는 '붙이는 관절염 치료제'다. 케토톱 이전의 관절염 치료제는 모두 먹는 약이었는데, 위장 장애·간 손상 등의 부작용이 따랐다. 이런 부작용을 없애기 위해 태평양제약은 삔 곳이나 근육통에 붙이는 파스에서 힌트를 얻어 붙이는 관절염 치료제 개발에 착수하게 된다. 그 결과 피부를 통해 관절염 치료 약물을 전달하는 기술이 개발됐고, 케토톱이 탄생했다. 케토톱은 순식간에 시장을 평정했다. 관절염 치료제와 파스라는 낡은 아이디어들의 새로운 조합이 제약업계의 신화를 만들어낸 것이다.

광동제약은 '한방(韓方)의 과학화'라는 창업 이념으로 45년을 달려온 제약회사다. 이 회사도 IMF를 전후로 어려운 시기를 겪었다. 이때 구원투수로 등장한 것이 '마시는 비타민 C 비타 500'이다. 이 제품 역시 기존에 존재하던 낡은 아이디어들, 즉 비타민 C와 드링크라는 2개의 아이디어를 새롭게 조합해서 만든 제품이다. 이 조합의 결과도 대단하다. 광동제약의 매출을 4배 이상 올려놓았을 뿐 아니라, 제약업계의 영원한 베스트셀러라고 불리는 박카스를 위협할 정도의 브랜드로 성장했다.

인류 역사에 남을 위대한 발명도 예외가 아니다. 구텐베르크(J. Gutenberg)는 포도즙 짜는 기계와 동전 압인기를 조합하여 인쇄기를 발명했다. 넓은 면적에 일시에 힘을 가해 포도즙을 짜내는 기능과 동전과 같이 작은 물체의 표면에 글자나 형상을 새기는 기능을 합쳐 인류 최고의 발명품 중 하나를 만들어낸 것이다.

신문에서도 창의적 아이디어들을 많이 볼 수 있다. 나는 신문기자들을 단어 조합의 달인이라고 생각한다. 그들 덕분에 많은 창의적 표현들을 즐길 수 있다. 예를 들면, SK 김성근 감독의 별명은 '야구의 신(神)'이다. '야구'와 '신'의 절묘한 조합으로 개인 통산 1,000승을 넘어선 김성근 감독에 딱 맞는 창의적인 표현이 탄생한 것이다. 인터넷이 국내에 처음 소개되었을 때 그 개념을 이해하기가 무척 힘들었다. '인터넷은 정보의 바다'라는 기사를 읽고 머릿속이 환해지는 느낌이 왔다. '정보'와 '바다'라는 단 두 단어의 조합을 통해서 인터넷의 개념을 정확하고 분명하게 설명한 것이다. 또 최근에는 '좀비 PC'라는 신조어가 등장했다. 해커가 특정 사이트를 공격하기 위해 악성 코드(바이러스)로 감염시킨 PC를 가리킨다. 좀비와 PC를 조합하다니! 얼마나 절묘한 조합인가!

눈에 확 띄는 헤드라인이 있었다. '세계적인 식량난'을 '글로벌 보릿고개'로 표현한 기사였는데, 전혀 어울릴 것 같지 않은 '글로벌'과 '보릿고개'를 훌륭하게 조합해 훨씬 임팩트 있고 공감 가는 창의적 표현을 찾아낸 것이다. 한동안 자주 등장했던 '세금 폭탄'이라는 용어도 마찬가지다. 전혀 다른 맥락에서 존재하던 '세금'과 '폭탄'이라는 단어를 조합함으로써 '국민들에 대한 무차별적인 세금 징수'라는 의미를 창의적으로 담아낸 것이다.

얼음이 녹으면

무엇이 될까?

　창의력의 두 번째 원리는 '새로운 조합'을 만들기 위해서는 '수평적 사고'를 통해 사물들의 숨어 있는 연관성을 발견해내야 한다는 것이다. 창의력의 첫 번째가 조합하는 능력이라면 두 번째는 발견하는 능력이다. 기존의 낡은 아이디어들을 새로운 방식으로 조합하는 능력은 그 사물들의 연관성을 발견해내는 능력에 따라 좌우되기 때문이다.

　이 세상의 모든 사물들은 어떤 형태로든 연관성을 갖고 있다. 겉으로는 아무런 연관성이 없어 보이는 것들 간에도 분명히 연관성이 존재한다. 당신이 아직까지 보지 못했을 뿐이다. 사과가 떨어지는 것과 대포알 날아가는 곡선 사이에도 연관성이 존재한다. 뉴턴이 아무도 눈여겨보지 않았던 두 현상 사이의 연관성을 찾아냈다. 바로 만유인력의 법칙이다. 이 책에 제시된 모든 창의적 아이디어의 사례들 역시 사물들 간에 숨어 있는 연관성을 찾아내 새롭게 조합한 결과다. 그러므로 새로운 조합을 발견해내기 위해서 당신이 먼저 해야 할 일은 바로 이 연관성을 찾아내는 것이다. 지금까지 다른 사람들이 찾지 못했던 사물들 간의 연관성을 발견해내는 일인 것이다.

　사물들 간의 숨어 있는 연관성을 찾아내기 위해서는 수평적 사고 (lateral thinking)를 해야 한다. 수평적 사고란 아무런 연관이 없어 보이는 것들을 연관시켜 보고, 그 속에서 유의미한 관계를 발견해내는 사고를 말한다. 수직적 사고(vertical thinking)가 기존의 지식과 경험을 바탕으로 습관과 규칙, 질서에 따르는 논리적이고 관습적인 사고라면, 수평적 사고는 사물에 대해 순간적으로 떠오르는 느낌이나 감정, 즉 직감과 상상을 중요시하는 사고 방법이다. 전자가 있는 길을 따라가는 사고라면 후자는 새 길을 만들어가는 사고다.

　수직적 사고가 '판사의 사고'라면 수평적 사고는 '예술가의 사고'다. 전자는 냉철하고 정직한 반면 후자는 유연하고 엉뚱하다. 수직적 사고를 하는 사람은 한 구덩이만 계속 깊이 파내려간다. 하지만 수평적 사고를 하는 사람은 이 구덩이 저 구덩이를 가리지 않고 파본다. 수직적 사고가 같은 파일 내에서만 머무는 반면, 수평적 사고는 이 파일 저 파일을 자유롭게 옮겨 다닌다. 그래서 수직적 사고를 '상하의 사고', 수평적 사고를 '좌우의 사고'라 부른다.

　과학적으로 설명하면 이렇다. 인간의 신경계는 뉴런(neuron)이라는 최소 단위로 구성된다. 인간의 뇌는 무수히 많은 뉴런으로 구성되어 있으며, 정보가 처리되는 과정은 뉴런 내 전기적 전달과 뉴런 간 화학적 전달에 의해서 이루어진다. 일반적으로 외부의 자극을 받으면 특정 뉴런이 활성화되고 보통 근접한 영역에 있는 다른 뉴런들을 자극해서 사고를 하게 된다. 이것이 수직적 사고다. 그러나 수평적 사고를 하기 위해서는 근접한 영역이 아닌 전혀 다른 영역에 있는 뉴런과의 새로운 연결(뉴런의 new road)을 찾는 과정이 필요한 것이다.

"얼음이 녹으면 무엇이 될까요?"라는 질문에 수직적 사고를 하는 사람은 물이라고 대답한다. 물 이외의 답은 틀렸다고 생각한다. 머릿속에서 얼음이라는 정보가 입력돼 있는 파일 안에서만 돌아다녔기 때문이다. 기존 지식에 부합하며 논리적이고 당연한 답이다. 그래서 창의적이지 않다.

수평적 사고를 하는 사람은 "얼음이 녹으면 봄이 됩니다"라고 대답한다. 머릿속에서 얼음이 입력된 파일만 뒤진 것이 아니라, 이 파일 저 파일을 옮겨 다니며 연관성을 찾아본 결과 '얼음'과 '봄'의 숨어 있는 연관성을 찾아낸 것이다. "침대는 가구가 아닙니다. 과학입니다!"라는 광고도 마찬가지다. 논리적이지는 않지만 모든 사람이 동의할 수 있는 답이다. 의외의 대답이라 새롭고 신선하다. 창의적인 것이다. 또 수평적 사고를 하는 사람들은 봄이나 가구 이외의 답에 대해서도 틀렸다고 말하지 않는다. 세상의 모든 문제에는 맞는 답과 틀린 답, 두 종류의 답만 있는 것이 아니라 수많은 다른 답이 있다고 생각하기 때문이다.

🐾 수평적 사고와 수직적 사고

수평적 사고	수직적 사고
직감적, 상상적 사고	논리적, 관습적 사고
유연하고 엉뚱한 사고	냉철하고 정직한 사고
새 길을 만들어가는 사고	있는 길을 따라가는 사고
이 파일 저 파일을 자유롭게 옮겨 다니는 사고	같은 파일 내에만 머무르는 사고
좌우의 사고	상하의 사고
예술가의 사고	판사의 사고

옷의

수명을 늘려주는

세탁기

 '세탁기' 하면 어떤 연상이 떠오르는가? 빨래, 때 묻은 옷, 깨끗함, 편리함, 전자제품과 같은 단어들을 떠올릴 것이다. 다른 사람들도 이와 비슷하다. 세탁기는 빨래하는 기계이며, 따라서 당신의 머릿속에 '세탁기'가 들어 있는 파일에는 '빨래, 때 묻은 옷, 깨끗함, 편리함, 전자제품'과 같은 단어들이 함께 입력돼 있기 때문이다. 당신은 수직적 사고를 통해서 이 파일 안에 있는 정보들을 출력해낸 것이다.

 당신의 사고는 지극히 논리적이고 상식적이다. 이와 같은 논리적이고 상식적인 사고 덕분에 우리는 짧은 시간에 일상의 많은 일들을 해결할 수 있다. 즉 우리는 이미 정해진 사고의 경로를 따라 움직임으로써 의식하지 않고도 많은 일을 할 수 있는 것이다. 복잡한 시내를 운전해서 직장에 출근할 때, 직장에서 일을 할 때, 수만 가지 상품들 속에서 쇼핑할 때도 몸에 밴 논리적이고 습관적인 사고 덕분에 복잡하게 이 생각 저 생각 하지 않고 많은 일들을 빠른 시간에 해결할 수 있다.

그런데 만일 당신이 신제품 세탁기의 출시를 준비하는 마케팅 기획자라면 어떻게 해야 할까? 더군다나 신제품 세탁기가 기존 제품에 비해 2배 이상의 가격에 출시될 계획이라면? LG전자의 트롬(Tromm) 세탁기가 그랬다. 일반 세탁기에 비해 강력한 세탁력, 저소음, 대용량, 탁월한 살균 및 항균 효과라는 장점과 함께, 일반 세탁기의 2배가 넘는 높은 가격을 고객들에게 설득해야 했다. 트롬의 마케팅 기획자가 논리적이고 습관적인 사고를 통해 마케팅 플랜을 기획했다면, 주부들의 머릿속에 '세탁기'와 동일한 파일 안에 들어 있던 '깨끗한 빨래, 살균 및 항균 효과, 저소음, 대용량' 등을 소구 포인트로 삼았을 것이다. 그랬다면 트롬 세탁기는 기존 세탁기보다 더 좋은 세탁기 정도로 인식되어 보급률 100%에 가까운 시장에서 2배 이상의 고가격을 설득하는 데 많은 어려움을 겪었을 것이다.

하지만 트롬은 달랐다. 논리적이고 관습적인 사고가 아닌 수평적 사고를 했다. 트롬 세탁기의 소구 포인트를 결정하는 데 있어 '세탁기'와 '빨래'가 연관된 머릿속 파일 안에서만 머무른 것이 아니라, 이 파일 저 파일을 자유롭게 옮겨 다니며 답을 찾았다. 그 결과 '옷'과 연관된 파일에서 "좋은 옷은 오래오래 입고 싶다"는 고객들의 욕구를 발견하고 이것을 트롬과 연결시켰다. 즉 사람들은 누구나 유난히 마음 가는 옷을 한두 벌씩 가지고 있으며, 이 옷을 처음 상태를 유지하면서 가능한 한 오래 입고 싶어한다. 트롬 세탁기가 이것을 약속(promise)한다는 것이다. 세탁을 하게 되면 일정 부분 옷에 손상이 가는데, 트롬은 기존 세탁기에 비해 뛰어난 세탁 기능으로 옷의 손상을 최소화하여 옷을 오래도록 입을 수 있게 해준다는 것이다. 이것을 표현한 슬로건이 "오래오래 입고 싶어서, 트롬"이다.

이와 같은 트롬의 수평적 사고는 고객들로 하여금 트롬을 '기존 세탁기보다 더 좋은 세탁기'가 아닌 '전혀 새로운 차원의 세탁기'로 인식하게 함으로써 프리미엄 세탁기 시장을 성공적으로 창출해냈을 뿐만 아니라 그 시장의 1위 브랜드로 우뚝 서게 했다.

트롬 세탁기 TV 광고 카피

변정수: 그이 승진했을 때 사준 셔츠예요.

왠지 좋은 데 갈 땐 늘 이 옷만 찾아요.

깨끗하게 오래오래 입으라고

꼭 트롬에 세탁합니다.

오래오래 입고 싶어서, 트롬.

LG전자의 디오스(Dios) 냉장고도 수평적 사고를 통해 성공적으로 시장에 안착한 케이스다. 디오스는 기존 냉장고에 비해 첨단 냉각방식을 채택한 대용량, 저소음의 양문형(side-by-side door) 냉장고로 가격은 기존 제품의 2배에 가까웠다.

시장 진입 초기의 마케팅 콘셉트는 '조용한 냉장고'였다. 그에 따라 TV 광고도 '자장자장'이라는 키워드를 앞세워 어미 양과 새끼 양이 자고 있는 비주얼을 사용했다. 당시 양문형 냉장고의 주류였던 외제 냉장고의 단점인 소음을 파고든 전략으로, 양문형 냉장고와 관련된 파일만 뒤져서 얻은, 즉 수직적 사고를 통해 찾은 결과였다. 광고도 독특했고, 일리 있고 논리적으로 타당한 전략이었지만 시장의 반응은 시원치 않았다.

"보통 냉장고의 2배나 되는 돈을 내고 산 냉장고가 '조용한 냉장고'라고? 지금 쓰는 냉장고도 별로 시끄럽지 않은데."

주부들은 디오스에 대해 별다른 매력을 느끼지 못했던 것 같다. 기존 냉장고에 비해 더 좋을 것 같다는 생각은 들지만 새로운 가치를 느낄 수 없었기 때문이다.

디오스는 수평적 사고를 통해 새로운 콘셉트를 찾게 된다. 냉장고와 연관된 파일만이 아니라 이 파일 저 파일을 다 뒤지고 다닌 끝에 '여자의 행복'이라는 콘셉트를 발견하고 이것을 디오스와 연결시켰다. 디오스를 '음식물을 신선하고 싱싱하게 보관해주는 더 좋은 냉장고'로 보지 않고, '여자에게 행복을 느끼게 해주는 새로운 가치를 지닌 냉장고'라는 전혀 다른 관점을 찾아낸 것이다.

"냉장고가 여자에게 행복을 가져다준다고?"

논리적으로 보면 이해하기 힘든 메시지다. 어느 사전에도 냉장고 관련 설명에서 행복이라는 단어를 찾을 수 없으니 말이다. 하지만 감정적으로는 얼마든지 공감할 수 있는 메시지다. 당신은 평소에 원했던 물건을 갖게 되었을 때 그것을 소유했다는 것만으로 행복감을 느껴본 적이 없는가? 대부분 그런 경험이 있을 것이다. 그것이 남들이 부러워하는 제품이라면 행복감은 더욱 커진다.

디오스의 마케팅 기획자는 바로 이 점에 주목했다. 아무런 연관성이 없어 보이는 '냉장고'와 '행복' 사이에서 유의미한 관계를 찾아내서 '여자의 행복, 디오스'라는 콘셉트로 발전시킨 것이다. 이러한 콘셉트 아래서 "여자라서 행복해요!"를 슬로건으로, 심은하 씨를 모델로 등장시킨 TV 광고가 만들어졌으며 주부들로부터 호의적인 평가를 받았다. 지금 디오스는 삼성전자의 지펠과 함께 프리미엄 냉장고의 대명사가 되었다.

디오스 냉장고 TV 광고 '양 편'

화면: 코를 골며 자고 있는 어미 양 옆에 깨어 있는 어린 양.

여자 1: 자장자장 자장자장.

여자 2: 외제 냉장고가 좋다는 소리

시끄러운 냉장고 소리

LG가 잠재웁니다.

LG 디오스.

디오스 냉장고 TV 광고 '여자의 행복 편'

화면: 고급스럽고 현대적인 집 안.

욕조에서 목욕을 하며 디오스 냉장고를 바라보는 여자의 행복
한 모습.

여자: 여자라서 너무 행복해요.

LG 디오스.

**창의적
사고의
핵심 원리**

1. 100% 새로운 아이디어란 없다.
2. 낡은 아이디어들을 새롭게 조합하라.
3. 수평적 사고로 숨어 있는 연관성을 찾아라.

낯설음과

공감대

단순히 눈길을 끌기 위해 광고에 물구나무 선 사람을 비주얼로 사용했다면, 그것은 잘못된 광고다. 그러나 호주머니에서 물건이 쏟아져 나오지 않는다는 것을 보여주기 위해 물구나무를 세웠다면, 그것은 옳은 광고다.

– 빌 번벅

- 총 맞은 것처럼
- 베토벤 바이러스
- 침대는 가구가 아닙니다. 과학입니다.
- 자기 전에 씹는 껌
- 쇼(Show)를 하라!

이 아이디어들의 공통점이 무엇이라고 생각하는가?

우선 처음 들었을 때 생뚱맞고 낯설지 않은가? 그래서 눈에 띄고 귀에 걸린다.

"군가도 아니고 대중가요에 웬 총?"

"드라마 제목이 베토벤 바이러스가 뭐야?"

"침대가 과학이라고? 별소릴 다 듣겠네!"

"껌 팔려고 별짓을 다 하는구먼!"

"점잖은 체면에 쇼를 하라니? 경망스럽게……."

그런데 잠시 후 무릎을 탁 치게 된다. 마음이 통한 것이다.

"그래, 얼마나 이별의 상처가 컸으면 총 맞은 것 같을까!"

"아, 괴팍하고 열정적인 음악가 얘기구먼."

"맞아, 침대도 과학적으로 만들어야 해!"

"자일리톨이 충치를 예방한다는군!"

"영상통화 하라는 소리네."

생뚱맞고 낯설어서 눈에 띄고 귀에 걸리는 것, 무릎을 탁 치게 하는 마음의 울림, 그리고 대박. 이것이 그들의 공통점이다.

낡은 아이디어들의 새로운 조합을 통해 여러 가지 아이디어를 찾아냈다면 당신은 이제 그중 어느 아이디어가 가장 창의적인가를 판단해야 한다. 선구안(選球眼)이 필요한 것이다. 기획에 참여하는 사람들의 수가 많을수록 아이디어를 선별하는 작업은 더욱 힘들어진다. 사람마다 좋아하는 구질(球質)과 코스, 스피드가 다르기 때문이다.

아이디어 회의를 밥 먹듯 하는 광고회사에서도 아이디어를 고르는 일은 쉽지 않다. 좋은 아이디어를 판단하는 기준이 사람마다, 부서마다, 직종마다 다 다르기 때문이다. 그래서 아이디어를 고르는 회의인 리뷰 보드(review board)에서는 언제나 치열한 설전이 벌어진다. 경우에 따라선 아이디어를 내는 시간보다 고르는 데 더 많은 시간이 걸린다. 모든 사람이 만족하는 아이디어를 찾아내면 최선이겠지만 그건 애당초 불가능한 일이다. 다수결의 원칙으로 고르는 것도 바람직한 방법이 아니다. 그럴 경우 십중팔구 평범한 아이디어가 채택되기 때문이다.

이처럼 아이디어를 고르는 데 불필요한 논란을 막고, 훌륭한 아이디어가 사장될 가능성을 최소한으로 줄여서 최선의 아이디어를 선별해내기 위해서는 기준이 있어야 한다. 내가 다니던 리앤디디비에서는 "이 아이디어가 얼마나 창의적인가?"를 판단하는 매우 유용한 두 가지 기준을 가지고 있었는데, '낯설음'과 '공감대'가 바로 그것이다. 찾아낸 아이디어 중에서 어느 것이 가장 낯설게 보이고 동시에 가장 공감이 가는지를 가려내는 것이다. 이 두 가지 기준은 광고는 물론 홍보, 마케팅 분야의 모든 전략과 아이디어에 두루 활용되었으며, 그 결과 매우 간단하면서도 효과적인 기준으로 입증되었다. 당신에게도 유용한 기준이 될 것이다.

먼저 당신의 기획이 창의적이 되기 위해서는 낯설어야 한다. '낯설다'는 것은 안면이 없다는 뜻이다. 즉 아이디어를 봤을 때 어디선가 본 것 같은 느낌이 들어서는 안 된다. 난생처음 보는 느낌, 기존의 것들과는 전혀 다른, 그래서 조금 이상하다는 느낌이 들어야 한다. 그래서 고객들의 눈에 띄고 귀에 걸려야 한다. 당신의 아이디어를 보거나 들은 사람들이 "어, 이게 뭐지? 못 보던 거네!", "그거 신기한데!"라는 반응을 보인다면 당신의 아이디어는 낯선 것이다.

창의성의 첫 번째 기준이 왜 낯설음인지는 슈퍼마켓에 가보면 금방 알 수 있다. 당신은 슈퍼마켓에 진열된 상품의 숫자가 대략 얼마쯤 된다고 생각하는가? 미국의 대형 슈퍼마켓에는 약 4만여 종의 상품이 진열돼 있다고 한다(우리 대형 마트도 이와 비슷하지 않을까?). 그런데 이중에서 한 가족에게 필요한 물품의 종류는 약 150여 종이면 된다고 한다. 나머지 3만 9,850여 종의 물품은 없어도 한 가족이 생활하는 데 큰 불편이 없다는 얘기다. 4만여 종의 물품들은 어떻게 해야 할까? 어떻게든 주부들 눈에 띄어서 150등 안에 들려고 최선을 다하지 않겠는가? 그러기 위해서는 낯설어야 한다. 여느 것들과 달라야 하는 것이다. 달라야 주부들의 눈에 띄지 않겠는가?

사람은 낯선 것, 즉 다른 것에 주의를 더 기울이게 된다. 눈앞에 놓인 사물이 기존에 알고 있는 것과 유사하다면 관심을 기울이지 않는다. 다르면 한 번이라도 더 보게 되고 더 생각하게 된다. 한 번 더 생각한다는 것은 대상에 대해 더 많은 정보를 갖게 된다는 것을 의미한다. 더 많은 정보를 갖게 되면 더 잘 기억하게 되고, 더 좋아하게 된다. 그러면 고객에게 선택될 확률이 높아진다.

'깜짝 눈썹'

폴 에크먼과 월리스 프라이슨은《얼굴의 비밀(*Unmasking the Face*)》이라는 책에서 깜짝 놀란 표정을 묘사하는 '깜짝 눈썹'이라는 신조어를 만들었다. "눈썹이 곡선을 그리며 추켜 올라간다. 눈썹이 위로 들리면서 눈과 눈썹 사이의 피부가 늘어나고 평소보다 사물이 더 잘 보인다." 눈썹이 올라가면 눈이 커지고 시야가 넓어진다. 즉 깜짝 눈썹은 더 많은 것을 보기 위한 신체적 반응이다.[23] 낯설음이 '깜짝 눈썹'을 만든다.

창의성의 또 한 가지 기준은 공감대다. 아이디어는 낯설되 반드시 고객의 공감을 불러일으킬 수 있어야 한다. 공감이란 남의 생각이나 의견, 감정 등에 대해 자기도 그러하다고 느끼는 것을 말한다. 당신의 아이디어는 낯설음으로 고객의 이목을 집중시킨 후 고객으로부터 "야, 그거 말 되는데!", "그럴듯해, 그럴 수 있겠는데!"라는 반응을 끌어낼 수 있어야 한다.

낯설음이 고객의 눈을 움직인다면 공감은 고객의 마음을 움직인다. 눈이 10냥이면 마음은 90냥이다. 그만큼 공감은 중요하다. 그만큼 얻기도 힘들다. 아무리 눈이 부시고 화려한 아이디어도 고객의 공감을 얻지 못하면 그때뿐이다. 잠깐 반짝하고 사라진다. 마음에 새겨지지 않는 것이다. 그런 아이디어는 고객의 선택을 받지 못한다.

기획의 궁극적인 목적은 화제 유발이 아니라 고객의 선택을 받는 것이다. 당신이 기획한 신제품이 독특한 아이디어로 매스컴의 화려한 조명을 받았다고 치자. 그런데 판매는 형편없었다면? 고객의 눈은 움직였으되 마음을 움직이지 못했기 때문이다. 기획에 낯설음은 있되, 고객과의 공감대는 형성하지 못했기 때문이다. 공감대가 없는 낯설음은 당신의 기획을 실패로 이끈다. 하지만 낯설지는 않지만 고객과 깊고 넓은 공감대를 형성하는 기획은 시간이 다소 걸릴지라도 고객의 선택을 받는다.

2007년, 우리의 관심을 확 잡아끈 두 편의 드라마가 있었다. 〈쩐의 전쟁〉과 〈강남 엄마 따라잡기〉가 바로 그것이다. 전자는 돈 때문에 울고 웃는 인생사를 다룬 드라마이고, 후자는 강남 지역 학부모들의 교육열을 풍자한 드라마다. 돈과 자녀교육, 더 이상 새로울 것도 없는 소재다. 그렇지만 대한민국 땅에서 이 시대를 살아가는 사람이라면 모두가 관심을 갖는 소재다. 낯설지는 않지만 깊고 넓은 공감대를 갖고 있는 것이다. 두 드라마는 시청자들의 많은 공감 속에 30% 안팎에 이르는 높은 시청률을 기록했다.

포지셔닝(positioning) 이론으로 유명한 앨 리스(Al Ries)는 "광고가 너무 예술로 진화하고 있다. 현대의 광고에는 예술작품 이상의 천재성과 땀이 녹아 있다. 하지만 이런 광고는 제품을 유명하게 만드는 것이 아니라, 광고 자체를 유명하게 만든다. '매출 가치'는 찾기 힘들고 단지 '화제 가치'만이 존재한다"고 말했다. 그의 말처럼 우리 주변에는 고객의 눈을 움직이는 광고는 많다. 하지만 고객의 마음까지 움직이는 광고는 흔치 않다. 그만큼 고객의 마음을 움직이는 것이 어렵기 때문이다. 고객의 마음을 움직이지 못하는 광고는 다음의 미라주와 같은 길을 가게 된다. 당신의 기획은 고객의 눈과 마음을 동시에 움직일 수 있어야 한다.

광고는 뜨고, 제품은 지고

– 일본 '미라주' 자동차 광고의 목도리 도마뱀

화제의 광고를 얘기할 때 언제나 빠지지 않고 언급되는 일본의 자동차 광고가 있다. 미쓰비시의 '미라주(MIRAGE)' TV 광고로, 목도리 도마뱀이라는 낯선 소재로 인해 광고가 나가자마자 화제가 됐다.

화면이 열리면, 마치 목에 목도리를 두른 듯 묘하게 생긴 목도리 도마뱀이 느린 동작으로 뒤뚱거리며 화면 앞으로 달려온다. 이어서 날렵

한 모습의 미라주 자동차가 쏜살같이 달려나와 고속도로 저편으로 사라진다.

"길은 별처럼 많다.

유유히 내가 좋아하는 길을 가자.

미라주와 함께!"

이 광고는 즉각 사람들의 호기심을 불러일으켰다. "어제 그 광고 봤어? 이상하게 생긴 도마뱀 나오는 거. 거 신기하데."

어딜 가나 도마뱀 얘기였다. 특히 어린아이들의 사랑을 많이 받았는데, 가슴에 목도리 도마뱀 마스코트를 달고 다니는 아이들까지 생겼다. 목도리 도마뱀 덕분에 미라주 광고는 일본 최고의 권위를 자랑하는 ACC(전 일본 CM 협의회) 그랑프리를 비롯해 그해 광고 관련 상을 휩쓸다시피 했다.

주인공인 미라주 자동차는 어떻게 됐을까? 이름 때문이었을까? 신기루처럼 사라져버렸다.

"도마뱀이 자동차와 무슨 상관이 있다는 거지?"

"광고에 신기한 도마뱀 나오는 자동차가 뭐더라……." 사람들은 도마뱀에는 커다란 관심을 보였지만 정작 주인공인 미라주는 기억하지 못했다. 주인공은 목도리 도마뱀이었고, 미라주는 작은 단역에 불과했던 것이다. 당연히 미라주는 팔리지 않았다. 목도리 도마뱀으로 낯설음을 만드는 데는 성공했지만 미라주 자동차에 대한 고객과의 공감대를 이끌어내는 데는 실패했다. 광고는 뜨고 제품은 졌다.

담배가

인간관계를

끊는다고?

흡연이 건강에 미치는 폐해는 이루 말할 수 없을 정도로 크다. 그래서 세계 각국은 막대한 국가예산을 투입해가며 담배와의 전쟁을 치르고 있다. 우리나라도 보건복지가족부 주관으로 해마다 금연 광고를 실시하고 있는데, 그 주제는 '건강'이다. 흡연으로 인해 신체의 일부가 심각하게 손상된 충격적인 비주얼을 보여줌으로써 흡연에 대한 경각심을 일깨우고 있는 것이다.

그러던 중 전혀 새로운 기획의 금연 광고가 눈에 띄었다. "담배, 끊지 않으면 사람들이 당신을 끊습니다!"라는 테마로 만들어진 광고였는데, 카페에서 여자에게 작업을 걸던 남자가 흡연으로 누렇게 변색된 여자의 치아를 보고 고개를 돌린다는 내용, 아빠가 뜨거운 밥을 식혀 아기에게 먹이려고 입으로 후후 부는데 그때마다 흡연으로 인한 입 냄새 때문에 아기가 운다는 내용 등 일련의 시리즈가 TV 전파를 탔다.

담배 인심 좋기로 소문난 우리나라에서 담배 때문에 인간관계가 끊어진다니? 이 광고는 나오자마자 화제가 됐다. 금연 광고에서 한 번도 등장하지 않았던 '인간관계'라는 아이디어 때문이었다. 왜 이런 광고가 만들어졌을까?

이유는 이랬다. 꾸준한 금연 캠페인과 웰빙 열풍으로, 건강에 관심이 많은 40~50대 이상에서는 흡연율이 빠른 속도로 떨어지고 있는 반면, 20대와 여성층의 흡연율은 오히려 증가하는 추세였다. 그래서 광고의 타깃을 20대와 여성층으로 옮기고, "흡연은 피부미용에 안 좋다", "흡연하면 기억력이 떨어진다" 등 건강 관련 메시지로 캠페인을 벌였다. 여자가 책상에 얼굴을 비비는 장면 등 비주얼적인 임팩트가 강해서 광고에 대한 주목도도 높았다. 그런데 흡연율은 떨어지지 않더라는 것이다. 고객의 눈은 움직였으되 마음은 움직이지 못한 것이다. 생각해보라, 당신은 20대에 건강을 걱정해본 적이 있던가? 건강은 20대가 공감할 수 있는 콘셉트가 아니었던 것이다. 그래서 새롭게 찾아낸 것이 바로 인간관계였다. 인간관계는 젊은 층들의 마음을 움직였으며, 중·장년층에게까지 공감의 메아리를 울렸다.

피자를 요리의 경지에까지 올려놓은 회사가 있다. 바로 도미노피자다. 이 회사는 2007년 봄에 '타이타레 피자'라는 프리미엄급 신제품을 출시하면서 "피자를 시키면 요리가 온다!"라는 광고 캠페인을 전개했다.

"아니, 패스트푸드인 피자가 요리라고?"

요리란 아이디어는 도미노 내부에서도 말이 많았다. 하마터면 없어질 뻔했다. 피자와 요리, 두 단어가 같이 있다는 것 자체가 낯설었기 때문이다. 하지만 이것이 고객들의 눈과 귀에 걸렸다.

"피자를 시키면 요리가 온다고? 무슨 소리야? 제대로 잘 만들었다는 얘긴가? 한번 먹어볼까?"

조금 비싸지만 먹어보니 이런 반응이 나온다.

"프랑스 전통 소스인 비스크 소스를 베이스로 깔고, 날치알과 싱싱한 양파에 타이풍 카레로 양념한 새우와 오징어를 토핑한 피자네. 풍성하고 알찬 게 꽤 먹을 만해. 이래서 요리라고 했나 봐."

도미노피자는 한 번도 만나지 않았던 '피자'와 '요리'라는 두 개념을 조합함으로써 '낯설음'을 만들어 고객들의 관심을 끌었으며, 풍성하고 알찬 프리미엄급 재료를 사용해 하이 퀄리티(high quality) 제품을 고객들에게 제공함으로써 요리에 대한 공감대를 확보할 수 있었다. 도미노피자는 이 캠페인으로 대폭적인 매출 신장은 물론, 미스터피자에게 빼앗겼던 2위 자리도 되찾았다.

2006년 11월 29일 미국 로스앤젤레스 센추리 공항에서는 이색적인 풍경이 벌어졌다. 골프 황제 타이거 우즈가 골프채를 들고 활주로에 나타난 것이다. 우즈는 간단한 기자회견을 마친 뒤 활주로로 나가 드라이버 샷으로 457미터를 날려 보냈다. 이날 행사는 나이키의 신제품인 사각(四角) 드라이버 출시를 기념하여 벌어진 이벤트로, 사각 드라이버가 골프공을 똑바로 멀리 날려 보낼 수 있다는 사실을 고객들에게 보여주려고 마련되었다.

나이키의 신제품 사각 드라이버는 독특한 모양으로 눈길을 끌었다. 지금까지 반달 모양의 드라이버 헤드에 익숙했던 골퍼들에게 사각형의 헤드는 무척 낯설었던 것이다. 그렇다고 모양만 보고 비싼 드라이버를 살 수는 없는 일. 고객들에게는 이 사각형이 공을 똑바로 멀리 보내기 위해서 만들어졌다는 확실한 증거가 필요했다. 나이키는 우즈를 등장시켰고, 황제는 457미터의 장거리 샷으로 나이키와 고객들의 기대에 완벽하게 부응했다. 나이키는 고객들에게 완벽하게 낯설음과 공감대를 제공했으며, 그 결과 나이키 사각 드라이버는 골퍼들이 가장 갖고 싶은 드라이버로 이름을 올렸고, 타사들도 사각형 제품을 속속 내놓게 되었다.

82달러짜리

육면체 수박

    고객들과 공감대를 형성하기 위해서는 두 가지를 충족시켜야 한다. 먼저 당신의 기획은 고객의 필요(needs)와 욕구(wants)에 부합하는 것이어야 한다. 고객이 원하는 것이어야 한다는 말이다. "평안감사도 저 싫으면 그만이다"라는 속담이 있다. 아무리 높은 벼슬자리도 당사자가 싫으면 억지로 시킬 수 없다는 얘기다. 기획도 마찬가지다. 아무리 독특하고 기발한 기획이라도 고객이 원하지 않는 것이라면 무용지물이 된다. 당신이 제품이나 서비스, 광고 등 고객을 상대로 한 모든 것을 기획할 때 "고객이 무엇을 원하는가?"를 가장 먼저 고려해야 할 이유다.

    2001년 일본의 어느 농부가 육면체 수박을 개발해냈다. 둥근 수박이 굴러다니기 때문에 보관하기 어렵다는 불편함을 해결한 이 수박은 그해 6월 15일자 《USA 투데이》에 사진과 함께 실렸으며 가격은 1개당 82달러라고 보도되었다. 어린 수박을 넣어 재배하는 플라스틱 용기의 개발과 그 속에서 수박을 기르는 데 들어간 노력 및 비용이 그만큼 컸기 때문에 그렇게 비쌌을 것이다. 고객들의 반응은 어떠했을까? 그 후 육면체 수박이 많이 팔린다는 소식은 들리지 않았다.[24]

당신이라면 어떻게 하겠는가? 이 수박을 사겠는가?

"모양이 신기하긴 한데 수박 하나에 82달러라니 말이 돼?"

아마 일본 고객들처럼 사지 않을 것이다. 직육면체 수박은 고객들의 눈을 끌기에 충분했다. 독특한 모양으로 호기심을 자극했을 뿐만 아니라 보관이 용이하다는 새로운 가치도 보유하고 있었다. 하지만 직육면체 수박은 고객들의 마음을 움직이지 못했다. 독특하고 기발한 기획이지만 보통 수박의 5배가 넘는 82달러라는 가격은 고객이 공감하기 힘든 가격이었기 때문이다.

몇 년 전에 일본에서 '허시 키세스(Hershey's Kisses) 초콜릿' 모양의 수박이 개발되었다는 뉴스를 들었다. 가격은 2만 엔이었다. 이 역시 많이 팔렸다는 소식은 듣지 못했다.

고객과의 공감대 창출을 위해 당신의 기획은 고객의 필요와 욕구에 부합하는 동시에, 고객이 믿을 수 있는 것이어야 한다. 고객의 주목을 받겠다는 욕심이 앞선 나머지 당신 회사나 제품, 서비스가 가진 능력과 가치를 실제 이상으로 과도하게 부풀려 과대포장하거나, 있지도 않은 사실을 근거로 고객에게 허황된 약속을 해서는 안 된다. 이는 많은 기획자들이 빠지기 쉬운 함정으로, 처음에는 고객의 관심을 끌지 모르나 금방 본색이 드러난다. 고객들은 매우 똑똑해서 당신의 말이 진실인지 거짓인지 금방 알아내기 때문이다. 이렇게 해서 한번 믿음이 깨어지면 다시 회복하기가 여간 어려운 게 아니다. 당신은 영원히 고객과의 공감대를 만들 수 없을지도 모른다. 고객의 시선을 얻기 위해 고객의 마음을 버리는 우를 범해서는 안 된다.

앞에서 예로 든 'One Shot 018'의 경우, '018'이라는 식별 번호 앞에 'One Shot'을 붙여서 One Shot 018 전체를 브랜드화한 것과 독특하고 개성 있는 광고 등으로 인해 고객들에게 낯설음을 제공하는 데는 성공했다. 하지만 One Shot이 의미하는 '한 방에 통한다!'는 이제 막 서비스를 시작한 '한솔텔레콤 018'에서 제공할 수 있는 서비스가 아니었다. 과장된 약속이었던 것이다. '한 방에 통한다, One Shot 018'이라는 독특하고 기발한 아이디어로 고객의 관심을 끄는 데는 성공했지만, 기업과 제품에 어울리지 않는 약속을 함으로써 고객들의 공감을 얻는 데 실패했기 때문에 '018'은 시장에서 많은 어려움을 겪어야 했다.

창의성의

7적(敵)

어느 날 오후 창의력을 가르치는 선생님이 한 학생을 집으로 초대
하여 차를 마시기로 했다. 그들이 잠시 이야기를 나누는 사이에 차 마
실 시간이 되었다. 선생님이 학생의 잔에 차를 천천히 따르기 시작했
다. 그런데 어쩐 일인지 선생님은 차가 찻잔 가득 차도록 계속 따르는
것이었다. 급기야는 넘쳐 바닥에 흘러 내렸다.

이윽고 학생이 말했다.

"선생님, 그만 따르세요. 차가 넘치고 있어요. 차가 더 이상 잔에
들어가지 않아요."

선생님이 대답했다.

"잘 보았네. 자네도 마찬가지일세. 만약 자네가 내 가르침을 받아
들이려면 우선 자네 정신의 잔에 들어 있는 것들을 모두 비워야 하
네."[25]

매우 적절한 비유다. 창의적인 기획을 하고 싶다면 당신은 먼저

'정신의 잔'부터 비워야 한다. 정신의 잔을 비운다는 것은 당신이 이미 배운 것을 일시적으로 잊어버려야 한다는 말이다. 당신의 머릿속을 채우고 있는 '정답, 논리, 상식, 규칙, 편견, 고정관념, 전문화'라는 기존 사고의 틀에서 벗어나야 하는 것이다. 나는 이 일곱 가지를 창의성의 7적(敵)이라고 부른다.

물론 이 일곱 가지는 우리가 인생을 살아가는 데 창의성만큼이나 꼭 필요한 것들이다. 삶에서 부딪치는 크고 작은 문제들을 해결하는 데 큰 도움이 되기 때문이다. 예를 들어, 우리가 매일매일 부딪히는 일상적인 문제들, 즉 밥을 먹는다거나 회사에 출근한다거나 운전을 한다거나 할 때마다 새로운 방법을 찾아야 한다면 얼마나 불편할까? 시간은 또 얼마나 많이 걸릴까? 이때 필요한 것이 정답, 논리, 상식, 규칙적 사고다. 새로운 방법을 찾을 필요 없이 지금까지 해오던 방법대로, 상식의 범위 안에서 하면 되는 것이다. 그렇게 함으로써 우리는 일상적으로 반복되는 수많은 문제들을 특별한 노력 없이 즉각적으로 해결할 수 있다.

하지만 비즈니스 세계에서는 얘기가 달라진다. 이 7적을 넘어서지 않는 한 성공을 기약할 수 없다. 7적이 돌파를 가로막기 때문이다. 7적은 기획의 큰 장애물이다. 7적을 넘어서지 않는 한 빅 아이디어는 결코 찾을 수 없다. 비즈니스 세계에는 하나의 정답이 아닌 여러 개의 다른 답이 존재한다. 성능이 좋은 차가 잘 팔리는가 하면, 디자인이 뛰어난 차도 잘 팔린다. 경제성을 중시하는 고객이 있는 반면, 품위나 품격을 우선시하는 고객도 있게 마련이다. 기획은 그 다른 답들을 찾아가는 것이다. '침대는 가구다'라는 정답에 매여 있는 한 '침대는 과학'과 같은 빅 아이디어는 찾지 못한다. '껌은 충치의 원인'이라는 상식에 갇혀 있는 한 '자기 전에 씹는 껌'은 상상도 못할 일이다.

성공하는 기획은 사람들의 편견과 고정관념을 깨뜨리는 것에서 시작된다. 청바지의 고객은 누굴까? 많은 사람들이 청바지는 착한 몸매를 가진 10대와 20대 젊은 층을 위한 옷이라고 생각했다. 이런 생각이 편견이며 고정관념이라는 사실을 한 청바지 회사가 입증했다. 그들은 '청바지는 젊은이들이 입는 옷'이라는 고정관념을 깨고, '청바지는 젊은 생각을 가진 사람들이 입는 옷'이라는 새로운 발상으로 중·장년층을 위한 고급 청바지를 생산했다. 이 제품은 중·장년층의 청바지 향수를 자극하여 30만 원이 넘는 고가임에도 불티나게 팔려나갔다.

전문화 역시 창의적 기획을 방해하는 장애물이다. 물론 당신은 당신이 속한 업종, 업무 분야에서 전문가가 돼야 한다. 그것이 기본이다. 하지만 그것만으론 부족하다. 그 안에 머무르는 한 울타리를 벗어날 수 없다. 한 분야에 대한 전문지식만으로는 새로운 조합을 만들기가 어렵기 때문이다. 당신이 속한 업종이 아닌 다른 업종(연관성이 적을수록 좋다)을 유심히 들여다보고 힌트를 얻어라. 성공 사례를 훔쳐라. 당신 업종에서는 없었던 새로운 조합을 발견할 수 있을 것이다. 또한 여러 분야에 관심을 갖고 많은 지식을 꾸준히 습득하라. 음악, 미술, 여행, 스포츠, 만화, 곤충, 동물 등등 무엇이든 상관없다. 머릿속의 지식이 다양할수록 그만큼 새로운 조합을 만들어낼 수 있는 가능성이 커지기 때문이다.

똑같은 것을 보고

다르게 생각하기

　1937년 노벨 생리 의학상을 받은 알베르트 센트죄르지(Albert Szent-György)는 "발견은 남들과 똑같은 것을 보고도 다르게 생각하는 데서 이루어진다"라고 말했다. 정답, 논리, 상식, 규칙, 편견, 고정관념, 전 문화의 덫에서 빠져나오기 위해서는 '다르게 생각하기'가 답이다. 다르게 생각하기는 기존 사고의 틀에서 벗어나 사물들의 숨어 있는 연관성을 찾아내고 새로운 조합을 발견할 수 있도록 도와준다.

　다르게 생각하기란 기존의 방법과 다르게, 경쟁자와 다르게, 고객의 예상과 다르게 생각하는 것이다. 기존의 방법으로는 기존의 목표와 수준을 뛰어넘는 결과를 기대할 수 없기 때문에 당신은 당신과 당신 부서, 회사 그리고 당신 업종에서 지금까지 해왔던 사고 방법과 다르게 생각해야 한다. 경쟁자가 성공한 방법이 탐나더라도 따라해서는 안 된다. 당신에게도 통한다는 보장이 없을뿐더러, 통한다 하더라도 당신은 2등에 만족해야 하기 때문이다. 특히 당신의 기획은 고객의 예상과 기대를 뒤엎는 것이어야 한다. 기획에서 가장 중요한 대상은 나도 아니고 경쟁자도 아닌 바로 고객이다. 고객이 기획의 성패를 좌우한다. 고객의 예상을 뒤엎는 기획은 파급 효과가 엄청나다.

다르게 생각하기	1. 기존 방법과 다르게
	2. 경쟁자와 다르게
	3. 고객의 예상과 다르게

베이징 올림픽을 통해 많은 스포츠 영웅들이 탄생했다. 그중에서도 박태환 선수의 인기는 단연 으뜸이었다. 우리 수영 역사상 최초의 올림픽 금메달에 잘생긴 외모까지, 박 선수의 일거수일투족은 올림픽 기간 내내 관심의 대상이 됐다. 호기심 강한 당신이라면 "어, 박태환 선수의 수영복이 왜 저렇게 생겼지?"라는 의문을 가졌을 법하다. 박 선수는 하반신을 감싸는 수영복을, 일부 선수는 전신을 감싸는 수영복을, 또 어떤 선수들은 삼각팬티 스타일의 수영복을 착용했기 때문이다.

이 수영복에는 '다르게 생각하기'의 비밀이 숨어 있다.

1998년 7월 전신 수영복이 국제무대에 등장하기 전까지 경기용 수영복은 남자는 팬티 스타일, 여자는 원피스 스타일 일색이었다. 기록 단축을 위해서는 물의 항력을 최소화해야 하는데, 수영복 면적이 작으면 작을수록 항력이 줄어든다고 생각했기 때문이다. 그런데 아디다스의 생각은 달랐다.

"왜 수영복이 작아야만 하지? 사람 피부보다 항력이 적은 소재로 만든다면 수영복 면적이 넓을수록 좋은 게 아닌가?"

아디다스는 개발에 착수했고, 마침내 나일론 72%와 라이크 28%를 혼합한 뒤 여기에 테플론을 코팅한 특수원단을 개발하는 데 성공했다. 전신 수영복은 그렇게 탄생했다. 다르게 생각하기의 결과로 탄생한 전신 수영복은 등장하자마자 세계인의 이목을 집중시켰고, '인간어뢰' 호주의 이안 소프는 전신 수영복을 입고 2000년 시드니 올림픽에서 3관왕에 올랐다. 그 결과 지금은 베이징 올림픽에서 수영 8관왕이라는 전무후무의 기록을 세운 마이클 펠프스를 비롯해 절반에 가까운 수영 선수들이 전신 수영복을 착용하고 있다.

다른 사람의 예상과 기대를 뒤엎는 다르게 생각하기는 전쟁에서도 혁혁한 전공을 세웠다. 6·25전쟁 당시 맥아더 장군이 기획한 인천상륙작전은 아무도 예상치 못했던 것이었다. 본인을 제외한 모든 사람들, 즉 워싱턴은 물론 맥아더의 참모들까지도 병력 분산의 위험, 갯벌 지역 상륙의 어려움 등 여러 가지 이유를 들어 이 '5천 대 1의 도박'을 극구 반대했다. 당시 한국군과 미군은 낙동강까지 밀려 있었으며, 이렇다 할 반전의 계기를 마련하지 못하고 있었다. 정상적인 논리나 상식, 규칙으로는 전쟁에서 이길 수 없다고 판단한 맥아더 장군은 수도 서울 탈환의 당위성, 적이 이 작전을 전혀 예상치 못할 것이라는 점, 성공 시 적에게 막대한 데미지를 줄 수 있다는 이유를 들어 아무도 예상치 못했던 이 작전을 밀어붙였다. 그 결과 남한은 38선 이남을 회복하고 전쟁을 승리로 이끌 수 있었다. 아군과 적군의 예상을 뒤엎은 '다르게 생각하기'가 역사의 흐름을 바꿔놓은 것이다.

또 다른 예를 들어보자.

21세기가 시작되는 2000년 1월 1일, 수많은 국내 기업들의 기업 이미지 광고가 전 매체를 통해 쏟아져 나왔다. 도래하는 디지털 시대에서 주도권을 잡기 위해 대기업들은 물론이고, 디지털과 조금이라도 연관만 있으면 모두 디지털을 외쳐댔다. 삼성그룹은 'Digit-all', LG 그룹은 'Digital-LG'라는 콘셉트로 막대한 광고물량을 쏟아 부었다. 모든 언론매체가 디지털 관련 기사를 내보냈고, 대다수의 고객들 역시 디지털 시대에 대해 큰 관심을 갖고 있었으므로 기업들의 이런 활동은 당연한 것으로 여겨졌다.

그런데 이런 흐름에 역행하는, 사람들의 예상을 뒤엎는 기업 이미지 광고가 있었다. SK그룹의 기업 이미지 광고였다.

고객 여러분 고맙습니다.
저희 SK는 고객이 월급을 주신다고 생각합니다.
그러니 어찌 최선을 다하지 않을 수 있겠습니까.
SK는 당신이 됐다 하실 때까지 노력하겠습니다.
고객이 OK할 때까지
OK! SK.

"디지털 시대에 고객이 OK할 때까지라니? 이게 무슨 소리야?"
SK의 광고는 정말 의외였다. SK텔레콤이라는 막강한 계열사가 있으니 남들처럼 '디지털' 콘셉트를 욕심낼 만도 한데, 사람들의 예상을 완전히 뒤엎고 '고객 만족'이라는 아날로그 냄새가 물씬 나는 기업 광고를 내보낸 것이다. 사실 고객 만족이라는 콘셉트는 낡은 아이디어였다. 이미 몇 해 전에 여러 기업들이 광고의 소재로 활용했던 것이다. "고객이 OK할 때까지, OK!"라는 훌륭한 슬로건이 있었지만, 그래도 새로운 세기가 시작되는 첫날에 흘러간 옛 노래를 틀어대다니…….

그런데 고객들의 반응이 의외였다. 흘러간 옛 노래를 흥얼거리기 시작한 것이다. 주요 대기업 광고들에 비해 방영 횟수가 적었음에도, 고객들은 "고객이 만족할 때까지, OK! SK"를 주목했다. TV를 가득 메운 요란한 비주얼의 디지털 광고들이 오히려 'OK! SK'를 돋보이게 한 것이다. 군계일학이었다. 게다가 보면 볼수록 기분이 좋아지고, 공감이 갔다. "그래 맞아! 내가 월급을 주는 셈이지. SK가 잘 알고 있군."

SK의 '다르게 생각하기'는 그룹 이미지 도약을 꿈꾸던 SK에게 매우 효과적인 전략이었다. 1년 만에 SK그룹은 기업 이미지 10위권에서 5위권 안으로 올라섰다. 요즘 전파를 타고 있는 SK텔레콤의 "사람을 향합니다" 캠페인 역시 고객이 예상하지 못했던 아날로그적인 소재와 표현으로 이목을 집중시키고 있다.

완도군청의 '거꾸로 가는 시계'

전남 완도군청이 지난 9월부터 '거꾸로 가는 시계'를 사무실마다 걸어놓아 새 분위기를 조성하고 있다. 이름은 '변화와 혁신의 시계'로, 군수실을 비롯해 주요 사무실에 모두 20개의 '거꾸로 시계'를 걸었다.

공무원들은 이 시계가 처음에는 익숙하지 않았다고 한다. 정유승 홍보계장은 "두 달째 보고 있는데 지금은 한눈에 들어온다"며 "오히려 시계를 거꾸로 단 의미를 되새기는 분위기"라고 말했다. 비용은 100만 원. 앞으로 군내의 다른 기관이나 단체에도 확산시킬 계획이라고 정 계장은 말했다.

'거꾸로 시계' 아이디어를 낸 김종식 군수는 "공직자가 변해야 나라가 산다는 신념으로 고정관념, 낡은 것들을 버리고 변화와 혁신에 동참해야 한다"며 "거꾸로 가는 시계를 보면서 발상의 전환을 꾀하자는 뜻"이라고 말했다.[26]

[설명] '거꾸로 시계'란 시계의 좌우 또는 상하가 바뀐 시계로, 이 시계에서는 바늘이 보통 시계의 반대 방향, 즉 시계 반대 방향으로 움직인다. 예를 들면, 상하가 바뀐 시계에서는 3과 9를 제외한 모든 숫자의 자리가 바뀌게 된다. 12가 6의 자리에 6은 12의 자리에, 이런 식으로 1과 5, 2와 4, 7과 11, 8과 10이 서로 자리를 바꾸게 되는 것이다. 따라서 이 시계에서는 시침, 분침, 초침이 모두 시계 반대 방향으로 움직이게 된다.

유사성을 찾아

비유하기

자, 이제부터는 다르게 생각하는 방법에 대해서 살펴보자.

'다르게 생각하기'의 첫 번째 사고법은 '비유(比喩, metaphor)'다. "비유는 인간이 가진 가장 창조적인 능력"이라는 말처럼, 비유는 다르게 생각하기를 도와주는 최상의 도구다. 비유란 어떤 현상이나 사물을 효과적으로 표현하기 위해 그것과 비슷한 다른 사물에 빗대어 표현하는 방법이다. 예를 들어 1,093개의 발명 특허를 낸 에디슨을 '발명의 왕'으로, 전후(戰後) 눈부신 경제 발전을 이룩한 독일과 우리나라를 '라인 강의 기적'과 '한강의 기적'으로, 도로가 갑자기 좁아지는 곳에서 차량의 정체가 일어나는 현상을 '병목 현상'으로 표현하는 것 등을 말한다.

이 같은 비유의 예는 우리 주변에 수도 없이 널려 있다. 특히 언어는 비유의 경연장이라고 부를 만하다. 우리는 비유의 언어 속에서 살고 있다고 해도 과언이 아니다. 인류 역사상 최고의 베스트셀러인 성경에 나오는 하나님 말씀의 3분의 1 이상이 비유적 표현이며, 인간의 오랜 경험을 짧은 문장으로 응축해놓은 속담의 거의 대부분이 그렇다. 또한 책상의 다리, 침대의 발, 망치의 머리, 도시의 심장부, 정보의 고속도로, S라인 몸매, 돈세탁, 약육강식의 세계, 시간이 흐른다, 인생은 게임이다, 마케팅은 전쟁이다 등등. 우리가 매일 쓰고 있는 표현의 상당수가 비유다.

2008년 베이징 올림픽에서는 세계 신기록만큼이나 풍성한 비유적 표현들이 쏟아졌다. 여자 역도에서 세계 최고의 무게를 들어올린 장미란 선수를 '여자 헤라클레스', 수영선수 박태환을 '바다의 왕자 마린보이', 남자 100미터 달리기 세계 신기록 보유자인 우사인 볼트를 '총알 탄 사나이', 수영 8관왕 마이클 펠프스를 '펠-피쉬(Phel-fish)'로 부르는 것들이다. 이처럼 수많은 비유가 존재하고 또 매일같이 새로운 비유가 탄생하는 것은 비유가 창의적 아이디어를 발견해내는 데 매우 탁월한 도구이기 때문이다.

비유적 사고의 핵심은 '유사성'이다. 모든 사물은 유사성을 가지고 있으며, 이 유사성을 통해 한 번도 만나지 않았던 두 가지 사물을 연관시켜 생각함으로써 우리의 사고가 넓어지고 신장되는 것이다.

먼저 비유는 하나의 개념을 통해 다른 개념을 쉽게 이해하고 전달할 수 있도록 도와준다. 우리는 비유를 통해 복잡하거나 이해하기 어려운 개념을 쉽고 간단하게 이해하고 기억할 수 있을 뿐만 아니라 효과적으로 상대방에게 전달할 수 있게 된다. 인터넷 용어인 '웹 하드(web hard)'를 어떻게 이해하고 설명하면 좋을까? "일정 용량의 저장 공간을 확보해 문서나 파일을 저장·열람·편집하고, 다수의 사람과 파일을 공유할 수 있는 인터넷 파일 관리 서비스"라는 사전적 정의는 정확하지만 복잡하고 어렵다. '저장 공간'이라는 유사성을 통해 우리가 이미 알고 있는 오프라인상의 '물류 보관 서비스'에 빗대어 생각하면 이해 및 기억, 전달이 훨씬 쉬워진다. 즉 웹하드란 인터넷상의 물류 보관 서비스와 같은 것이라고 생각하는 것이다. 그러면 인터넷상에서 돈을 내고 빌린 자료 창고로, 큰 물건(대용량 자료)도 보관할 수 있고 집(개인 컴퓨터)보다 안전하며, 창고 열쇠(ID와 비밀번호)만 있으면 누구든지 들어갈 수 있는 곳(저장, 열람, 공유)…… 등으로 웹하드의 개념을 쉽게 이해하고 기억할 수 있게 된다.

이번에는 이런 가정을 해보자. 당신은 제주도청의 관광 담당 책임자이고, 해외 관광객 유치를 위한 마케팅 플랜을 기획하고 있다. 당신이라면 제주도의 콘셉트를 무엇이라 하겠는가?

제주도에 대해 간단히 살펴보면, 제주도는 한반도 최남단에 위치한 우리나라 최대의 섬으로 9개의 유인도와 60여 개의 부속 도서로 이루어져 있다. 총면적은 1,825제곱킬로미터이며 동서 길이는 73킬로미터, 남북 길이는 41킬로미터에 이른다. 제주도는 화산섬으로 한라산과 360여 개에 이르는 기생화산(오름)과 많은 용암동굴이 분포한다. 맑고 깨끗한 바다와 사계절 다른 풍경을 볼 수 있는 한라산, 그 산 중턱에 드넓게 펼쳐진 목장, 한 편의 풍경화를 보는 듯한 182킬로미터에 이르는 해안 일주도로 등 아름다운 자연환경과 온화한 기후를 지닌 천혜의 관광지다. 제주공항을 비롯한 교통 기반시설이 잘 갖추어져 있을 뿐만 아니라, 국제 수준의 숙박시설 및 음식점, 쇼핑센터 등 관광 기반시설도 완벽하다. 제주도는 휴양은 물론 관광, 골프, 승마, 해양 스포츠 등의 스포츠, 레저, 쇼핑에 이르기까지 모든 것을 즐길 수 있는 최고의 관광지다.

제주도는 자신을 어떻게 소개하고 있을까? 홈페이지에는 '신비의 섬, 제주도'로 표현돼 있다. 당신은 이것에 동의하는가? 뭐가 신비하다는 걸까? 전설이 많은 섬인가? 곳곳에 신비한 볼거리가 많다는 얘기인가? 교통시설은 어떨까? 숙박시설은? 쇼핑은? 음식은? 스포츠와레저는? '신비의 섬, 제주도'라는 표현만으로는 제주도가 어떤 관광지인지 전혀 감잡을 수 없다. 말 그대로 신비할 뿐이다. 이것으로는해외 관광객들이 제주도를 매력적인 관광지로 판단할 수 있는 아무런이유도 제공해줄 수 없다. 또한 마케팅 전략과 전술을 짜는 데 아무런방향성도 제시해주지 못한다.

비유적 사고를 통해 제주도의 콘셉트를 찾아보면 어떻게 될까?

제주도의 특징은 큰 섬, 화산, 바다와 산, 아름다운 자연과 온화한기후, 국제 수준의 관광 기반시설, 관광에서 휴양·스포츠·쇼핑을 아우르는 종합 관광지 등으로 요약할 수 있다. 이와 유사한 특징을 지닌관광지로는 어디가 있을까? 있다면 그곳을 제주도와 어떻게 비유하면 될까? 그곳을 이용해서 제주도를 표현할 경우 제주도가 해외 관광객들에게 매력적인 관광지로 인식될 수 있을까?

이런 점들을 고려해서 발견한 콘셉트는 '극동의 하와이, 제주도'다. 하와이는 앞에서 열거한 제주도의 특징들과 많은 유사성을 가진관광지다. 화산섬이며 바다와 산을 함께 갖고 있고, 온화한 기후에 국제적 수준의 관광시설을 갖춘 종합 관광지인 것이다. 해외 관광객들에게 잘 알려져 있으며 선호도가 매우 높다. 여기에 제주도의 위치적인 특성을 고려해 '극동'이라는 단어와 결합시켜 '극동의 하와이'라는 새로운 조합을 발견해낸 것이다. 이 콘셉트는 관광객들이 잘 알고있고 선망하는 관광지인 하와이를 통해 제주도에 대해 많은 것을 연상할 수 있도록 도와주며, 하와이의 좋은 이미지를 제주도에 전이시킴으로써 제주도를 매력적인 관광지로 인식시켜준다.

"제주도가 하와이 수준의 국제적인 관광지라는군! 이번 여름휴가 때 한번 고려해봐야겠어."

뿐만 아니라 비유를 통해 콘셉트가 명확하고 구체적으로 정리됐기 때문에 당신은 어떤 마케팅 아이디어들을 전개해 나가야 할지를 분명하게 알게 된다. 하와이의 성공 사례를 벤치마킹할 수도 있고, 국제적인 관광지가 되기 위해서는 무엇을 개선해야 하는지를 연구할 수도 있다.

또한 우리는 비유를 통해 직면한 문제의 새로운 측면을 볼 수 있게 됨으로써 문제 해결의 실마리를 찾을 수 있다. 당신에게 어떤 문제가 발생했다면 일단 비유를 만들어라. 당신이 보지 못했던 문제의 새로운 측면을 볼 수 있게 될 것이다.

세계 최대의 물류 특송 서비스 회사인 페덱스(Federal Express)는 현 회장인 프레드릭 스미스(Fredrick W. Smith)가 예일 대학 시절에 쓴 논문인 〈새로운 항공운송 화물이론(Hub & Spoke)〉을 바탕으로 설립한 회사다. 'Hub & Spoke' 방식이란, 인구가 많은 지역에 중심 공항(hub airport)을 만들고 여기에 일단 모든 화물을 모은 다음, 이를 재분류하여 자전거 바퀴살(spoke) 모양으로 미국 전역에 배송하는 방법을 말한다. 이렇게 하면 미국은 물론 전 세계에 24시간 내로 화물을 배달할 수 있다는 것이다. 대학 시절 스미스는 주말에는 특별 비행기 조종사로 근무하면서 돈을 벌었는데, 이때 IBM 같은 대기업들이 컴퓨터 주요 부품들을 제시간에 고객들에게 보내기 위해 노심초사하는 것을 보고, 고객들이 원하는 시간 내에 화물을 전달할 수 있는 서비스의 필요성을 절감했다. 그는 여기에 착안하여 당시 화물운송 방식인 '두

지점 간 최단거리 수송' 방식을 대체하는 새로운 화물운송 방법인 Hub & Spoke 방식을 기획한 것이다.

그런데 이 방식은 스미스가 처음으로 개발한 것이 아니다. 금융업의 어음교환소 방식과 전자통신 분야의 Hub & Spoke 방식을 차용한 것이다. 은행들은 매일 정해진 시간에 각자가 가진 다른 은행의 어음과 수표를 일단 모두 어음교환소에 모은다. 그리고 서로간의 어음과 수표를 주고받은 후 차액만큼만 결제하는데 이것을 어음교환소 방식이라고 한다. 전자통신 분야에서는 통신망이 대도시에 설치된 하나의 거점을 중심으로 각 지역으로 뻗어나가는데, 이것을 'Hub & Spoke' 방식이라 부른다.

"어떻게 하면 좀 더 빠른 시간 안에 화물을 배송할 수 있을까?"를 고민하던 스미스는 '유통'이라는 유사성에 착안해 화물 운송 서비스(화물의 유통)를 금융업(돈의 유통)과 전자통신 분야(정보의 유통)에 비유하게 됐고, 거기에서 Hub & Spoke 방식을 찾아냈다. 그리고 그것을 통해 '두 지점 간 최단거리 수송'이라는 기존 방식의 문제점과 함께 새로운 비즈니스 기회를 발견하게 된 것이다. 비유를 통해 찾아낸 Hub & Spoke 방식은 '전 세계 어느 곳이나 24시간 내 배달'이라는 '익일 배달 서비스'를 가능하게 했고, 페덱스를 오늘날 전 세계 220여 개 나라에 하루 평균 320만 패키지의 물량을 운송하는 세계 최대 화물 특송 기업으로 만든 핵심 경쟁력이 되었다(스미스의 '새로운 항공운송 화물이론'에 대한 리포트는 당시 지도교수로부터 C학점을 받았으며, 멤피스에 있는 페덱스 본사에 이 리포트가 전시돼 있다고 한다).

고정관념은

깨라고

있는 것

　다르게 생각하기의 두 번째 방법은 고정관념(stereotype) 깨기다. 고정관념이란 기존의 지식과 경험에 의해 굳어진 사고의 패턴을 말한다. 어떤 문제에 부딪혔을 때 늘 생각하던 방법대로 생각하는 것이다. 고정관념을 이용하면 문제를 쉽게 해결할 수 있다. 기존의 경험과 지식이라는 틀 안에서만 사고하면 되기 때문이다. 하지만 틀에 박힌 답만 구할 수 있다. 또한 고정관념은 오래된 신발이 편안하듯 우리를 편안하게 한다. 새로운 해결책을 찾으려고 애쓸 필요 없이 우리에게 익숙한 공식, 규칙, 습관을 이용하면 되기 때문이다. 하지만 고정관념의 편안함에 안주하는 한 창의적인 아이디어는 결코 발견할 수 없다. 새로운 세계로 나가는 문을 닫아버리기 때문이다. 피카소는 "모든 창조 행위는 파괴행위에서 시작한다"고 했다. 창의적인 아이디어를 원한다면 당신의 사고를 얽매고 있는 수많은 고정관념부터 깨야 한다.

　오래되고 많은 사람들이 확신하는 고정관념일수록 깨기가 어렵다. 하지만 그럴수록 그것이 깨졌을 때의 여파는 실로 엄청나다. 방문판매는 웅진코웨이의 핵심 경쟁력이었다. 비즈니스의 시작도 성장도 모두 방문판매에서 비롯됐다. 경쟁사를 압도하는 힘도 거기서 나왔다. 방문판매 없는 웅진코웨이 비즈니스는 상상할 수조차 없는 일이었다. 그런데 웅진코웨이 스스로 그것을 깼다. 그 결과는 엄청났다.

"껌은 충치의 원인이다. 따라서 자기 전에 껌을 씹어서는 안 된다." 껌에 대한 오래된 고정관념이었다. 자일리톨 껌이 이것을 깼다. "핀란드에서는 자기 전에 자일리톨 껌을 씹습니다." 단순한 이 메시지가 한순간에 시장을 평정해버렸다. 또한 자일리톨은 껌의 모양과 가격에 대한 고정관념까지 깨버렸다. 그 결과 자일리톨 껌은 다른 껌들을 모두 합친 것보다 훨씬 많이 팔린다.

내가 어릴 때만 해도 이는 아침에 일어나자마자, 그리고 자기 전에 하루 두 번 닦는 것이었다. 그런데 한 치약회사가 이 고정관념을 깼다. 그 회사는 "이는 하루 세 번, 식사 후에 닦아야 한다"고 주장했고, 이것이 고객들에게 받아들여졌다. 치약시장은 대폭 성장했고, 시장의 리더였던 이 회사가 가장 큰 이익을 챙겼다.

'바나나는 원래 하얗다(이하 바하)'는 고객들의 잘못된 고정관념을 파고들어 성공한 예다. 바나나는 껍질은 노랗지만 우리가 먹는 속은 하얗다. 그런데 그동안 우리가 먹어왔던 바나나우유는 모두 노란색이었다. '바하'는 그것을 건드렸다. "바나나 속은 원래 하얗습니다. 그러니 바나나우유도 하얀색이어야 합니다"라고 주장한 것이다.

"어, 그러네! 그런데 왜 지금까지 바나나우유는 노란색이었지? 껍질로 만들었나? 노란 색소를 썼나?"

'바나나우유는 노랗다'라는 잘못된 고정관념을 깬 결과, '바하'는 출시 6개월 만에 2천만 개(약 200억 원) 판매라는 놀라운 성과를 거두었다.

최근 선풍적인 인기를 끌고 있는 닌텐도 DS 역시 고정관념 깨기의 좋은 예다. 그동안 게임기는 초·중생들의 전유물이었으나, 이제 더 이상 그렇지 않다. 닌텐도 DS가 쉽고 보편적인 게임과 조작이 간편한 게임기로 청·장년층까지 시장을 넓혔기 때문이다.

창의적인 아이디어가 필요하다면, 당신이 속한 업종, 분야, 회사에서 가장 오래되고 가장 많은 사람이 확신하는 규칙, 습관, 공식이 무엇인지 먼저 살펴라. 그리고 그것을 깨부수어 보라. 날개를 단 당신의 사고가 대박의 씨앗을 물어다 줄지도 모를 일이다.

기업뿐만 아니라 방송과 스포츠 분야에서도 고정관념 깨기의 위력은 대단하다.

〈하얀 거탑〉이라는 드라마가 있었다. 한 대학병원의 외과를 무대로 전개되는 메디컬 드라마였는데, 그때까지 보았던 것과는 사뭇 달랐다. 히포크라테스 정신, 난치병, 신기(神技)에 가까운 의술, 인간 승리 등을 주요 소재로 하면서도 남녀 간의 사랑이 얽혀 있는, '병원을 무대로 한 러브 스토리'가 메디컬 드라마의 공식이었다. 그런데 〈하얀 거탑〉은 의사가 주인공이지만 내용은 '직장 내 정치를 다룬 사회 드라마'였다. 드라마의 무대는 물론 병원이다. 하지만 인간을 위한 지고지선의 의술이 펼쳐지는 곳이 아니라 입신출세를 위한 치열한 암투가 벌어지는 직장으로 묘사된다. 탁월한 외과의사인 주인공 장준혁(김명민 분)을 비롯해 드라마에 등장하는 모든 의사들은, 의사이기 이전에 자신의 출세와 명예를 위해 사내 정치에 몰두하는 직장인의 모습이다. 카메라는 줄곧 의료계의 암투와 욕망, 좌절에 초점을 맞추고 이들을 따라 다닌다. 의료 행위와 사랑 이야기가 메인 스토리를 구성하는 메디컬 드라마의 고정관념을 깬 것이다. 〈대조영〉이라는 막강한 경쟁 프로그램이 방영되고 있었음에도 〈하얀 거탑〉에 대한 시청자들의 반응은 뜨거웠다. 특히 마니아층의 반응은 폭발적이었다.

"메인 뉴스는 밤 9시에!" 개국 당시 SBS가 봉착한 고정관념이다. 밤 9시 정각이 되면 1초도 어김없이 KBS, MBC 양사의 뉴스가 방송됐고, 시청자들 역시 TV 앞에 모여들었다. 당시 〈9시 뉴스〉는 각 방송사의 간판 프로그램이라 불릴 정도로 시청률이 높았으며, 방송사 간의 경쟁도 치열해서 각 사마다 만만치 않은 투자를 하고 있었다. 이런 상황에서 신생 방송사인 SBS가 밤 9시에 뉴스를 편성해서 KBS, MBC와 정면 대결을 벌이는 것은 누가 봐도 무모한 일이었다. 그렇다고 9시를 피해가자니 구차해 보였다.

"그런데 뉴스를 왜 꼭 밤 9시에 해야 하지?"

SBS는 리앤디디비라는 광고회사와 함께 '밤 9시 뉴스'라는 고정관념에 태클을 걸기 시작했다.

"뉴스의 생명은 속보성이니 빠를수록 좋은 거 아닌가? 그래 우리는 타 방송보다 한 시간 빨리 가는 거야!"

이렇게 해서 '밤 9시 뉴스'라는 고정관념이 깨지고, '한 시간 빠른 뉴스, SBS 8시 뉴스'가 탄생했다. 지금 〈SBS 8시 뉴스〉는 타 방송의 9시 뉴스들과 어깨를 나란히 하고 있다.

스포츠 분야에서는 포스베리의 예가 자주 언급된다. 1968년 멕시코 올림픽에서 딕 포스베리라는 한 미국 대학생이 높이뛰기에 대한 고정관념을 깼다. 그때까지 높이뛰기는 배로 가로대를 감싸듯 뛰어넘거나 다리를 쫙 벌려 넘는 정면 뛰기로 해야 한다고 생각했는데, 포스베리는 하늘을 바라보며 등 쪽으로 가로대를 넘었던 것이다. 2미터

24센티미터의 기록으로 금메달을 안겨준 이 방법은 이후 '포스베리의 배면뛰기(Fosbury Flop)'라고 불리며, 전 세계 선수들에 의해 채택되었다.

상상력으로

당신을

해방시켜라

"한계는 오직 상상력뿐이다(The only limit is your imagination)."

두바이 곳곳에 나부끼는 캐치프레이즈처럼 오늘의 두바이는 상상력의 산물이다. 셰이크 라시드 국왕은 진주잡이로 살아가던 시절에 중동 최고의 허브 항을 꿈꿨다. 1964년 석유가 발견돼 온 나라가 기쁨에 들떠 있을 때 그는 "만약에 석유가 고갈된다면 우리나라는 무엇으로 먹고살지?" 하고 고민했다(두바이에 매장된 석유는 2026년경이면 고갈된다고 한다). 그리고 산업, 금융, 관광을 아우르는 '세계 경제 허브'를 그 답으로 제시했다. 라시드 국왕의 꿈은 황당해 보였다.

"진주 판 돈 갖고 어느 세월에 중동 최고의 허브 항을 건설한다는 거야?"

"허허벌판 사막을 세계 경제의 중심지로 만든다니? 쯧쯧."

당시 두바이 상황으로는 상상조차 하기 힘든 일이었기 때문이다. 하지만 라시드 국왕은 주어진 조건과 상황에 개의치 않고 무한한 상상력으로 두바이의 미래를 설계했고, 지금 그 미래는 현실이 되어가고 있다. 현 국왕인 셋째 아들 셰이크 모하메드 역시 해안선의 길이를 획기적으로 늘리기 위해 팜 아일랜드를 직접 기획하는 등 뛰어난 상상력으로 두바이의 천지개벽을 만들어가고 있다. 삼성경제연구소 강신장 전무는 "경제 전쟁에서 자원과 기술이 풍부하고 인재도 많아야 이길 수 있는 것처럼 보이지만, 두바이는 상상력 하나로 모든 것이 가능하다는 것을 보여주었다"고 말했다.

'다르게 생각하기'의 세 번째는 상상하기(想像, imagination)다. 상상은 실제로 경험하지 않은 어떤 것을 마음속으로 그려보는 일이다. 상상 속에서는 모든 것이 가능하다. 사막 한복판에 맨해튼을 건설할 수도 있고, 타임머신을 타고 100년 전 세상으로 되돌아가 인류의 역사를 바꿀 수도 있으며, 신데렐라가 하루아침에 왕비가 될 수도 있다. 상상 속에서는 현실의 모든 것이 무시된다. 당신이 가진 실제 조건, 생각, 상황들은 아무 문제가 되지 않는다. 바로 이 점이 상상하기의 가장 큰 힘이다. 어떤 문제를 해결하기 위해 아이디어를 찾고 있을 때, 우리에게 주어진 조건, 상황들은 알게 모르게 우리의 사고를 제약하게 된다.

"두바이가 가진 지정학적인 이점을 살려서 중동 최고의 허브 항을 건설하면 어떨까?"

"아이디어는 좋지만 엄청난 건설비를 어떻게 충당하지? 그건 어려울 것 같은데 포기하지."

이런 식이다. 눈앞에 보이는 현실적인 문제들이 더 자랄 수 있는 아이디어의 싹을 잘라버리는 것이다. 물론 현실적인 사고도 필요하다. 하지만 아이디어를 평가하고 실행에 옮길 때 필요한 것이지, 아이디어를 발상할 때는 오히려 독이 된다. 현실이라는 울타리에 갇혀 있는 한 자잘한 아이디어 한두 개는 건질 수 있을지 모르지만 빅 아이디어는 결코 발견할 수 없다.

앞에서 언급한 것처럼 기획은 돌파다. 어려운 문제나 장애물을 단숨에 극복하기 위한 것이다. 그러기 위해서는 우리의 사고를 자유롭게 풀어놓아야 한다. 당신이 가진 조건, 상황, 생각으로부터 당신 스스로를 해방시켜야 하는 것이다. 상상하기가 이것을 가능하게 한다.

상상하기를 시작하는 쉽고도 효과적인 방법은 '만약에?'라고 질문하는 것이다. 당신이 어떤 문제에 직면하면 주어진 조건, 상황, 생각과 반대로 질문하는 것이다. 진주를 양식하던 두바이가 "만약에 두바이에 중동 최고의 허브 항이 건설된다면?", 석유가 발견되었을 때 "만약에 두바이의 석유가 모두 고갈된다면?"이라고 질문했던 것처럼 말이다. 그리고 그 질문에 답한다. 그러는 과정에서 현실적인 문제들에 가려 보지 못했던 수많은 아이디어를 발견할 수 있게 된다.

"만약에 두바이의 석유가 고갈된다면 그다음엔 무얼 먹고 살지?"라는 질문이 없었다면 오늘날 두바이는 고만고만한 원유 산유국 중 하나에 불과했을 것이다(UAE에는 전 세계 원유 매장량의 약 10분의 1이 묻혀 있으며, 그 10분의 1의 6% 정도만이 두바이에 묻혀 있다). 주어진 현실과 정반대의 상황을 가정하여 질문함으로써 두바이의 지정학적 가치에 주목할 수 있었고, 거기서 '세계 경제의 허브'라는 상상의 날개를 마음껏 펼칠 수 있었을 것이다. 또 "만약에 두바이가 세계 경제의 허브가 된다면 무엇이 필요할까?"라는 질문에 답하는 과정에서 '중동의 맨해튼' 건설, 매혹적인 인공 섬 프로젝트 팜 아일랜드와 더 월드, 서울 반 크기의 두바이 랜드 등 수많은 아이디어가 줄을 이었으며, 셰이크 모하메드 국왕이 "두바이에서 지금 벌어지는 기적은 내 계획의 10%

에 불과하다"고 말할 정도로 지금도 끊임없이 새로운 아이디어가 쏟아지고 있다.

당신의 사고를 현실의 조건이나 생각, 상황이라는 울타리 안에 가두지 마라. 그 안에선 안 되는 것이 너무 많다. 많은 훌륭한 아이디어들이 현실이라는 울타리에 걸려 사라진다. '상상하기'로 당신의 생각을 자유롭게 풀어놓아라. 현실에서 해방된 당신의 사고가 예상치 못했던 빅 아이디어를 발견하게 될 것이다.

관점을 바꾸면

해결책이

보인다

현대그룹의 창업자인 고 정주영 회장은 창의력이 매우 뛰어난 경영자였다. 그가 기발한 아이디어로 난제를 해결한 수많은 일화 중의 하나를 들어보자. 정주영 회장이 부산에서 건설업을 하던 1952년, 미국 대통령 아이젠하워가 한국 방문길에 부산 유엔군 묘지를 방문하려고 했다. 12월 엄동설한이었는데, 미군 측에서 "겨울이라 묘지 분위기가 너무 썰렁하니 잔디를 깔아달라"는 황당한 요구를 해왔다.

"이 한겨울에 초록색 잔디를 어디서 구한담?"

아무도 엄두를 못 내고 있는데 정주영 회장이 나섰다. 며칠 후 유엔군 묘지는 녹색 물결로 뒤덮였다.

어떻게 된 일일까? 정 회장은 무슨 수로 한겨울에 잔디를 심을 수 있었을까? 사실 정 회장이 심은 것은 잔디가 아니라 보리 싹이었다. 낙동강변에 있던 파릇파릇한 보리 싹을 묘지에 옮겨 심은 것이다. 정주영 회장 왈(曰), "나는 그 사람들이 원하는 것이 잔디가 아니라 녹색이라고 생각했다." 다른 사람들은 '잔디'라는 덫에 걸려 꼼짝도 못하고 있는데, 그는 "고객이 원하는 것은 잔디가 아니라 녹색이다"라고 관점을 전환함으로써 보리 싹이라는 묘수를 찾아낸 것이다. 그 이후 주한 미군에서 발주한 공사는 거의 정주영 회장에게 돌아갔다.

'다르게 생각하기'의 네 번째는 관점 바꾸기다. 관점(viewpoint)이란 사물을 보는 각도를 말하는데, 똑같은 사물이라도 어떤 관점에서 보느냐에 따라 엄청난 차이가 발생한다. 기획자가 어떤 관점을 갖느냐에 따라서 평범한 제품을 비범하게 만들 수도 있고, 비범한 제품을 평범한 제품으로 만들 수도 있다.

'2% 부족할 때(이하 2%)'는 과일 즙이 아주 적은 양만 들어 있는 음료다. 물은 밋밋해서, 청량음료나 주스는 달거나 진해서 싫은 고객층을 겨냥한 제품이다. 이 시장에는 3개월 먼저 '니어워터'라는 브랜드가 출시돼, '처음 만나는 새로운 물'이라는 광고 콘셉트로 활발한 프로모션 활동을 전개하고 있었다. '물'이라는 관점에서 고객에게 접근한 것이다. 하지만 거의 비슷한 제품인 2%의 마케터는 "날 물로 보지 마"라는 광고를 통해 2%가 물이 아닌, 전혀 다른 새로운 개념의 제품임을 강조했다. 그리고 많은 양의 광고를 통해 2%라는 새로운 카테고리를 창조해내는 데 성공했다. 그 결과 2%는 출시 2년 만에 10억 캔 판매라는 신기록을 세운 반면, 니어워터는 1위 자리를 내준 것은 물론 존재마저 희미해졌다. 관점이 승부를 가른 것이다.

포카리스웨트와 게토레이는 제품 특성으로 보면 똑같이 알칼리성 이온음료다. 그런데 전자는 '알칼리성 이온음료'로, 후자는 '물보다 흡수가 빠른 스포츠 음료'로 팔린다. 타깃도 전자는 젊은 여성층인데, 후자는 스포츠를 즐기는 남성층으로 상반된다. 똑같은 제품을 놓고 기획자의 관점에 따라 이렇게 큰 차이가 나는 것이다.

발명가 앤드루 머서는 "당신 앞에 있는 것을 2배로 열심히 본다고 해도 당신 뒤에 있는 훌륭한 아이디어를 발견할 수는 없다"고 했다. 기존의 관점에 매여 있는 한 과거를 뛰어넘는 빅 아이디어는 결코 발견할 수 없다는 말이다. 돌파를 원한다면 지금까지의 관점을 버리고 새로운 관점으로 사물을 바라보고 고찰해야 한다. 관습적인 시각에서 벗어나 새로운 관점으로 바라보면 보통 때는 볼 수 없었던 것들을 발견할 수 있게 된다. 아이디어는 만드는 것이 아니라 발견하는 것이고, 발견이란 새로운 것을 찾는 것이 아니라 새로운 눈으로 보는 것이다.

새로운 관점을 갖기 위해서는 역지사지(易地思之)해야 한다. 역지사지란 입장을 바꾸어서 생각하는 것을 말한다. 즉 기업이 아닌 고객의 입장에서(당신이 아닌 상대방의 입장에서), 기획자가 아닌 기획 대상인 제품과 서비스의 입장에서, 동종 업계가 아닌 타 분야의 입장에서, 지금까지와는 정반대의 입장에서 문제를 바라보면 전혀 새로운 아이디어의 문이 열린다.

관점 바꾸기

1. 나의 관점 → 상대방의 관점
2. 기업의 관점 → 고객의 관점
3. 기획자의 관점 → 기획 대상의 관점
4. 동종업계의 관점 → 타 업종의 관점
5. 기존의 관점 → 정반대의 관점

'고객의 입장에서 생각하기'는 모든 기업들이 금과옥조처럼 여기는 말임에도 잘 지켜지지 않는 것 중의 하나다. 평상시에는 입버릇처럼 달고 다니지만 막상 일을 진행할 때는 까맣게 잊어버리고 기업의 입장에서 생각하고 행동하는 경우가 비일비재하다. 고객의 관점으로 사물을 바라보는 것은 많은 경우에 매우 유용한 아이디어의 기회를 제공한다.

편의점이나 식당 같은 곳에 가면 흔히 볼 수 있는 금전등록기는 NCR(National Cash Register) 사의 창업자이며 미국 세일즈맨의 아버지라 불리는 존 패터슨(John H. Patterson)이 1884년에 처음 만든 것이라고 한다. 당시에는 매우 획기적인 제품이라 제품의 우수성에 초점을 맞춰 여러 가지 마케팅 활동을 벌였으나 고객들의 반응이 신통치 않았다. 그래서 그는 고객인 상점 주인들의 이야기를 듣기 시작했다. 그 결과 고객들의 가장 큰 고민이 직원들의 '삥땅'이라는 사실을 알게 됐다. 여기서 힌트를 얻은 패터슨은 자신의 금전등록기를 '삥땅 방지용' 제품으로 팔기 시작해 큰 성공을 거두었다. 제품은 하나도 손대지 않고, 기업에서 고객으로 관점을 변화시킴으로써 이처럼 큰 차이를 만들어낸 것이다.

다음은 지혜의 왕 솔로몬의 명판결로 잘 알려진 '두 여자와 아이'의 이야기다. 두 여자가 한 아이를 놓고 서로 자신의 아이라고 주장하며, 솔로몬 왕에게 진위를 가려줄 것을 요청한다. 이야기인즉슨 한 집에 같이 사는 두 여자가 3일 간격으로 아이를 낳았다. 그런데 그중 한 여자가 잠을 자다가 부주의로 자신의 아이를 질식사시켰다. 그러고는 다른 여자의 아이를 몰래 데려다가 자신의 아이라고 주장하고 있는 것이다. CSI 과학수사대가 있었다면 일도 아니지만, 기원전 970년경에 일어난 이 사건을 솔로몬은 어떻게 해결할 수 있었을까?

"두 여자가 모두 자기의 아이라 주장하고 있으니, 칼을 가져와 아이를 둘로 나누어 반씩 나누어주어라."

솔로몬은 정말로 아이를 둘로 나누어줄 생각이었을까? 물론 아니다. 그는 사건을 고객의 관점, 즉 엄마의 관점으로 바라봄으로써 이 문제를 해결한 것이다. 엄마란 어떤 존재인가? 자식을 위해서라면 목숨까지도 버릴 수 있는 것이 엄마의 마음이다. 그런 엄마가 자신의 목숨보다 소중한 자식을 죽게 내버려두지는 않을 것이다. 설령 자신의 아이를 다른 여자에게 빼앗길지라도 말이다. 솔로몬은 여기에 주목한 것이다. 이윽고 한 여자가 울며 왕에게 청한다.

"차라리 아이를 저 여자에게 주시고, 부디 죽이지 마십시오."

지혜의 왕 솔로몬은 이렇게 명한다.

"아이를 저 여자에게 주어라. 그가 아이의 어미다."

기획의 대상인 제품이나 서비스의 관점에서 문제를 바라보면 어떤 일이 벌어질까? 운전자의 관점이 아닌 차의 관점에서 만들어진 재미있는 휘발유 광고가 있었다. 에스오일(S-Oil) 광고였는데 내용은 이렇다. 바닷가 도로 한편에 차 한 대가 덩그러니 서 있다. 차 주인은 어디 갔는지 보이지 않고, 온갖 새들이 차 위로 날아다니며 오물을 떨어뜨린다. 오물로 뒤범벅이 된 차의 독백이 이어진다.

가끔은 아무데나 세워두어 날 처량하게 하지만,
힘을 주는 에스오일만 넣어준다면
주인님을 용서한다!
Car love S-Oil.

그전까지 휘발유 광고는 모두 운전자의 관점에서 차와 휘발유를 얘기하고 있었다. 엔진 보호 휘발유, 고순도 휘발유, 찌꺼기가 없는 휘발유 등등. 그런데 에스오일은 차의 관점에서 휘발유를 보았다.

"휘발유는 차가 제일 잘 알지 않을까? 그러니 차가 좋아하는 휘발유야말로 정말 좋은 휘발유 아니겠어!"

"차나 사람이나 제일 중요한 건 먹는 것 아닐까? 다른 건 몰라도 먹는 건 최고를 먹어야지!"

이렇게 해서 'Car love S-Oil' 광고가 탄생했다. 에스오일의 새로운 관점은 고객들에게 신선한 즐거움을 선사했고, 고객의 기억 속에 가라앉았던 에스오일 브랜드는 고객의 관심권으로 들어오게 됐다.

"가장 신선하고 맛있는 연어는 누가 먹을까? 곰 아닐까? 물에서 바로 잡아서 먹으니 얼마나 신선하고 맛있겠어!"

영국의 존 웨스트 푸드(John West Foods) 사는 이런 관점으로 연어 통조림 광고를 만들었다. 강가에서 곰이 열심히 연어를 잡고 있다. 이때 존 웨스트의 생산 직원으로 보이는 남자가 곰이 잡아놓은 싱싱한 연어를 빼앗기 위해 곰에게 달려들어 격투를 벌인다. 힘으로 안 되자 곰의 주의를 잠깐 다른 곳으로 돌려놓고, 그때를 이용해 곰의 급소를 걸어차고 연어를 빼앗아간다. 연어를 빼앗긴 곰은 억울해서 꺼이꺼이 운다는 코믹한 광고다. 곰이 물에서 막 잡은 연어를 빼앗아 만든 통조림이니 얼마나 맛있을까! 곰의 입장으로 사고를 전환하니까 이렇게 기발한 광고가 만들어진 것이다. 이 광고는 세계 최고의 권위를 자랑하는 칸 광고영화제에서 금사자상을 수상했다.

다른 분야의 관점으로 내 비즈니스를 바라보는 것 역시 아이디어를 얻는 좋은 방법이다. 내 분야의 관점을 고수하는 한 더 좋은(better) 것을 발견할 수 있을지는 몰라도 새로운(new) 것을 찾아내는 것은 불가능하다. 다른 분야의 관점을 가진다는 것은 전문화되고 제한된 내 분야에서 벗어난다는 것을 의미한다. 그럼으로써 우리의 사고가 개방 되며, 전과는 다른 새로운 방향으로 사고가 진행된다.

　호텔 서비스의 관점으로 의료산업을 들여다보면 어떻게 될까? 아 시아 최대 병원인 싱가포르의 파크웨이(Parkway) 병원 홈페이지에 가 면 이런 안내문이 실려 있다.

　파크웨이 병원은 오직 특급 호텔과 경쟁합니다. 파크웨이 병원 그룹 의 20여 개 병원은 다른 병원과 경쟁하지 않습니다.

　오직 고객을 최고로 모시는 호텔과 경쟁할 뿐입니다.

　많은 환자를 치료하지는 못해도 파크웨이를 선택하신 환자 및 검진자 를 최고로 모십니다.

　그리고 안전하고 신속한 최고의 진료를 제공합니다.

　파크웨이는 환자를 기다리게 하지 않습니다.

　실제로도 이 병원은 환자를 최고 호텔급 서비스로 모신다고 한다. 외국에서 환자가 오면 공항에 마중을 나가고, 치료가 길어지면 체류 기간 연장도 병원에서 알아서 해준다. 공항 리무진 서비스와 일대일 방식의 병원 도우미 서비스는 물론이고, 모든 의료 서비스가 5성급 호텔 기준으로 제공된다. 이 병원에서는 입원 대신 체크인을, 환자 불 편 신고센터 대신 고객 서비스 센터(client service center)라는 용어를 쓴 다. 싱가포르의 또 다른 병원인 알렉산드라(Alexandra) 역시 래플즈, 리츠칼튼 같은 최고급 호텔을 벤치마킹함으로써 고객 서비스의 수준 을 획기적으로 개선할 수 있었다고 한다.

병원이라는 테두리 안에 머물지 않고 호텔 서비스라는 관점에서 문제를 바라봄으로써 '호텔급 병원'이라는 새로운 콘셉트를 찾아낸 싱가포르의 병원들은 전체 환자의 70% 가량이 외국 환자들이며, 이들로부터 1년에 수천억 원을 벌어들이고 있다.

지금까지와는 정반대의 관점에서 문제를 바라보면 당신 뒤에 있던 훌륭한 아이디어를 발견할 수 있다. 눈앞에 있는 아이디어들은 다른 사람들도 쉽게 찾을 수 있기 때문에 남아 있는 것들이 별로 없다. 설사 있다 하더라도 사람들의 가시권 안에 있는 것이어서 파괴력이 크지 않다. 사람들의 예상을 뒤엎는 혁신적인 아이디어는 대부분 당신 뒤에 있다. 아무리 시력이 좋아도 사람의 눈은 전방 140도 정도만을 볼 수 있을 뿐이다. 당신 뒤편에 있는 아이디어를 발견하기 위해서는 고개를 뒤로 돌려야 한다. 지금까지의 관점과는 정반대의 관점을 가져야 하는 것이다.

사과 얘기를 하나 더 해보자. 이번에는 미국 뉴멕시코의 사과 얘기다.

어느 해 사과 수확기에 기상이변이 일어나 우박이 쏟아졌다. 사과 모양이 모과처럼 일그러졌을 뿐만 아니라 우박 맞은 자리에는 시커먼 점들이 생겼다. 1년 농사를 망친 농부는 망연자실해서 앉아 있다가 무심코 떨어진 사과를 깨물어 보았다. 맛이 제대로 들어 있었다. 며칠간 머리를 싸매고 사과농장을 배회하던 농부는 다음과 같은 편지 한 통을 썼다. 그리고 기상이변 이전에 주문을 받은 고객들에게 우박 맞은 사과와 함께 이 편지를 동봉해 보냈다.

보내드리는 사과의 표면에 있는 까만 점들을 잘 보십시오.

이것은 우박을 맞은 자국입니다. 이 사과가 뉴멕시코 고원지대에서 생산되었다는 확실한 증거입니다. 높은 산에서는 종종 결정적인 순간에 기온이 급강하고 그 때문에 사과의 속살이 꽉 조여져서 고랭지 재배 특유의 놀라운 맛과 향을 만들어내는 것입니다.

아무쪼록 이 단단하게 조여진 고랭지 사과의 신선한 맛과 향을 즐기시기 바랍니다.

이 편지 한 통이 농부를 살렸다. 사료나 잼 원료로 쓸 수밖에 없었던 우박 맞은 사과에 높은 가치를 부여해 전량 매진이라는 진기록을 만들어냈던 것이다. 이 농부가 후에 광고계의 전설적인 카피라이터로 불리게 된 제임스 웹 영이다.[27]

영은 우박 맞은 자국을 '싸구려 사과'의 표시로 보지 않았다(그렇게 생각했다면 당신은 지금 이 이야기를 들을 수도 없었을 것이다). 오히려 그 반대로 고랭지 사과의 가장 확실한 증거로 보았다. 그때까지의 관점, 즉 우박 맞은 사과는 사료용이라는 관점과 정반대의 관점에서 문제에 접근함으로써 우박 맞은 사과라는 약점을 강점으로 전환시킬 수 있었던 것이다. 관점을 뒤집어 생각하면 지금까지의 약점이 강점으로, 문제점이 기회로 전환되는 놀라운 경험을 할 수 있다.

에드워드 제너(Edward Jenner)가 발견한 천연두 예방법인 종두의 개념 역시 관점 뒤집기의 좋은 예다.

영국인 의사 제너는 오랫동안 천연두 치료법을 연구했다. 그는 많은 사례들을 연구했지만 번번이 실패하곤 했다. 그는 문제에 대한 관점을 바꾸기로 했다. 천연두에 걸린 사람을 연구하는 대신, 한 번도 걸린 적이 없는 사람들을 중심으로 연구했다. 그래서 낙농업에 종사하는 여자들이 이 병에 걸리지 않는다는 사실을 발견했다. 그리고 이들 대부분이 천연두와 비슷하지만 그다지 심각하지 않은 우두에 걸린

적이 있다는 사실도 밝혀냈다. 우두에 걸린 사람들은 더 위험한 천연
두에 대해 '백신에 의한 예방접종을 받은' 셈이었다. 이 덕분에 제너
는 종두라는 개념을 생각해내게 되었다.[28]

솜 빨래꾼과 영주

《장자(莊子)》의 내편(內篇)에 나오는 이야기다. 춘추전국시대 송(宋)
나라에 솜 빨래를 가업으로 삼아온 집안이 있었다. 그런데 이 집안에
는 손이 트지 않는 약이 있어서, 한겨울 빨래에도 고운 손을 유지할 수
있었다. 한 나그네가 그 소문을 듣고 와서, 백금을 줄 테니 비방을 자
신에게 팔라고 요청하였다. 대대로 솜 빨래를 해왔으나 벌이가 신통치
않았던 이 집안사람들은 큰돈에 귀가 솔깃해 손이 안 트는 비방을 나
그네에게 팔았다. 비방을 손에 넣은 나그네는 오(吳)나라 왕에게 가서
이를 자랑하였다.

얼마 후 월(越)나라의 군사 행동이 시작되자 오나라 왕은 비방을 가
진 나그네를 장수로 삼았다. 그는 병사들에게 손 안 트는 약을 바르게
했고, 그 결과 겨울철 수전(水戰)에서 월나라를 크게 이길 수 있었다.
왕은 그에게 토지를 나누어주고 영주로 삼았다.

똑같은 '손이 트지 않는 약'이라도 사용하는 방법에 따라 이렇게 큰
차이가 나는 것이다(所用之異).

똑같은 대상이라도 기획자가 어떤 관점을 가지느냐에 따라 그 대상
의 운명이 바뀐다. 손 빨래용 제품으로 팔릴 수도 있고, 군수품이 될
수도 있는 것이다.

99%의 노력과

1%의 영감

    지금까지 '다르게 생각하기'라는 주제로 비유하기, 고정관념 깨기, 상상하기, 관점 바꾸기에 대해서 살펴봤다. 이 네 가지 방법은 창의적인 아이디어 발상을 위한 유용한 출발점이 된다. 당신이 이것들을 충분히 이해하고 확실하게 익힌다면 당신의 기획안은 지금까지와는 달리 기발하고 새로운 아이디어들로 풍성해질 것이다.

    덧붙여 당신이 꼭 기억하고 명심해야 할 말이 있다. 앞에서도 강조했지만 "천재는 99%의 노력과 1%의 영감으로 이루어진다"는 것이다. 천재란 남들이 생각지 못한 기발한 아이디어를 찾아내는 사람이다. 영감(靈感)이란 "신의 계시를 받은 것같이 머리에 번득이는 신묘한 생각"이란 뜻이다. 이 말들을 정리하면, 기발한 아이디어란 만나처럼 어느 날 갑자기 하늘에서 뚝하고 떨어지는 것이 아니라 끊임없는 노력의 결실이라는 말이다. 1%의 영감에 의지해 감나무 밑에서 입만 벌리고 있다가는 아무것도 얻을 수 없다는 말이다.

    아마도 당신은 아르키메데스의 목욕탕 일화를 잘 알고 있을 것이다. 그리스의 위대한 수학자이자 물리학자, 천문학자를 인류 최초의 스트리커(streaker)로 만든 그 유명한 유레카 사건 말이다. 왕으로부터 왕관이 100% 순금으로 만들어졌는지를 조사하라는 명령을 받은 아르키메데스. 그는 우연히 공중목욕탕에 갔다가, 탕에 몸을 담그자 물이 욕조 바깥으로 흘러넘치는 것을 보고 아이디어를 얻어 왕관 문제를 해결한다.

그런데 이 이야기를 아는 많은 사람들은 아이디어가 극적으로 떠오른 순간에만 주목할 뿐 그때까지 아르키메데스가 얼마나 많은 노력을 쏟았는지에 대해서는 별로 관심을 두지 않는다. 왕의 지엄한 명령, 왕관이 가지는 상징성, 당대 최고학자로서의 명성과 평판 등 조금만 생각해보면 그가 얼마나 큰 스트레스를 받았을지 쉽게 짐작할 수 있다. 다른 일 다 제쳐두고 온종일 거기에만 매달렸을 것이다. 알고 있는 지식을 모두 동원했을 것이고 할 수 있는 모든 일을 했을 것이다. 잠시 쉬기 위해 목욕탕에 들렀지만 탕에 발을 넣는 순간에도 머릿속은 왕관 문제로 가득했을 것이다. 그러다 어느 순간 섬광처럼 번쩍하고 아이디어가 머리를 스치고, 이것을 이용해 문제를 해결한 것이다. 아르키메데스의 '발견의 순간'은 이렇게 찾아왔다. 느닷없이 저절로 찾아온 것이 아니라, 수많은 노력과 사고의 결과인 것이다. 뉴턴도 "나는 언제나 그 일만을 생각하고 있었다"라고 말했다. 사과나무 밑에 있다가 우연히 만유인력의 법칙을 발견한 것이 아니라는 말이다.

세상에 우연(偶然)이란 없다. 우연처럼 보이는 필연(必然)이 있을 뿐이다. 아이디어도 그렇다. 아이디어란 아무런 노력 없이 놀다가 재수 좋게 땅에 떨어진 열매를 줍는 우연의 결과가 아니다. 땅을 일구고 씨앗을 뿌려 열심히 가꾼 필연의 결과다.

제임스 웹 영은 그의 저서《아이디어를 창조하는 기술(A Technique for Producing Idea)》에서 아이디어를 '환상 산호섬'에 비유하고 있다. 환상 산호섬이란 수심이 깊은 지역에서 갑자기 수면 위로 떠오르는 아름다운 섬을 말한다. 사람들이 보기에 이 섬은 어느 날 갑자기 생긴 것 같지만 사실은 수면 아래 숨어 있는 수많은 산호들이 모이고 모여서 만들어진 작품이다. 아이디어도 마찬가지라는 것이다. 어느 순간 갑자기 설명할 수 없는 방식으로 마음의 표면에 떠오르지만, 아이디어 역시 우리의 무의식 속에서 보이지 않게 진행되는 '아이디어 생산'이라는 길고 연속적인 진행 과정의 결과물로 나타난다는 것이다. 그런 이유로 아이디어의 생산 과정 역시 자동차의 생산 공정처럼 얼마든지 매뉴얼화할 수 있다고 생각한 그는 자신과 주변의 훌륭한 아이디어맨들의 작업 과정을 면밀히 분석해서 '아이디어의 생산 과정'을 밝히고 매뉴얼로 정리해놓았다(영에게 감사의 박수를 보내자). 그리고 누구나 매뉴얼에 따라 열심히 연습하면 얼마든지 훌륭한 아이디어를 발견할 수 있다고 말하고 있다(얼마나 기쁘고 다행스러운 일인가?).

자, 지금부터 내로라하는 선배 아이디어맨들이 어떤 노력과 과정을 통해 기발한 아이디어를 탄생시켰는지 알아보자. 그리고 선배들을 따라 열심히 해보자. 당신의 아이디어 생산 능력이 몰라보게 향상될 것이다.

아르키메데스의 유레카

아르키메데스는 그리스의 수학자이자 물리학자, 천문학자다. 그는 히에론 2세로부터 왕관을 파손하지 않고 왕관이 100% 순금으로 만들어졌는지를 조사하라는 명령을 받았다. 당대 최고의 학자인 그에게도 이것은 쉽지 않은 문제였다. 온갖 지식을 다 동원해 문제를 해결하기 위해 애썼지만 좀처럼 묘안이 떠오르지 않았다. 그러던 어느 날, 심신이 지칠 대로 지친 아르키메데스가 고단한 몸을 이끌고 공중목욕탕을 찾았다. 옷을 벗고 욕조에 발을 담그자 가득 차 있던 물이 넘쳐흐르기 시작했다. 몸이 반쯤 물에 잠기자 더 많은 양의 물이 욕조 밖으로 넘쳐 흘렀다. 그 순간 그는 "유레카!(Eureka, 알았다)"를 외치며, 옷 입는 것도 잊은 채 목욕탕 밖으로 뛰어 나갔다. 아르키메데스는 욕조에 발을 넣자 물이 욕조 밖으로 흘러넘치는 것을 보고, "욕조 밖으로 넘친 물의 양이 목욕탕 속에 잠긴 자신의 신체 부피와 같다"라는 사실을 발견하고, 이 사실을 이용해 왕관에 금이 아닌 다른 금속이 섞여 있다는 사실을 밝혀냈다. 즉 똑같은 무게의 금속이라도 100% 순금과 순금에 은이나 동을 섞은 금속은 그 부피가 다르다. 따라서 왕관을 물이 가득 찬 그릇에 집어넣고 흘러넘친 물의 양을 측정하고, 다시 다른 물에 왕관과 똑같은 무게의 순금 덩어리를 넣고 흘러넘친 물의 양을 비교해서, 그 둘의 양이 서로 다르다는 것을 알아냄으로써 왕관에 금이 아닌 다른 금속이 섞여 있다는 것을 밝혀낸 것이다.

창의적 발상

5단계

읽어보면 알겠지만, 창의적 발상 5단계는 이해하기 어렵다거나 실천에 옮기기 곤란한 내용들이 절대 아니다. 오히려 너무 간단명료하고 쉬워 보여서 "이렇게 해서 정말 좋은 아이디어가 나올까?" 하고 의구심이 들 정도다. 하지만 원래 진리란 복잡하고 난해한 것이 아니지 않은가? 중요한 것은 당신의 믿음과 의지다. 어떤 의심도 갖지 말고 선배들의 가르침을 겸손하게 받아들여라. 그리고 될 때까지 실천해보라.

나 역시 선배들로부터 이 방법을 배웠다. 왜 그렇게 해야 하는지 이유도 모르고 시키는 대로 따라했다. 회사 놔두고 왜 여관방에 모여서 밤새워가며 회의를 해야 하는지, 화이트보드가 있는데도 왜 회의실 벽에 종이를 덕지덕지 붙여야 하는지, 마지막 아이디어가 결정되지 않았는데 왜 팀장들은 반나절씩 쉬고 들어오는지 도대체 알 수 없었다. 이유를 말해주는 사람도 없었다(입사하고 한참이 지나서야 그것이 꼭 필요한 과정이라는 것을 알았다). 그야말로 몸으로 배웠던 것이다. 지금은 그 선배들에게 큰 고마움을 느낀다. 이유도 모르고 따라했던 그 방법이 아이디어 발상법의 정석이었으며, 매번 같은 과정을 거쳐 일을 진행한 덕분에 정석이 몸에 저절로 밴 것이다. 그리고 많은 실전 경험을 통해 이 방법의 진가를 알게 됐고, 지금은 열렬한 애용자가 됐다.

나 역시 이 방법을 후배들에게 전수했다. 하지만 다른 방법으로 하려는 사람에게는 굳이 강요하지 않았다. 쉽고 틀림없는 비법을 많은 사람이 알아서 좋을 건 없지 않은가? 당신도 당신만의 방법이 있다면 그렇게 하라. 단 조건이 있다. 당신이 그 방법대로 해서 인구에 회자될 만한 기획을 한 경험이 한 번이라도 있다면 그렇게 하라. 그렇지 않다면 다음 내용을 그대로 따라하라.

창의적 발상의 5단계는 자료 모으기, 소화하기, 자연 숙성시키기, 유레카, 다듬기다.

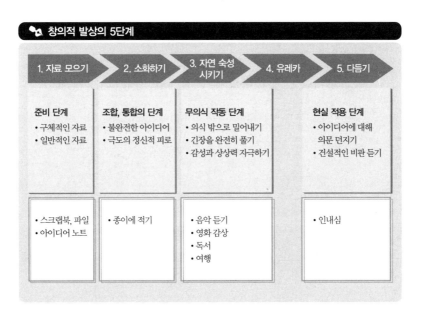

창의적 발상의 5단계

1. 자료 모으기	2. 소화하기	3. 자연 숙성 시키기	4. 유레카	5. 다듬기
준비 단계	조합, 통합의 단계	무의식 작동 단계		현실 적용 단계
• 구체적인 자료 • 일반적인 자료	• 불완전한 아이디어 • 극도의 정신적 피로	• 의식 밖으로 밀어내기 • 긴장을 완전히 풀기 • 감성과 상상력 자극하기		• 아이디어에 대해 의문 던지기 • 건설적인 비판 듣기
• 스크랩북, 파일 • 아이디어 노트	• 종이에 적기	• 음악 듣기 • 영화 감상 • 독서 • 여행		• 인내심

1단계 자료 모으기는 준비 단계로, 아이디어 발상을 위한 자료들을 모은다. 스크랩북, 자료 파일, 아이디어 노트를 아날로그식으로 준비하는 것이 중요하다.

2단계 소화하기는 조합·통합의 단계로, 전 단계에서 준비된 자료들을 잘게 씹어서 소화시키는 과정이다. 모든 아이디어들을 종이에 적는 것이 중요하다.

3단계 자연 숙성시키기는 우리의 무의식이 작동하는 단계로, 음악이나 영화 감상 등 당신의 감성과 상상력을 자극할 수 있는 일을 하는 것이 중요하다.

4단계 발견의 순간(유레카)은 아이디어가 떠오르는 순간으로, 3단계가 끝나면 자연스럽게 경험하게 된다.

5단계 다듬기는 아이디어의 현실 적용 단계다. 발견한 아이디어를 건설적인 비판을 통해 발전시키고 다듬는 단계로, 마지막 인내심이 요구된다.

이상의 다섯 단계에 대해 좀 더 자세히 알아보도록 하자.

모은 만큼

거두리라

"해야 할 일을 먼저 해야 원하는 일을 할 수 있는 날이 온다"는 말은 '자료 모으기' 단계와 아주 잘 들어맞는 표현이다. 대부분의 사람들이 자료 모으기의 중요성을 과소평가한 나머지 이 단계를 대충 넘기려 한다. 이 과정을 버리는 시간으로 생각하고 자료 수집은 말단 직원에게 맡긴 채 자신은 고상하게 아이디어만 내려고 한다. 그렇지만 그건 난센스다. 창의력이란 낡은 아이디어들을 새롭게 조합하는 능력이다. 우리가 모으는 자료가 바로 낡은 아이디어들인데, 재료도 없이 어떻게 창의적인 아이디어를 조합해낸다는 말인가?

자료 모으기는 귀찮지만 당신에게 꼭 필요한 과정이다. 아이디어를 원한다면, 당신이 가장 먼저 해야 할 일은 자료를 수집하는 것이다. 평소에 자료를 열심히 모아야 당신이 원하는 빅 아이디어를 발견할 수 있는 기회가 온다.

말하자면 기획자인 당신은 요리사와 같다. 자료라는 재료를 가지고 아이디어라는 요리를 만들어야 하는 것이다. 당신도 잘 알겠지만 요리의 맛을 결정하는 데는 요리사의 솜씨만큼 중요한 것이 재료다. 솜씨가 아무리 훌륭해도 재료 없이는 요리를 만들 수 없다. 재료가 풍성하고 좋을수록 훌륭한 요리가 만들어질 가능성은 그만큼 높아진다. 그래서 일류 요리사는 늘 좋은 재료에 관심을 가진다. 영화와 드라마로 만들어져 화제가 되었던 만화 〈식객(食客)〉에서도, 좋은 재료를 얻기 위한 두 주인공의 노력이 거의 필사적으로 표현된다. 일품요리를 원한다면 가장 먼저 좋은 재료에 관심을 가질 일이다.

당신이 모아야 할 자료에는 크게 두 가지가 있다. 구체적인 자료(specific material)와 일반적인 자료(general material)다.

구체적인 자료는 당신이 기획하려고 하는 대상과 그 고객들에 대한 자료를 말한다. 당신의 비즈니스와 직접적으로 관련된 자료들로, 그 비즈니스를 하는 한 꼭 가지고 있어야 할 자료다. 기획서에 자주 등장하는 4P(product, price, place, promotion), 3C(corporation, consumer, competitor) 항목에 들어가는 내용들이 여기에 해당한다.

우리는 늘 기획 대상인 제품 및 서비스, 고객에 대해 잘 알아야 한다고 입버릇처럼 말한다. 하지만 실제로 이것들을 열심히 모으고, 늘 곁에 두면서 관찰하거나 깊이 연구하는 사람은 많지 않다. 대부분의 사람들은 "다 아는 건데 뭐" 하면서 구체적인 자료의 중요성을 과소평가한다. 평소에 관심을 갖고 모으지도 않고, 주의 깊게 살펴보지도 않는다. 이런 생각을 갖고 있는 기획자라면 그 기획안은 안 봐도 뻔하다. 이래서는 결코 좋은 아이디어를 발견할 수 없다. 당신의 기획을 빛내줄 빅 아이디어가 바로 그 속에 있기 때문이다.

당신의 기획안을 빛내줄 빅 아이디어를 원한다면, 가장 먼저 해야 할 일은 기획 대상과 고객에 대한 자료를 평소에 관심을 갖고 열심히 모으는 일이다. 빅 아이디어란 이렇게 수집된 풍성한 구체적인 자료들을 이리 굴려보고 저리 뒤져보는 가운데 탄생한다.

샘표식품 경쟁 프레젠테이션 때의 일이다. 광고 품목 중에 '우리보리차'라는 제품이 있었다. 브랜드 네임에서 보듯 국산 보리로 만들었다는 것이 가장 큰 장점이었다. 문제는 시장의 90% 이상을 점유한 막강한 경쟁자가 있었고, 그 회사 역시 국산 보리로 만든다는 것이었다. 우리보리차는 시장점유율 3% 정도에 가격도 비쌌다. 오리엔테이션에서 들은 내용으로는 길이 없어 보였다.

문제가 어려울수록 기본으로 돌아가는 것이 중요하다. 제품과 고객들에 대한 자료를 발로 뛰어다니며 긁어모았다. 애쓴 보람이 있어 중요한 사실을 발견하게 됐고, 이것이 우리 전략의 핵심 아이디어가 됐다. 그것은 주 경쟁자인 1위 브랜드의 원료가 100% 국산이 아니며, 주부들이 이 사실을 모르고 구매한다는 것이었다. 국내 수요에 비해 국산 보리 생산량이 턱없이 부족해 어쩔 수 없이 전체 생산량의 40% 정도를 중국산으로 만들고 있었던 것이다. 이와 같은 사실은 슈퍼마켓을 수도 없이 들락거리면서 제품과 주부들을 관찰한 끝에 발견한 인사이트(insight)였다. 광고 내용은 그것을 그대로 옮기는 것으로 충분했다. 주부들에게 지금 먹고 있는 보리차가 100% 국산이 아니니 보리차를 살 때 꼭 원산지를 확인하라는 메시지로 광고를 만든 것이다.

"확인하자 국산 보리, 확인하자 샘표!"

4개의 경쟁 광고회사 중 아무도 이 아이디어를 발견하지 못했다. 당연히 샘표는 우리를 선택했다. 메시지를 강조하기 위해 브랜드도 '100% 우리보리차'로 바꿨다. 월 7천만 원 예산으로 딱 3개월 동안만 TV 광고를 집행했음에도 시장점유율을 15%까지 끌어올릴 수 있었다.

일품요리를 만들기 위해 또 한 가지 꼭 필요한 재료가 바로 일반적인 자료다. 일반적인 자료란 우리가 세상을 살아나가는 데 필요한 모든 분야에 대한 자료를 말한다. 클래식 음악에 대한 것일 수도 있고, 고대 이집트 문명에 관한 것일 수도 있으며, 여행, 낚시, 스포츠카, 장례식, 곤충에 관한 것일 수도 있다. 구체적인 자료와 일반적인 자료가 서로 만나 결합함으로써 새로운 아이디어가 탄생한다. 당신의 비즈니스와 관련된 범주 안에 있는 자료들, 즉 구체적인 자료들로만 만들어지는 조합은 한계가 있으며, 다른 사람들도 예상이 가능한 조합이기 때문에 신선함이 떨어진다. 일반적인 자료들로만 만들어지는 조합은 비즈니스와의 연관성이 떨어지기 때문에 유효하지 않다. 좋은 기획 아이디어는 기획 대상과 고객에 대한 지식들, 그리고 각 개인의 인생과 그 속에서 일어나는 수많은 사건들에 대한 일반적인 지식들 사이에서 발생하는 새로운 형태의 결합을 통해서 드러난다.

아이디어 생산 원리에 대한 이해를 돕기 위해 제임스 웹 영의 이야기를 들어보자. 그는 낡은 아이디어들이 결합하여 새로운 아이디어가 탄생하는 과정에 대해서 다음과 같이 만화경의 예를 들어 설명하고 있다.

"이 과정은 만화경(萬華鏡, kaleidoscope) 속에서 일어나는 현상과 매우 비슷하다. 우리가 알다시피 몇몇 디자이너들은 새로운 패턴을 찾기 위해 종종 만화경을 사용한다. 프리즘을 통해서 우리는 온갖 종류의 기하학적 무늬들을 관찰할 수 있다. 또 그것을 약간씩 움직일 때마다 그 안에서는 새로운 관계들이 생겨나고 새로운 패턴이 창조된다. 만화경 안에서 새로운 결합이 생겨날 수학적 가능성은 무한대이며,

안쪽의 유리판의 수가 많으면 많을수록 새롭고 경이로운 결합이 생겨날 가능성도 무한히 존재한다.

그것은 광고 아이디어를 만들어낼 때도 똑같이 적용되며, 그 외에 모든 분야에서도 똑같이 적용되는 사실이다. 광고(아이디어)를 만든다는 것은 우리가 살고 있는 '세상'이라는 만화경 속에서 새로운 패턴을 찾아내는 것이다. 패턴을 만들어내는 기계인 우리의 마음속에 요소들이 많으면 많을수록 아이디어라 불리는 새롭고도 멋진 조합이 생겨날 가능성 또한 증가한다. 대학교에서 배우는 교양과목들이 실질적으로 필요한 것인가에 대해 의심을 품고 있는 사람들은 이 점을 특히 명심해야 한다."

이 같은 아이디어 생산 원리에 대한 국내 기업들의 관심도 날로 높아가고 있다. 기업 활동에서 창의성의 중요성을 실감하고 있는 유수의 기업들이 자신의 전공 분야가 아닌 인문학, 자연과학 등 기초 학문을 통해 성장의 한계를 돌파할 묘안을 찾고 있는 것이다. SK텔레콤, LG전자, 현대중공업 등은 인문·자연계열의 교수들을 초청하여 강의도 듣고, 함께 브레인스토밍도 한다고 한다. 그들이 교수들로부터 듣는 이야기는 귀뚜라미, 까치, 개미 이야기와 같이 인문·자연과학 분야에 대한 지식들이다.

"비즈니스와 귀뚜라미의 습성이 무슨 상관이 있지?"

언뜻 보면 기업에 아무런 도움도 안 될 것 같은 이 시도에 대해 기업들은 높은 기대를 가지고 있다고 한다. 더 이상 기술적 발전을 통한 고부가가치의 창출이 어렵다고 판단한 기업들이 새로운 아이디어의 보고로 인문학과 자연과학을 주목하고 있는 것이다. 이동통신 서비스의 새로운 비즈니스 아이디어를 인문·자연과학으로부터 얻겠다는 생각은 무모해 보이기까지 한다. 하지만 지금 용인되고 있는 세상의 모든 위대한 아이디어들 역시 처음에는 무모하고 엉뚱하고 이상한 것으로 여겨졌던 것들이다. 이들 기업들이 보여줄 만화경 속의 새로운 조합이 어떤 것일지 벌써부터 기대가 된다.

비즈니스 역사에 남을 훌륭한 기획을 하고 싶다면 지금 당장 '자료 모으는 일'을 시작하라. 구체적인 자료는 물론이고 일반적인 자료들까지 관심을 갖고 모으라. 모을 수 있을 때까지 모으라. 이것은 당신이 지금 바로 시작해서 쉬지 않고 죽을 때까지 해야 할 일이다.

"구체적인 자료는 그렇다 치고, 일반적인 자료의 범위가 너무 넓지 않은가? 그걸 다 어떻게 모으는가? 어디부터 시작해야 할지 막막하다"라고 당신은 의문을 가질지 모른다. 당연히 처음부터 너무 욕심을 낼 수는 없다. 또 시간이 있다 해도 인생에 필요한 모든 자료를 모은다는 건 불가능한 일이다. 당신이 관심을 갖고 있는 분야부터 차근차근 자료를 모으라. 문학·역사·철학도 좋고, 영화도 좋고, 미술도 좋고, 음악도 좋다. 요즘 한창 유행하는 미드(미국 드라마)도, 모형 비행기에 관한 것도 다 좋다. 당신이 지금 당장 관심을 갖고 재미를 붙여서 모을 수 있는 자료라면 무엇이든 상관없다. 중요한 것은 자료를 모으는 것이다. 그리고 그런 분야를 점차 넓혀가면 된다. 시간이 갈수록 당신의 자료 창고는 풍성해질 것이고, 그만큼 당신의 기획안 역시 신선하고 기발한 아이디어로 넘쳐나게 될 것이다.

이데오(IDEO)의 독특한 인재 채용 전략

이데오(IDEO)는 애플, 마이크로소프트, P&G, 삼성 등 세계 일류 기업을 파트너로 갖고 있는 세계 최고의 디자인 기업이다. 미국 실리콘밸리에 위치한 이 회사는 독특한 채용 전략으로도 유명하다. 예를 들어 일반 기업들은 한 분야에 전문적인 지식과 기술을 가진 인재를 중요시하는 데 반해, 이 회사는 기본적으로 전공 분야에 대한 탁월한 지식과 기술은 겸비하되, 전공 이외의 다방면에 관심과 지식을 가진 '박식가'를 채용하는 것이다. 예술가이자 MBA 학위 보유자, 해군사관학교 졸업생이자 역사학 전공자, 건축학 석사이자 가구 디자인이나 골동 자동차에 관심 있는 사람 등이 이데오가 찾는 창의적 인재의 유형이다. 이 회사는 이러한 인재들을 통해 장난감, 의료기계, 쇼핑카트, 사무 가구, 소프트웨어 등 다양한 분야에서 혁신적인 디자인들을 내놓고 있다.[29]

아이디어는
때와 장소를
가리지 않는다

　　자료를 모으는 것만큼 중요한 것이 바로 자료를 모으는 방법이다. 얼마나 좋은 자료를 많이 모으느냐, 모은 자료를 얼마나 유용하게 사용하느냐는 전적으로 자료를 모으는 방법에 달려 있다. 당신은 어떤 방법으로 자료를 모으고 있는가? 평소에 보이는 대로 조금씩 자료를 모으는가? 아니면 기획안을 준비할 때 집중적으로 자료를 모으는가? 모은 자료는 어디에 보관하는가? 컴퓨터 파일인가 아니면 스크랩북인가? 갑자기 어떤 생각이 떠오를 때는 어떻게 하는가? 자, 지금부터 당신이 자료를 수집하는 데 도움이 될 몇 가지 제안을 하겠다.

　　첫 번째, 자료는 평소에 지속적으로 모아야 한다. 눈에 띌 때마다 바로 모아야 한다. 그렇게 하지 않으면 그 자료는 사라진다. 나중에는 자료의 존재 자체가 기억나지 않을뿐더러 기억이 난다 해도 다시 찾기가 만만치 않다. 찾아온 행운을 발로 차버린 것이다.

　　우리는 매일 수많은 자료와 만난다. 신문에서, TV에서, 책에서, 잡지에서……. 자료들을 훑어보다가 "어, 이거 특이한데!"라는 느낌이

들면 아끼지 말고 모두 모아라. 그중에는 "야, 이거 대단한데!" 하고 눈이 번쩍 뜨이게 하는 자료들(사람마다 차이는 있겠지만, 예를 들면 지독한 연습으로 일그러진 박지성 선수의 발 모습 사진, 창의력으로 기적의 역사를 쓰고 있는 두바이 관련 기사 등등)도 있고, 그 정도는 아니지만 호기심을 살짝 건드리는 자료도 있을 것이다. 하나도 빼놓지 말고, 차별하지 말고 모두 모아라. "어, 이런 게 다 있네!"라는 느낌이 드는 자료면 모두 모아라.

당신은 "그 자료가 언제 어떻게 쓰일 줄 알고 모으느냐?"고 반문할 수 있다. 당신 말이 옳다. 그 자료가 언제 어떻게 쓰일지는 아무도 모른다. 며칠 뒤에 제대로 된 짝을 만나 빅 아이디어가 될 수도 있고, 영원히 쓰이지 않을지도 모른다. 하지만 이런 자료들이 많으면 많을수록 만화경 속의 그림 조합이 다양해진다. 그만큼 당신이 빅 아이디어를 찾을 확률도 높아진다.

신문을 보다가 눈에 띄는 자료를 찾았는가? 그렇다면 당장 가위로 그 부분을 오려내라. 그리고 그것을 당신 자료집에 소중히 보관하라. 그러면 언젠가 당신의 노력에 보답할 날이 반드시 올 것이다.

두 번째, 자료를 주제별, 항목별로 분류해서 수집하라는 것이다. 이것은 두 가지 이점이 있다. 먼저 당신이 필요할 때 언제든지 자료를 볼 수 있도록 도와준다. 자료를 모으는 이유는 필요할 때 활용하기 위해서인데, 그렇지 못하다면 그 자료는 아무 가치가 없는 것이다. 또한 당신이 자료를 체계적으로 수집할 수 있도록 도와준다. 자료를 모으기 전에 필요한 항목을 분류해놓음으로써 필요한 자료를 앞에 두고 놓치는 경우가 없도록 해준다.

내 경우에는 필요한 자료의 주제를 크게 마케팅, 광고, 크리에이티브, 프레젠테이션, 자기관리의 다섯 가지로 나누고, 그 밑에 다시 작은 항목들을 두고 자료를 수집한다. 마케팅 같은 경우에는 이론과 사례로 항목을 나누고, 광고의 경우에는 광고 이론, 광고 명언, 성공 및 실패 사례, 심리학 등으로 나누어서 자료를 모으고 있다.

세 번째, 자료를 모아 스크랩북, 파일, 아이디어 노트에 보관하라. 그것은 당신에게 매우 유용하다. 요즘 같은 인터넷 시대에 웬 스크랩북이냐고 묻는다면, 그것은 아날로그식 자료수집 방법의 진가를 몰라서 하는 말이다. 당신의 자료가 컴퓨터 파일 속에 담겨 있다면 미안하지만 그것은 죽은 자료다. 자료는 늘 곁에 두고 수시로 이리 살펴보고 저리 뒤져볼 수 있어야 한다. 소가 음식물을 되새김질 하듯 몇 번이고 되씹는 가운데 새로운 조합이 만들어지는 것이다. 그런데 컴퓨터 파일 속의 자료는 보이지 않는 곳에 숨겨져 있어서 손이 잘 가지 않는다. 당연히 자료를 활용할 수 있는 기회가 줄어든다. 반면에 책꽂이나 책상 위에 있는 스크랩북이나 파일은 의식적으로 찾지 않아도 저절로 눈에 띈다. 자연스럽게 손이 가고 되씹을 기회가 늘어난다.

스크랩북이나 파일은 굳이 클 필요가 없다. 언제든지 손쉽게 꺼내볼 수 있는 크기면 된다. 나는 대학노트를 스크랩북으로 활용한다. 신문이나 잡지를 읽다가 좋은 자료가 보이면 즉시 가위로 오려서 노트에 붙인다. 내용이 훌륭한 책을 만나면 주요 내용을 요약해서 옮겨 적기도 한다. 몇 장에 걸쳐 내용이 많은 자료는 클리어 파일에 별도 보관한다. 중요한 부분에 형광펜으로 표시하는 것도 잊지 않는다. 아이디어가 필요할 때마다 나는 그동안 모은 스크랩북과 파일, 아이디어 노트를 항상 찾아본다. 많은 경우 이 자료들은 내 기대를 저버리지 않았다. 이 책 내용의 상당 부분도 그 자료들로부터 나온 것이다.

또 한 가지 당신이 꼭 준비해야 할 것이 있다. 바로 아이디어 노트다. 아이디어는 때와 장소를 가리지 않는다. 예상치 못한 순간에 확 떠올랐다가 순식간에 사라져버린다. 당신은 이런 경험이 없는가? 어느 날 잠자리에 들었는데 갑자기 기막힌 아이디어가 떠오른다. 다시 일어나기가 귀찮아서 "내일 아침에 다시 생각하지 뭐" 하고 잠들었는데, 다음 날 아침 아무리 노력해도 어젯밤 그 아이디어가 영 떠오르지 않는 것이다. 또 이럴 때도 있다. 아무 생각 없이 운전하던 중 라디오 진행자의 멘트 하나가 귀에 걸린다. 잊어버리지 않기 위해 몇 번을 되뇌었는데, 차에서 내리는 순간 머릿속이 까매져버린 것이다. 아이디어가 떠오르는 순간은 거의 매번 이렇다. 예상치 못한 순간에 나타났다가 고개 돌리기가 무섭게 사라져버린다. 이럴 때를 대비해 당신은 아이디어 노트를 준비해야 한다. 필요하면 언제든지 찾을 수 있는 곳에 준비해두고 아이디어가 떠오르는 순간을 놓치지 말아야 한다.

당송 팔대가의 한 사람인 구양수(歐陽修)는 아이디어가 잘 떠오르는 장소로 말 위[馬上], 잠자리 위[枕上], 평상 위[平床], 세 곳을 꼽았다. 《사이언티픽 아메리칸 마인드》라는 잡지에서는 욕조(bathtub), 침대(bed), 버스(bus)의 3B를 들고 있다. 일본 창조개발연구소의 조사 결과는 '잠자리, 걸으면서, 자동차 안'이다.

당신에게 세 권의 아이디어 노트를 준비할 것을 권한다. 크기는 휴대하고 다니기 좋을 정도의 포켓 사이즈가 좋다. 가능하다면 팬시 문구점 같은 곳에 가서 멋지고 예쁜 것을 준비하라. 그리고 그 세 권의 아이디어 노트를 볼펜과 함께 낭신의 '침대 머리맡, 자동차 안의 콘솔 박스, 상의 주머니'에 두어라. 그리고 아이디어가 생각날 때마다 바로바로 기록해서 잘 보관하라. 침대에 누워 있거나 또는 길을 가다가 아이디어가 떠오를 때 지체 없이 노트에 적고, 운전 중이라면 가까운 곳에 안전하게 차를 세우고 기록하라. 아이디어 노트에 기록된 메모들이 언제 진가를 발휘할지는 아무도 모른다. 하지만 분명한 것은 당신에게 틀림없이 보답을 한다는 것이다.

아이디어 노트의 중요성은 아무리 강조해도 지나치지 않다. 책이나 선배들의 조언 중에 늘 빠지지 않고 등장하는 단골 메뉴이며, 실제로 나는 그 덕을 톡톡히 봤다. 2007년 4월 폴크스바겐 경쟁 프레젠테이션 때의 일이다. 콘셉트를 고민하던 중 아이디어 노트를 꺼내보게 됐다. 몇 번을 뒤적이는데 '오리지널(original)'이라는 단어가 눈에 들어왔고, "바로 이거다!"라는 느낌이 왔다. 아이디어 노트에서 찾은 '오리지널'과 이미 나와 있던 '독일 차'라는 아이디어가 만나 'Original German'이라는 콘셉트가 탄생됐다. 사실 이 '오리지널'이라는 아이디어는 몇 년 전 어느 식품회사를 위해 아이디어 노트에 기록해두었던 것이다. 그것이 내 의도와는 전혀 상관없이 폴크스바겐을 위한 맞춤옷이 된 것이다.

웅진코웨이 정수기의 '물보험'이라는 콘셉트도 아이디어 노트에서 나왔다. 소비자 인터뷰 중에 "정수기는 물에 보험 든 것같이 안심이 돼요"라는 말을 듣고 아이디어 노트에 그대로 기록해두었던 것이 '물보험'으로 발전한 것이다. 한동안 신도리코의 기업 슬로건으로 쓰였던 'better output'이라는 아이디어도 마찬가지다. 어느 책에선가 "미래의 사무환경은 정보의 입력(input), 정보의 전달(process), 정보의 출력(output)의 세 기둥으로 세분화될 것이다"라는 글을 읽고, 이것을 아이디어 노트에 메모해두었던 것이 몇 년 후 신도리코에서 빛을 본 것이다.

아이디어는 노력의 결과다. 빅 아이디어를 원한다면 좋은 습관을 가지도록 노력해야 한다. 좋은 습관의 첫 번째는 '자료를 모으는 것'이다.

여관 작업의

추억

자료 수집이 끝났으면 이제 2단계 '소화하기'로 넘어가야 한다. 이 단계는 말 그대로 모은 자료들을 잘게 씹어 소화하는 과정이다. 하나의 사실을 이리저리 돌려보면서 그것이 가진 의미를 충분히 느껴보는 것이다. 또한 사실과 사실들의 수많은 조합을 시도해서 최적의 조합을 찾아내는 것이다.

예를 들어, 당신 회사가 렌터카 업체인데, 고객의 수가 경쟁사에 비해 훨씬 적은 2등이라고 치자. 이 사실은 일차적으로는 당신의 서비스가 경쟁사에 비해 낮게 평가되고 있다는 것을 의미한다. 여기에 머물면 2등이라는 숙명에서 영원히 벗어날 수 없다. 하지만 이리저리 돌려보면 "2등이기 때문에 더 열심히 할 수밖에 없다"로도 해석할 수 있다(생각해보라. 학창 시절 당신이 2등일 때 1등이 되기 위해 얼마나 노력했는지!). 여기에 고객이 많은 회사는 한참 기다려야 한다든지, 1등에 대한 사람들의 견제심리 같은 것들을 조합해서 최적의 아이디어를 찾아나가는 것이다.

역사가 짧은 항공사라는 사실은 어떨까? 경험과 노하우가 부족한 회사라는 얘기다. 안전을 최우선으로 생각하는 비행기 탑승객들이 결코 좋아할 만한 요소가 아니다. 하지만 최근에 만들어진 항공사이기 때문에 '최신 항공기가 많은 회사'로 해석할 수도 있다. 그리고 여기에 경쟁사의 항공기가 상대적으로 오래된 것이라는 사실과 '새 비행기일수록 안전하다'는 사실을 조합함으로써 최적의 아이디어를 찾아나가는 것이다.

아시아나 항공의 '새 비행기' 캠페인(신문광고)

헤드카피: "이 비행기 몇 년 됐어요?"

리드카피: 비행기 나이, 물어보고 탑시다.

바디카피: 아직도 20년 넘은 비행기를 계속 운항하는 항공사가 있습니다.

고객의 안전함과 쾌적함을 위하여 오래된 비행기로 고객을 모셔서는 안 된다는 게 아시아나의 생각입니다.

그래서 아시아나는 8년밖에 안 된 비행기도 매각하고 있습니다.

이제 예약하실 때나 발권하실 때 탑승하실 비행기의 기령을 꼭 확인하십시오.

아시아나 비행기는 평균 기령 3.36년으로 세계 40대 항공사 중 가장 새 비행기입니다.

1997년 초 당시 신생 항공사이던 아시아나는 비행기의 기령(機齡)을 화두로 공격적인 광고 캠페인을 벌였다. 이 캠페인은 즉각 언론의 관심을 불러일으켰고, 경쟁사에 의해 부당 광고 혐의로 공정거래위원회에 제소되는 등 화제가 되었다. 결과적으로 아시아나는 신생 항공사라는 약점, 즉 "신생 항공사는 운항 경험이 거의 없기 때문에 경쟁 항공사에 비해 안전성이 떨어질 것"이라는 고객들의 우려를 효과적으로 불식시킬 수 있었다. 신생 항공사라는 사실을 이리저리 돌려보며 그 의미를 충분히 느껴봄으로써 "신생 항공사이기 때문에 새 비행기다. 그래서 더욱 안전하다"는 빅 아이디어를 발견할 수 있었던 것이다.

이렇게 수집된 자료들을 충분히 느껴보고 조합하는 과정을 통해서 수많은 아이디어들이 발견된다. 한 술에 배부를 수 없듯이 처음부터 빅 아이디어가 발견되는 경우는 없다. 처음에는 당연히 불완전한 아이디어들이 발견된다. 수없이 많은 불완전한 아이디어들 끝에 어느 순간 빅 아이디어가 떠오르는 것이다. 특히 중요한 것은 아무리 하찮은 아이디어라도 하나도 빠짐없이 적어서 잘 보이는 곳에 붙여두라는 것이다. 떠오른 아이디어들을 하나도 빼놓지 말아야 하는 이유는, 빅 아이디어란 스노볼링처럼 작고 불완전한 아이디어들이 모여 점점 커가면서 탄생되는 것이기 때문이다. 반드시 종이에 적어 잘 보이는 곳에 붙여두어야 하는데, 직접 해본 사람은 그 이유를 안다. 말로만 하는 것과 종이에 직접 적어서 붙여놓고 보는 것과는 실로 엄청난 차이가 있다. 같은 사실이라도 종이에 적어 붙여놓으면 볼 때마다 새로운 의미가 느껴진다. 다른 사실들과 함께 놓고 볼 때는 더욱 그렇다.

자료들을 충분히 느끼고 조합하고 통합하는 일은 엄청난 에너지가 소모되는 작업이다. 2단계가 시작된 지 얼마 안 돼 당신은 급속도로 피로감을 느끼게 될 것이다. 그렇다고 금방 나가떨어져서는 안 된다. 수시로 자신을 재충전하면서 계속 정진해야 한다. 그러다 보면 더 이상 어떻게 해볼 수 없는 절망적인 단계를 만나게 된다. 이걸 보면 이것 같고 저걸 보면 저것 같고, 온통 머릿속이 뒤죽박죽이 될 것이다. 도대체 뭐가 뭔지 모르겠고 더 이상 어떤 노력도 하기 힘들어진다면 이제 2단계가 끝난 것이다.

나는 2단계 소화하기 과정을 '여관 작업'이라는 이름으로 매우 재미있게 배웠다. 자료 수집 단계가 어느 정도 끝나면 모든 자료와 흰 종이, 각종 필기구, 음료수, 군것질 거리를 잔뜩 사들고 크고 널찍한 여관방으로 들어간다(사무실을 놔두고 굳이 여관을 찾는 이유는 관련 팀들이 모두 한곳에 모여 어떤 방해도 받지 않고 집중적으로 회의를 하기 위해서다. 이것은 매우 효과적이다). 먼저 여관방 벽면을 모두 하얀 종이로 덮는다. 그리고 가장 편안한 복장과 자세로 아이디어 회의를 진행한다. 중요한 것은 회의 중에 나오는 아이디어들을 하나도 빠짐없이 벽면 흰 종이 위에 적어놓는다는 것이다. 말도 안 되는 아이디어도 받아 적는다. 그 모든 것이 빅 아이디어의 재료이기 때문이다.

밤 9시쯤 시작한 회의는 보통 새벽 한두 시가 돼야 끝나는데, 그때쯤이면 모든 벽면이 아이디어들로 빼곡히 차게 된다. 각자 헤어졌다가 다음 날 같은 시간에 모여 다시 회의를 진행하는데, 둘째 날부터는 그동안 나온 아이디어들을 가지고 본격적인 조합 만들기가 시작된다. 수도 없이 많은 조합이 만들어졌다가 사라진다. 이때쯤 되면 극도의 정신적인 피로감이 몰려온다. 그렇다고 쉽게 나가떨어져서는 안 된다. 빅 아이디어를 발견할 때까지는 조합하고 또 조합하고 계속 종이 위에 적어가야 한다. 정신적인 에너지가 상당히 소요되는 일이기 때문에 사이사이에 자유롭게 휴식시간을 가진다. 어떤 사람은 나가서 산책을 하기도 하고, 어떤 사람은 30분 정도 눈을 붙이기도 한다. 벽에 부딪혀 회의 진행이 되지 않을 때는 단체로 화투를 치기도 하고, 사우나에 갖다오거나, 맥주 한 잔씩 마시기도 한다(물론 짧고 간단하게). 이렇게 해서 신선한 에너지를 공급받은 후 다시 회의를 진행한다. 그러다가 어느 순간 누군가 "왔다!" 하고 소리친다. 이쪽 상단과 저쪽 구석에 적혀 있던 아이디어 2개가 만나 절묘한 조합이 만들어진 것이다. 빅 아이디어를 발견한 것이다.

나는 여관 작업을 통해 많은 빅 아이디어들이 발견되는 과정을 직접 목격했다. 여관 작업은 빅 아이디어를 찾아내는 데 매우 효과적인 방법임에 틀림없다. 그렇다고 당신에게도 여관 작업을 강요할 수는 없는 일. 여관이 싫다면 회사 내에 여관방을 만들면 된다. 당신 프로젝트를 위한 전용 회의실을 마련하라는 말이다. 모든 회의는 이곳에서 이루어져야 하며, 다른 팀에게 회의실을 빌려줘서는 안 된다. 회의 때마다 나오는 아이디어는 하나도 빼지 말고 A4 용지에 적어 회의실 벽 잘 보이는 곳에 붙인다. 프로젝트가 끝날 때까지 어느 누구도 아이디어를 떼어내서는 안 된다. 관련 스태프 이외의 다른 사람은 되도록 출입을 금하고, 관련 팀들은 회의가 없을 때라도 오며 가며 수시로 들러 벽에 붙어 있는 아이디어들을 보고 또 봐야 한다. 그래서 그 아이디어들을 충분히 느끼고 많은 새로운 조합들을 만들어내야 한다.

브레인스토밍의 7가지 비밀[30]

브레인스토밍은 우리 IDEO에서는 종교와 다름없다. 거의 날마다 실천하다시피 한다. 우리는 브레인스토밍을 이루는 내용과 그것을 조직하는 방법에 대해 아주 확고한 견해를 갖고 있다. 우선, 브레인스토밍은 정기적인 모임이 아니다. 메모를 착실히 하면서 복창하는 방식도 아니다. 순서에 따라 돌아가면서 발언하는 것도 아니다. 우리 경험에 비추어 가장 알맞은 시간은 60분이다(경우에 따라 90분까지도 가능). 엄청난 육체적, 정신적 에너지가 소모되기 때문이다. 또 브레인스토밍은 프레젠테이션이 아니다. 일이라는 느낌을 주어서는 안 된다.

1. 초점을 명확히 한다

만약 당신이 전문성을 확보하고 문제를 명확하게 묘사한다면, 사람들을 좀 더 쉽게 주제로 접근시킬 수 있고 모임은 훌륭한 출발을 할 것이다. 문제를 분명하게 말하지 않는 브레인스토머는 뚜렷한 전략이 없는 회사와 같다. 당신은 먼저 시간을 내어 문제를 분명히 말하도록 노력해야 한다.

2. 규칙을 만든다

어떤 아이디어를 비판하거나 반박하면서 시작하지 마라. 그것은 모임의 활기를 곧바로 약화시킬 수 있다. 비판을 아예 막기보다 슬쩍 피할 줄 알아야 한다. 우리는 브레인스토밍 규칙을 회의실 벽 곳곳에 큼지막하게 써 붙였다. 이를테면, "많은 것을 찾아 나서라", "엉뚱한 아이디어를 격려하라", "시각화하라" 등의 글귀다. 당신 회사의 벽에도 이렇게 쓰고 싶지 않은가?

3. 아이디어에 번호를 매긴다

아이디어에 번호를 매기는 일은 두 가지 점에서 도움을 준다.

첫째, 그것은 모임 전이나 진행 중에 참가자를 자극하는 도구가 되며("방을 떠나기 전에 100가지 아이디어를 냅시다"라든가), 혹은 브레인스토밍이 얼마나 거침없이 진행되었는지 평가하는 수단이 된다.

둘째, 현재 위치에 대한 감각을 잃지 않으면서도 아이디어와 아이디어 사이로 도약하는 놀라운 방법이 된다.

우리는 한 시간 동안의 브레인스토밍에서 100가지 아이디어가 나오면 훌륭한 진행이라는 것을 알게 되었다.

4. 때로는 단숨에 뛰어넘는다

구축하고 뛰어넘을 기회를 살펴라. 최고의 사회자는 처음 단계에 가볍게 건드리며 대화가 나오도록 분위기를 띄워야 하고, 관념적인 얘기들로 아이디어가 정체될 때 새로운 활력을 불러일으켜야 한다. 사람들이 분발하도록 격려하거나 자그만 변화를 끌어들여라. 아니면 아주 급하게 건너뛰었던 예전의 일로 되돌아가거나 혹은 아예 새로운 접근으로 전진하라.

5. 아이디어를 사방에 기록한다

훌륭한 브레인스토밍 리더는 공간 기억의 힘을 이해한다. 아이디어를 팀원 모두가 볼 수 있는 매체에 기록하라. 오늘날 팀워크를 위한 디지털 기술이 숱하게 등장하고 있다. 하지만 우리는 매직펜, 벽에 붙이는 커다란 포스트잇 메모지, 책상 위에 놓아두는 구식의 종이 두루마리 등 전통적인 기술 도구들을 가지고 대성공을 거두었다.

모임이 시작되기 전에 모든 벽과 평평한 표면을 종이로 덮어라. 이런 식으로 하면 여백이 모자라서 새로운 아이디어를 써넣기 위해 이미 나온 아이디어를 지워야 하는 곤란한 상황에는 빠지지 않을 것이다. 더욱이 아이디어를 여백에다 써넣고 스케치하면서 이리저리 방 안을 걸어다니면 어떤 시너지 효과가 생겨난다.

6. 워밍업 시간을 가진다

팀이 이전에 함께 일한 적이 없을 때, 팀원 대부분이 브레인스토밍을 자주 하지 않았을 때, 필요하지만 관련 없는 쟁점 때문에 주의가 산만해졌을 때는 워밍업이 반드시 필요하다.

브레인스토밍과 관련된 사전 준비를 갖추는 것은 좋은 워밍업 방법이다. IDEO 최고의 브레인스토밍 모임은 와인 병 디자인에 대한 것이었는데, 브레인스토밍에 들어가기에 앞서서 우리는 세계 각지에서 모은 갖가지 음료 용기를 회의실 책상 위에 늘어놓았다. 이것들을 살펴보는 동안 이미 모임의 분위기가 달아올랐고, 모임을 마치면서 수백 가지의 아이디어를 수집할 수 있었다.

7. 보디스토밍을 실시한다

뛰어난 브레인스토밍은 아주 시각적이다. 당신이 활용할 수 있는 비주얼 자료를 가지고서 문 안으로 뛰어들어라.

훌륭한 브레인스토밍은 흔히 입체적이다. 첫째, 경쟁 상품, 다른 분야의 멋진 해결안, 문제에 적용할 수 있는 첨단 기술 등 모든 것을 회의에 동원하라.

둘째, 재료를 구해 아이디어와 콘셉트가 잘 드러나는 모델을 만들어야 한다. 그러기 위해서는 나무토막, 스티로폼, 파이프, 접착테이프 등 쓸모 있는 모든 것을 동원해야 한다.

셋째, 보디스토밍(bodystorming)을 두려워해서는 안 된다. 즉 현재의 사용 패턴을 실천해보고 그것이 어떻게 변하는지 만져보고 느껴보고 살펴본다.

자연 상태에서

숙성시켜라

다음의 세 이야기는 모두 빅 아이디어가 떠오른 순간에 대한 것들이다. 이야기들의 공통점이 무엇인지 생각해보자.

첫 번째 이야기

아르키메데스는 왕관이 100% 순금으로 만들어졌는지를 알아내기 위해 고심하고 있었다. 왕의 명령이 지엄했기 때문에 알고 있는 모든 지식을 동원해 온갖 노력을 다했으나 답은 보이지 않았다. 문제 해결을 고민하던 중 잠시 쉬기 위해 목욕탕에 들른 아르키메데스. 욕조에 발을 담그자 가득 차 있던 물이 넘쳐흐르기 시작했다. 몸이 반쯤 물에 잠기자 더 많은 양의 물이 욕조 밖으로 넘쳐흘렀다. 그 순간 그는 "유레카!"라고 소리치며, 옷 입는 것도 잊은 채 목욕탕 밖으로 뛰어 나갔다. "욕조 밖으로 넘친 물의 양이 목욕탕 속에 잠긴 자신의 신체 부피와 같다"라는 사실을 발견한 것이다. 그는 이 사실을 이용해 왕관에 금이 아닌 다른 금속이 섞여 있다는 사실을 밝혀냈다.

두 번째 이야기

코카콜라는 고유의 맛과 함께 독특한 병 모양으로도 유명하다. 이 병을 고안한 채프먼 루트(Chapman Root)가 병 디자인의 영감을 얻은 순간에 대한 이야기다. 루트는 '모양이 예쁘고, 물에 젖어도 미끄러지지 않으며, 보기보다는 콜라의 양이 적게 들어가는 병'이라는 조건에 맞는 디자인을 고민하고 있었다. 6개월을 끙끙거리던 어느 날 오랜만에 여자친구와 데이트를 하게 됐다. 그날 여자친구는 당시 유행하던 허블 스커트를 입고 나왔는데, 통이 좁고 허리 부분을 아름답게 부풀린 긴 주름치마였다. 그 모습을 본 순간 루트는 새로운 디자인이 떠올랐다. 루트는 그 길로 스커트를 입은 여자친구의 아름다운 모습을 병 모양으로 형상화했고, 디자인 값으로 모두 10억 달러라는 거금을 받을 수 있었다.

세 번째 이야기

써니텐은 국내 최초의 과즙 탄산음료다. 기존의 탄산음료에 비해 '10% 천연과즙 함유'라는 특성을 가지고 있었음에도 판매가 신통치 않았다. 당시 기술로는 섬유질을 완전히 분해하지 못해 병 바닥에 2센티미터 가량 뿌연 침전물이 가라앉았기 때문이다. 이 숙제가 광고팀으로 내려왔다. 제품상의 문제를 광고로 해결한다는 것은 보통 어려운 일이 아니다. 하지만 광고팀은 해결책을 찾아야 했다. 수많은 아이디어를 쏟아냈으나 어느 것도 해결책이 못 됐다. 머리도 식히고 목도 축일 겸 막걸리 집에 들르게 된 광고팀. 막걸리 사발을 주거니 받거니 하던 중 주변 사람들이 막걸리 병을 흔들어서 따르는 모습이 눈에 확 들어왔다.

"그래, 바로 이거다. 흔들어주세요!"

김완선 씨를 비롯한 당대 최고 댄스 가수들을 모델로 한 TV 광고가 만들어졌고, 써니텐은 판매에 불이 붙기 시작했다.

당신은 어떤 공통점을 발견했는가? 아이디어를 발견하게 된 과정에 초점을 맞추고 보면, 두 가지 공통점을 찾을 수 있다.

먼저, 세 사람 모두 아이디어를 발견할 때까지 모든 에너지를 쏟아 고민했다는 점이다. 아르키메데스는 그리스 최고 학자로서의 모든 지식을 동원해서 연구에 몰두했으며, 루트는 6개월 동안 병 디자인에만 매달렸고, 써니텐 광고팀은 마지막 순간까지 아이디어를 쏟아냈다. 또 하나는 문제에서 한 걸음 떨어져 있을 때 빅 아이디어가 떠올랐다는 것이다. 아르키메데스는 목욕탕에서 쉬다가, 루트는 여자친구와의 데이트에서, 써니텐은 막걸리를 마시다가 아이디어를 발견했다. 정작 모든 지식과 에너지를 쏟아 부어 문제를 해결하려 할 때는 떠오르지 않던 아이디어가 문제에서 벗어나 잠시 머리를 식히기 위해 찾은 시간과 장소에서 발견된 것이다. 우연일까? 아니다. 필연이다. 아이디어는 모든 열정과 에너지를 쏟아 부어 낡은 아이디어들을 조합하고 통합하는 과정(소화하기)을 거친 후, 문제에서 떠나 있을 때 발견된다. 이때를 3단계 '자연 숙성 단계'라고 한다.

자연 숙성 단계는 말 그대로 자연적으로 당신의 아이디어가 숙성되도록 기다리는 단계다. 이 단계는 우리의 무의식이 일하는 단계다. 아르키메데스와 루트, 써니텐 팀은 겉으로는 문제 해결을 위해 아무것도 안 하고 있는 것으로 보이지만, 그들의 머릿속에서는 무의식이 작동하고 있었다. 2단계를 거치면서 의식이 해결하지 못한 문제를, 인간 사고의 95% 이상을 차지하는 무의식에 맡겨 해결하고 있는 것이다.

이 단계에서 당신이 할 일은 해결해야 할 문제를 의식에서 끌어내서 무의식이 해결하도록 맡겨버리는 것이다. 다시 말해 문제에 대해 완전히 잊고 당신의 감성과 상상력을 자극할 수 있는 일을 하면 된다. 영화를 봐도 좋고, 음악을 들어도 좋다. 가벼운 산책이나 드라이브도 좋고, 시나 소설을 읽는 것도 추천할 만하다.

당신은 1단계에서 자료를 모았고, 2단계에서는 자료를 느끼고 조합, 통합하는 과정을 거쳤다. 이제는 발효가 진행되도록 내버려둬라. 당신의 무의식이 문제를 해결할 것이다.

발견의 순간

"유레카!"

심리학자이며 작가인 아서 케슬러에 의하면 창조자들은 해결하려는 문제가 풀릴 때까지 모든 정열을 거기에 쏟아 부으며 계속 고민하고 방황한다고 한다. 그러다가 어느 순간 그때까지 서로 관계가 없었던 어떤 경험과 자신의 목표의식이 돌연 관계를 맺게 된다고 한다. 이런 관계 형성을 케슬러는 '이연연상(二連聯想)'이라고 불렀다. 이연연상으로 인하여 그동안 모호했던 생각이 적절하고 우아한 개념으로 머릿속에 번쩍이게 되는 것이다.[3]

케슬러의 이연연상이 일어나는 어느 순간이 바로 '발견의 순간(유레카)'이다. 4단계 발견의 순간은 3단계의 끝에 온다. 2단계의 방황과 좌절, 그리고 3단계의 달콤한 휴식이 끝나면 자연스럽게 유레카를 경험하게 된다.

아이디어는 당신이 그것을 잊고 있을 때 나타날 것이다. 문제에서 한발 떨어져 긴장을 완전히 풀고, 어느 정도의 휴식과 기분전환을 거친 후, 반신욕을 하고 있을 때나 막 잠자리에 들었을 때, 운전하고 있

을 때 아니면 산책할 때, 음악을 듣고 있을 때 등등 당신이 아이디어
에 대해 잊고 있을 때 아이디어가 떠오르는 것이다.

오픈하고

비판받아

'다듬기'

이제 마지막 단계까지 왔다. 5단계 '다듬기' 과정은 이제 막 태어난 당신의 아이디어를 현실 세계에 적용하는 단계다. 전날 밤 감동이 밀려와 밤새 쓴 편지가 다음 날 아침 일어나 읽어보면 그렇게 유치해 보일 수가 없다. 아이디어도 그렇다.

"혹시 이 아이디어, 잘못 찾은 거 아냐?"

고민한 끝에 발견해낸 아이디어를 현실 세계에 적용시키다 보면 '유레카!'라고 외쳤던 아이디어가 실제로는 별로 매력적인 것이 아닐지도 모른다는 의심이 밀려온다. 그래서 제임스 웹 영은 이 단계를 "그것은 아침이 되기 바로 직전의 쌀쌀하고 어둑어둑한 새벽과 같다"고 표현했다.

어둑어둑한 새벽을 지나 아침을 맞이하기 위해서는 인내심이 필요하다. 아무리 훌륭한 아이디어라도 그것을 복잡하고 까다로운 현실 조건에 적용시키기 위해서는 많은 어려움이 발생하기 때문이다. 실제로 "아이디어를 내는 데 1의 노력이 든다면, 그것을 계획하는 데는 10

의 힘이, 그것을 실현하는 데는 100의 에너지가 든다(이치무라 기요시, RICHO 창업회장의 말)." 그래서 이 단계에서 많은 좋은 아이디어들이 사라져버린다. 기획자가 아이디어를 포기한 것이다. 그래서는 안 된다. 당신의 아이디어가 세상의 빛을 보기 위해서는 끝까지 인내심을 갖고 어려움을 극복해내야 한다.

렌털 정수기를 고안한 기획자를 생각해보자. 렌털 정수기는 웅진코웨이가 갖고 있던 많은 문제점들을 단숨에 극복하고 회사를 한 단계 업그레이드시킬 수 있는 빅 아이디어라는 생각은 확고하지만 현실은 만만치 않았을 것이다. 판매 조직, 제품 정책, 가격 정책, 광고 등 모든 것을 새롭게 고안해야 하고, 그에 따를 비용과 반발까지 생각하면 수백 번은 포기하고 싶었을 것이다. 하지만 기획자는 인내심을 갖고 끝까지 자신의 아이디어를 관철시켰다. 그 결과 웅진코웨이는 1조 5천억 원대의 매출을 올리는 생활환경 전문 기업으로 업그레이드됐다.

다듬기 단계에서 인내심을 갖고 극복해야 할 과정이 또 하나 있다. 다른 사람의 비판을 받아들여 아이디어를 발전시키는 것이다. "내 아이디어는 내가 제일 잘 알지, 다른 사람들이 뭘 알겠어!"라고 한다면 그것은 좋은 아이디어가 갖고 있는 '자기확장 능력(self-expending qualities)'을 모르고 하는 소리다. 좋은 아이디어는 그것을 접한 다른 사람들을 자극하는 묘한 힘이 있다. 다른 사람으로 하여금 그 아이디어에 대해 적극적으로 생각하게 만들고, 그 결과 더 좋은 아이디어로 탄생하는 것이다.

당신이 아이디어를 발견했다면 오픈하라. 혼자만 갖고 있지 말고, 그것을 들고 주변 사람들을 찾아가라. 그리고 그것에 대해 의견을 들어라. 쉽지 않을 것이다. 당신 아이디어의 깊은 뜻을 몰라줘서 답답할 것이고, 아이디어를 깎아내리는 말에 자존심이 상하기도 할 것이다. 하지만 그중에는 당신의 아이디어에 빛을 더해줄 건설적인 비판이 꼭 들어 있다. 아이디어의 부족한 부분을 채워주고, 몰랐던 아이디어의 새로운 가치를 깨닫게 해주는 놀라운 경험을 하게 될 것이다.

　나는 아이디어가 떠오르면 반드시 이 과정을 거친다. 주변 사람들에게 오픈하고 건설적인 비판을 듣다 보면, 약간은 두루뭉술했던 아이디어가 뾰족하게 날이 서는 느낌을 받기 때문이다. 마치 갓 태어난 아기의 얼굴이 시간이 지나면서 눈, 코, 입이 또렷해지는 것처럼 말이다. '오리지널'이라는 콘셉트는 폴크스바겐에 잘 어울렸지만 무언가 부족했다. 하지만 아무리 생각해도 부족한 2%를 채울 수 없었다. 선배를 찾아가 아이디어를 오픈했다. 그 과정에서 먼저 나와 있던 '저먼(German)'이라는 아이디어와 조합하면 좋겠다는 조언을 들었고, 그 결과 '오리지널 저먼(Original German)'이 탄생했다. '우리 집 물보험, 웅진코웨이'라는 아이디어도 오픈과 비판 과정을 통해 발견된 것이다. "웅진코웨이 정수기는 보험에 든 것처럼 안심이 된다"는 광고 메시지를 결정하고 주변 사람들의 의견을 들었다. "너무 두루뭉술하고 날카롭지가 않다"라는 비판에, "물에 보험 든 것 같다는 뜻이다"라고 응수하다가 '우리 집 물보험'이 탄생한 것이다.

　지금까지 창의적 발상의 5단계에 대해 살펴보았다. 결코 어렵지 않다는 것을 알았을 것이다. 이제 남은 것은 당신의 믿음과 실천의지다. 창의력이란 타고나는 것이 아니라 습관의 산물이라는 사실을 명심하고, 지금까지 보고 배운 것을 그대로 따라한다면 당신의 창의력은 몰라보게 향상될 것이다.

03

아이디어는
파는 것이 더 어렵다

당신의

기획안은

왜 떨어졌을까

우리는 물건을 만들 뿐이고, 거기에 생명을 불어넣는 건 오직 고객이다.
고객이 선택하지 않으면 아무런 가치도 없는 것이 우리 상품이다.

– 피에르 알렉시 뒤마, 에르메스 그룹 총괄 크리에이티브 디렉터

첫째, 소비자가 무엇을 원하는지에 대한 통찰이 있어야 한다.
둘째, 브랜드가 실제로 소비자의 소원에 답하는 것이다.
그것이 성공적 마케팅의 처음이자 끝이다.

– 율리 베커, 리복 CEO

에이스침대 광고 프레젠테이션을 준비할 때의 일이다.

1990년대 초, 에이스침대는 침대공학연구소를 설립하고, 침대에 인체공학과 수면공학을 접목하는 본격적인 연구를 진행하고 있었다. 연구소에는 사람의 신체 데이터가 입력된 모형체를 이용하여 매트리스에 가해지는 하중분포를 측정하는 장비인 컴퓨맨 시스템을 비롯해

내구성 시험기, 롤러 시험기 등의 첨단 시설과 장비가 가득했다. 침대공학연구소에서 3일 동안 산 끝에 '에이스침대는 과학으로 만들어진다'는 아이디어를 찾아냈다. 침대와 과학이라는 조합이 너무 생경해서 처음에는 관련 스태프 사이에서도 의견이 분분했다. 하지만 그 '낯선 조합'이 바로 이 아이디어의 가치이며, 얼마든지 고객의 공감을 만들어낼 수 있다고 판단하여 확신을 갖고 끝까지 밀어붙이기로 결정했다.

당시 에이스침대는 가구회사의 침대시장 공격에 매우 고전하고 있었다. 디자인과 저렴한 가격을 무기로 하는 가구회사 침대에 밀려 시장점유율이 18%대까지 떨어졌던 것이다. '침대는 과학'이라는 아이디어는 이런 상황에 매우 적절한 처방이었다. 에이스침대만이 주장할 수 있는 메시지로서, 고객의 이목을 집중시키고, 가구회사 침대의 디자인과 가격을 무력화시키는 최고의 무기였던 것이다.

그런데 리뷰 보드에서 문제가 생겼다. 리뷰 위원들 모두가 이구동성으로 결사반대했던 것이다.

"침대하고 과학이 무슨 상관이 있어! 침대가 가구가 아니라니, 도대체 무슨 소리를 하는 거야."

이런 상황은 어느 정도 예견된 것이었다. 아이디어가 처음 나왔을 때 관련 스태프들조차도 반신반의했기 때문이다. 하지만 우리는 회사 내부 고객들을 설득할 준비를 거의 하지 않았다. 아이디어에 대해 워낙 자신이 있었고, 그래서 막연히 잘될 것이라고만 생각했던 것이다. 결국 우리는 리뷰 위원들을 설득하지 못했다. '침대는 과학'이라는 아이디어는 버려졌고, 우리는 다른 아이디어로 프레젠테이션을 해야 했다. 그리고 얼마 후 공교롭게도 다른 광고회사가 "침대는 가구가 아닙니다. 과학입니다"라는 내용으로 승리했다는 소식을 들었다. 그 캠페인은 전년대비 80.4% 매출 성장이라는 괄목할 만한 결과를 가져왔을 뿐 아니라, 그해 최고 광고 캠페인으로 인구에 회자됐다. 리뷰위원들을 설득하지 못해 다 잡았던 대어를 놓친 우리 팀은 한동안 쓴 소주잔을 들이켜야 했다.

"아무리 중요한 아이디어라도 설득력 있게 전달되지 않으면 아이디어가 없는 것과 같다."

빌 번버크의 말처럼 고객을 설득하지 못한다면 그 기획은 있으나 마나다. 상사로부터 결재를 받지 못한 기획안, 소비자의 선택을 받지 못한 제품과 서비스가 무슨 의미가 있는가? 몇 날 밤을 새워 훌륭한 기획안을 만들었다 하더라도 당신의 상사를 설득하지 못한다면, 그 기획안은 이면지로 쓰일 수밖에 없다. 제품의 아이디어가 아무리 뛰어나도 고객을 설득하지 못한다면, 세상에 나온 지 얼마 안 돼 '땡처리'될지도 모를 일이다. 기획안은 말 그대로 안(案)일 뿐이다. 그것이 문제를 해결하고 새로운 가치를 만들어내기 위해서는 구체적인 행동으로 실현되어야 한다. 신제품 기획안은 신제품이 되어 시장으로 나가야 하고, 광고 기획안은 광고로 제작돼 매체를 타야 한다. 그리고 최종적으로 소비자의 선택을 받을 수 있어야 한다. 그러기 위해서 당신의 기획은 설득력 있게 전달되어야 한다. 고객의 마음을 움직여 당신의 기획을 채택하도록 만들어야 하는 것이다. 기획은 창의적인 동시에 설득적이어야 한다.

"윗사람들이 내 기획의 진가를 너무 몰라준다."

"아이디어는 비슷한데, 왜 다른 사람의 기획안만 채택되는 걸까?"

이런 고민을 하고 있다면, 그동안 당신이 아이디어를 설득하기 위해 어떤 노력을 기울였는지 생각해보라. 기획의 창의성에만 집중한 나머지 "어떻게 하면 아이디어를 효과적으로 설득할 수 있을까?"는 거의 신경 쓰지 않았을 것이다. 문제를 해결할 아이디어를 찾는 데만 골몰했지, 그 아이디어를 고객에게 효과적으로 설득할 방법에 대해서는 거의 머리를 쓰지 않았을 것이다. 그래서는 기획이 채택될 확률은 거의 없다.

문제를 해결할 아이디어를 찾았다면 당신의 기획은 이제 겨우 반환점을 돈 것이다. 여기서 손을 놔서는 안 된다. 나머지 반을 위해 시간과 돈을 투자해야 한다. 머리를 써서 당신의 아이디어를 설득할 아이디어를 찾아내야 하는 것이다. 창의성은 기획의 가장 중요한 특성임에 틀림없지만, 그렇다고 필요충분조건은 아니다. 당신의 기획이 성공하기 위해서는 창의적인 동시에 설득적이어야 한다. 아무리 기발한 아이디어라도 그것만으론 부족하다. 고객이 그 아이디어를 채택하도록 설득해야 비로소 기획은 완성된다는 점을 명심하라.

너무 앞서간 혁신 세제, 파워크린

우리나라 최초의 고농축 합성세제는 무엇일까? 비트? 한스푼? 틀렸다. 동양화학의 '파워크린'이다. '옥시', '물 먹는 하마' 등으로 잘 알려진 동양화학은 1988년 2월 환경친화형 고농축 합성세제인 파워크린 개발에 성공하여 다른 회사들보다 먼저 시장에 뛰어들었다. 파워크린은 적은 양(기존 세제의 3분의 1)으로도 훨씬 우수한 세탁 효과를 내는 혁신적인 제품이었다. 광고도 '한 스푼 혁신 세제, 파워크린'이라는 콘셉트로 40억에 가까운 물량을 쏟아 부었다. 제품 아이디어도 혁신적이었고 광고 내용도 훌륭했으며, 광고 물량도 당시로서는 엄청났다. 한마디로 파워크린은 훌륭한 아이디어였다. 그런데 결과는? 실패였다. 주부들이 파워크린을 구매하지 않았다. "세제를 많이 넣을수록 빨래가 잘된다"는 고정관념을 가진 주부들이 '한 스푼 혁신 세제'를 받아들이지 않은 것이다.

파워크린은 제품도 광고도 아이디어가 혁신적이고 독특했지만, 주부들을 설득하지 못해 시장 진입에 실패했다. 반면에 뒤에 출시된 비트와 한스푼은 환경오염이라는 사회적 이슈와 맞물리면서 주부들을 설득하는 데 성공하여 시장에 안착했다.

기획의

3力

> '누가 더 좋은 쥐덫을 만들기만 한다면 그 집은 문전성시를 이룰 것이
> 다.' 광고의 실체적인 입장에서 볼 때 이 말이 맞다고 수긍할 수만은 없
> 다. 이유는 간단하다. 세상 사람들이 그 쥐덫이 더 좋은 쥐덫이라는 것을
> 알지 못한다면 아무도 그 집에 찾아가지 않을 것이기 때문이다.
>
> — 랠프 왈도 에머슨

아이디어를 내는 것은 누구나 할 수 있지만, 아이디어를 파는 것은
아무나 할 수 없다. 그만큼 아이디어를 설득하는 일은 어렵고도 중요
한 일이다. 그런데 많은 기획자들이 기획에 있어 설득의 중요성을 모
르거나 간과한다. 아이디어를 발견할 때까지는 없는 힘까지 다 쓴다.
밤도 새우고, 인터넷도 열심히 뒤지고, 치열한 회의도 여러 번 거친다.
그렇게 해서 아이디어를 찾으면 거기서 끝이다. "어떻게 하면 아이디
어를 효과적으로 설득할 수 있을까?"에 대해서는 고민하지 않는다.

"아이디어만 좋으면 됐지, 어떤 방법으로 설득하든 무슨 상관이 있

어. 훌륭한 아이디어는 어떻게 말하든지 다 알아본다고!"

이렇게 생각하는 것이다. 그 결과 많은 훌륭한 기획들이 세상 빛도 한번 못 보고 땅속에 묻혀버린다.

내가 근무했던 어느 광고회사는 바람직하지 않은 일 버릇을 가지고 있었는데, 프레젠테이션 전날 밤을 새워 초치기로 기획서를 쓰는 것이다. 최선의 아이디어를 찾는다는 이유로 프레젠테이션 전날 밤까지 아이디어 회의를 하다 보니, 기획서와 프레젠테이션은 늘 초읽기가 되었고, 기획 내용을 있는 그대로 전달하는 것으로 만족해야 했다. 반면에 경쟁 회사들은 많은 시간과 돈을 들여 기획서와 프레젠테이션을 준비했다. 결과는 어땠을까? 지금 생각해도 정말 괜찮은 많은 아이디어들이 책상 서랍 속으로 사라졌다.

창의력이 '아이디어를 발견하는 힘'이라면, 설득력은 '아이디어를 실현시키는 힘'이다. 아무리 훌륭한 아이디어도 설득을 통해 실현되지 않으면 문제를 해결할 수 없다. 기획을 성공시키려면 창의력과 함께 설득력을 갖추어야 한다. 기획에서 설득력이란 기획서 작성 능력

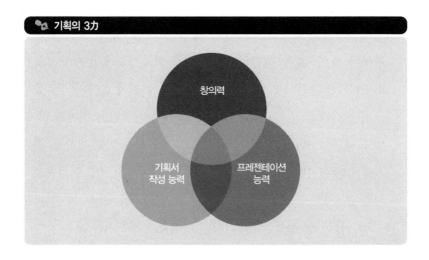

기획의 3力

창의력

기획서
작성 능력

프레젠테이션
능력

과 프레젠테이션 능력을 말하며, 여기에 '창의력'을 더해 기획의 3력(力)이라고 부른다.

창의력이 기획의 내용을 채우는 능력이라면 기획서 작성 능력과 프레젠테이션 능력은 기획을 전달하는 능력이다. 아이디어가 내용이라면 기획서와 프레젠테이션은 그것을 전달하는 방법이다. 기획을 전달하는 방법은 기획의 내용만큼 중요하다. 이것을 입증하는 흥미로운 조사 결과가 있다.

미국의 한 기관에서 '프레젠테이션 결과에 영향을 미치는 요소'에 대해 조사를 했다. 항목을 크게 세 가지, 즉 프레젠테이션 내용(contents), 프레젠터(presenter), 프레젠테이션 스킬(skills)로 나누고, 어느 것이 가장 큰 영향을 미치는가를 알아본 것이다. 프레젠테이션 내용에는 아이디어·내용·문구 등이 포함되며, 프레젠터 항목에는 프레젠터의 평판·위치·지위·인상과 평소 고객과의 관계 등이, 프레젠테이션 스킬에는 프레젠테이션 장소·프레젠테이션 테크닉·보디랭귀지 등이 포함됐다.

당신은 어느 항목이 프레젠테이션 결과에 가장 큰 영향을 미칠 것이라고 생각하는가?

"가장 중요한 건 내용 아닌가! 내용이 50% 이상 영향을 미칠 것 같다."

내 대답도 비슷했다. 하지만 조사 결과는 우리의 예상을 크게 빗나간다. 결과에 가장 크게 영향을 줄 것 같은 프레젠테이션 내용이 최소 7%에서 최대 25%인 반면, 프레젠터는 40%, 프레젠테이션 스킬은 53%의 영향을 미치는 것으로 나타난 것이다. 여기서 프레젠테이션 내용은 기획의 내용에, 프레젠터와 프레젠테이션 스킬은 기획을 전달하는 방법에 해당된다. 즉 기획의 내용은 최대 25% 정도밖에 영향을 못 미치는 반면, 프레젠터, 프레젠테이션 스킬 등과 같은 기획 내용을 전달하는 방법이 그보다 훨씬 많은 최소 75%에서 최대 93%까지 영향을 미친다는 것이다.

물론 이 조사는 '기획'이 아닌 '프레젠테이션'에 초점을 맞춘 것이다. 때문에 프레젠테이션, 즉 설득의 중요성이 실제 이상으로 부각됐을 가능성이 있다. 조사의 오차도 있을 것이다. 그런 이유로 단순히 이 조사 결과만 놓고, "기획에서 창의력보다 설득력이 더 중요하다"라고 일반화시키는 것은 무리다. 이 조사에서 당신이 주목해야 할 것은, 기획에 있어 설득의 영향력은 당신이 생각하고 있는 것보다 훨씬 크다는 점이다.

광고회사들은 경험적으로 이 점을 잘 알고 있다. 훌륭한 아이디어임에도 설득의 실패로 비즈니스를 놓치는 경우가 종종 발생하기 때문이다. 그래서 기획서 작성과 프레젠테이션 능력 개발에 많은 공을 들인다. 딱딱한 보고서 형태의 기획서는 찾아보기 힘들다. 다양한 비주얼의 활용과 드라마틱한 내용 구성, 독특한 편집 디자인 등으로 고객의 눈을 사로잡는다. 외국에서 전문 강사를 초빙해 프레젠테이션 교육을 실시하고, 극장을 빌려 프레젠테이션 장소로 활용하기도 한다. 이들의 프레젠테이션은 한 편의 잘 짜인 드라마를 보고 있는 것 같다. "무슨 내용을 전달할 것인가?"에 못지않게 "어떻게 전달할 것인가?"에도 시간과 돈을 투자하고 있는 것이다.

평범한 기획서와 평범한 프레젠테이션은 특별한 아이디어를 평범하게 만든다. 특별한 아이디어는 특별한 기획서와 프레젠테이션을 통해 특별한 기획으로 완성되는 것이다. 탁월한 기획자가 되길 원한다면 창의력과 함께 탁월한 설득력을 갖추어야 한다. 당신의 시간과 능

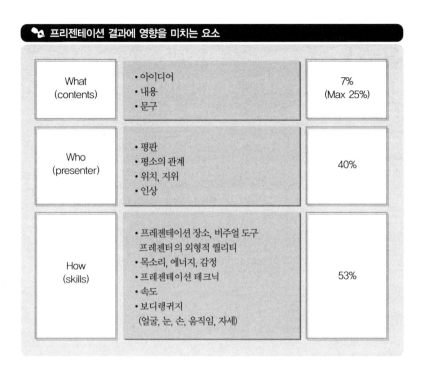

프리젠테이션 결과에 영향을 미치는 요소

What (contents)	• 아이디어 • 내용 • 문구	7% (Max 25%)
Who (presenter)	• 평판 • 평소의 관계 • 위치, 지위 • 인상	40%

How (skills)	• 프레젠테이션 장소, 비주얼 도구
	  프레젠터의 외형적 퀄리티
	• 목소리, 에너지, 감정
	• 프레젠테이션 테크닉
	• 속도
	• 보디랭귀지
	  (얼굴, 눈, 손, 움직임, 자세)
		53%

력을 아이디어 발견에 올인하지 말고, 기획서 작성과 프레젠테이션
준비에도 골고루 투자해야 한다.

설득의
프로가
돼라

성공한 기획자란 '아이디어를 많이 발견한 사람'이 아니다. '성공 사례를 많이 만든 사람'이다. 성공 사례란 아이디어만 가지고 만들어지지 않는다. 탁월한 설득력으로 그 아이디어를 고객에게 설득해서 실행에 옮겨야 성공 사례를 만들 수 있다. 당신이 기획자로 성공하려면 아이디어맨인 동시에 설득의 프로가 돼야 한다.

설득의 프로가 되기 위해서는 어떻게 해야 할까? 당신의 생각은 어떤가?

어떤 사람은 학원을 다니며 파워포인트 테크닉을 열심히 배운다. 그 사람의 기획서는 더 화려하고 볼거리가 풍성해져서, 외관상으로는 한 단계 업그레이드된 느낌을 줄 것이다. 어떤 사람은 프레젠테이션 교육을 통해 세련된 보디랭귀지를 몸에 익힌다. 몸에 밴 자연스러운 프레젠테이션 스킬은 당신을 프로 비즈니스맨으로 보이게 할 것이다. 그 결과 당신은 이런 말을 듣게 될 것이다.

"기획서 참 잘 만들었네! 이런 걸 언제 다 배웠어?"

"그 친구 프레젠테이션 한번 잘하는군!"

당신이 이런 반응을 원한다면, 파워포인트와 프레젠테이션 스킬을 배우는 것으로 충분하다. 하지만 당신이 고객들로부터 얻어야 할 것은 그런 칭찬의 말이 아니다. 당신이 얻어야 할 반응은 이런 것이다.

"우리 회사에 꼭 필요한 아이디어군. 당장 실행합시다."

"이런 제품이 다 있었네. 한번 써봐야지!"

설득의 프로란 고객들로부터 칭찬의 말과 박수를 받는 사람이 아니다. 칭찬과 박수는 있으면 좋지만 없어도 그만이다. 설득의 프로란 고객들로부터 OK 사인을 받는 사람을 말한다. 기획서와 프레젠테이션의 결과로, 상사로 하여금 당신의 기획안에 결재를 하도록 만들고, 소비자가 당신의 제품과 서비스를 사도록 만들어야 하는 것이다.

파워포인트를 배우고 프레젠테이션 스킬을 익히는 것 모두 설득의 프로가 되기 위해 필요한 일이다. 기획의 3력 가운데 기획서 작성 능력과 프레젠테이션 능력을 향상시키는 데 어느 정도 도움이 되기 때문이다. 하지만 그것보다 먼저 당신이 해야 할 일이 있다. 바로 설득에 대해 잘 아는 것이다. 설득이 무엇인지를 확실히 이해하고 기본 원리와 방법을 몸에 완전히 익히는 것이다. 어떠한 기술이든지 그것을 배우는 데 가장 중요한 것은 첫 번째가 원리(principle)요, 두 번째가 방법(method)이다.

기획에 대해 모르면서 제대로 된 기획을 할 수 없듯이 설득에 대한 분명하고 확실한 이해 없이는 결코 고객을 설득할 수 없다. 당신의 파워포인트 테크닉과 프레젠테이션 스킬이 아무리 화려하고 세련됐다고 하더라도, 설득에 대한 확실한 이해의 바탕 위에 세워지지 않았다면 그것은 잔재주에 불과하다. 잔재주로는 고객을 설득할 수 없다.

얼마 전 모 기업의 사업계획 발표회에 참석할 기회가 있었다. 최고 경영진을 모시고 각 부서별로 다음 연도 사업계획을 발표하는 자리였는데, 유난히 눈에 띄는 부서가 있었다. 다른 부서들에 비해 내용도 매우 혁신적이었을 뿐만 아니라, 수준 높은 파워포인트 실력으로 만들어진 튀는 기획서, 마치 한 편의 TV 연예오락 프로를 보는 것 같은 프레젠테이션의 진행 등이 눈길을 끌기에 충분했다. 기획서와 프레젠테이션 자체만 놓고 보면 어디 갖다놔도 빠지지 않을 만큼 수준급이었다. 하지만 그 부서의 사업계획안은 통과되지 않았다. 내용은 혁신적이었지만 그 회사의 상황과는 너무 거리가 멀었고, 튀는 기획서와 프레젠테이션 스타일 역시 보수적인 그 회사 경영진이 보기에는 진솔해 보이지 않았기 때문이다. 객관적으로 볼 때 훌륭한 내용과 기획서, 프레젠테이션이었음에도 이 부서의 사업계획안이 통과되지 못한 것은 설득의 가장 중요한 원칙인 '고객 중심의 원칙'을 몰랐기 때문이다. 설득에 있어 아이디어보다 더 중요한 것이 고객인데, 아이디어에 빠져 고객의 상황이나 취향은 무시하고 자기 생각대로만 해버린 것이다.

이런 일은 우리 주변에서 다반사로 일어난다. 설득에 대해 모르기 때문이다. 실제로 많은 기획자들이 설득의 중요성을 모르는 것 이상으로 설득에 대해 잘 모른다. 기획서의 한 줄, 프레젠터의 몸동작 하나까지도 설득의 원리가 반영돼야 함에도, 많은 기획자들이 주먹구구식으로 기획서를 만들고, 프레젠테이션을 준비한다. 이렇게 만들어진 기획서와 프레젠테이션이 제 역할을 할 리 없다. 기획서와 프레젠테이션은 눈이 부신데, 고객의 마음은 꼼짝도 하지 않는 일이 비일비재하다.

설득에 대해 무지한 기획자는 비범한 기획을 쓰레기통으로 보낸다. 비범한 기획이 빛을 보려면 기획자가 설득의 프로가 돼야 하며, 설득의 프로가 되는 길은 설득에 대해 분명하고 확실하게 알고, 그것들을 완전히 몸에 익히는 것임을 명심하라.

설득은

결과다

그렇다면 설득이란 무얼까? 우선 사전적 정의를 알아보자.

"어떤 사람을 어떤 일을 하도록 말로 알아듣게 구슬리거나 이끄는 것." (동아 새 국어사전)

"상대편이 이쪽 편의 이야기를 따르도록 여러 가지로 깨우쳐 말함." (네이버 국어사전)

"논의, 증명, 간청 등의 방법으로 특정 시각을 수용하거나 일련의 행위를 수행하도록 권유하는 행위." (아메리칸 헤리티지 사전)

이 내용들을 토대로 설득에 대해 좀 더 자세히 알아보자.

첫째, 설득은 상대방으로 하여금 어떤 일을 하도록 만드는 데 그 목적이 있다. 여기서 상대방이란 당신이 설득하려는 고객, 즉 당신의 상사나 클라이언트, 소비자를 말한다. '어떤 일'에 대해서는 헤리티지 사전이 잘 설명하고 있는데, 특정 시각을 수용하거나 일련의 행위를 수행하도록 하는 일이 그것이다. '특정 시각'이란 당연히 '기획자의 시각(관점, 생각, 의견 등)'을, '일련의 행위'란 '기획자가 바라는 고객의 행위'를 말한다. 정리하면, 설득의 목적은 '고객의 생각이나 의견, 행동을 기획자가 원하는 방향으로 이끄는 것'이다. 즉 '상대방(고객)의 마음을 움직여서 내(기획자)가 원하는 행동을 하도록 만드는 것(Moving mind & Doing it!)'이 설득이다.

설명이나 전달은 단순히 어떤 내용을 상대방에게 알기 쉽게 말하거나 전하는 것이다. 상대방이 그 내용에 대해 어떤 반응을 보이든 상관없다. 전한 것으로 끝이다. 하지만 설득은 결과가 있어야 한다. 기획자가 의도한 대로 고객의 생각이나 견해를 바꾼다든지, 기획자가 원하는 행동을 하도록 만든다든지 하는 결과가 뒤따라야 하는 것이다.

일란성 쌍둥이도 다른 데가 있듯이 세상에 똑같은 생각을 가진 사람은 한 명도 없다. 같은 회사 같은 부서에 근무하는 사람들도 같은 문제를 바라보는 시각이 모두 제각각이다. 큰 방향에서 의견이 일치하더라도 각론으로 들어가면 엄청난 차이가 나타난다. 설득은 이런 차이를 극복하고, 기획자가 원하는 방향으로 고객들의 마음을 모으고 행동을 이끌어내는 결과를 만들어야 한다. 단순히 전하는 것으로 끝나서는 안 되고, 상대방(고객)의 의견, 관점, 생각을 기획자의 그것과 같도록 변화시키고, 그 결과로 기획자가 바라는 행동, 즉 기획안을 승인한다거나 제품을 구매하는 등의 행동을 하도록 만들어야 한다.

그리스 최고의 웅변가 두 사람, 아이스키네스와 데모스테네스가 군중 앞에 섰다. 당시 그리스는 신흥 강국인 마케도니아의 전쟁 위협에 시달리고 있었는데, 맞서 싸워 자유와 독립을 지키자는 반(反)마케도니아파와 마케도니아의 요구를 들어주고 전쟁을 피하자는 친(親)마케도니아파의 첨예한 대립으로 국론을 통일하지 못하고 있었다. 이와중에 각 파를 대표하는 두 사람이 자신의 의견을 관철시키기 위하여 군중 앞에 나선 것이다.

먼저 친마케도니아파인 아이스키네스가 연설을 시작했다. 그는 마케도니아 왕 필리포스 2세의 요청을 받아들여 그리스와 마케도니아가 평화 협정을 체결할 것을 역설했다.

"야, 정말 멋진 연설이야! 연설 한번 잘하는군."

군중들은 그의 연설에 환호하며 아낌없는 박수를 보냈다.

이번에는 반마케도니아파의 대표 데모스테네스가 나섰다. 그는 "필리포스 2세는 믿을 수 없는 인물이며, 그리스의 자유와 독립을 지키기 위해서는 아테네를 중심으로 뭉쳐서 싸워야 한다"고 주장했다.

그의 연설이 끝나자마자 군중들이 일제히 일어나 외쳤다.

"필리포스 왕을 타도하러 갑시다."

아이스키네스와 데모스테네스 모두 당대 최고의 연설가답게 명연설을 했다. 하지만 군중들의 반응은 달랐다. 아이스키네스의 연설은 우레와 같은 박수를 받았지만, 자신이 원하는 방향으로 군중들의 생각과 행동을 변화시키지는 못했다. 반면에 데모스테네스의 연설은 박수소리는 작았을지 모르지만, 갈팡질팡하던 군중들의 마음을 하나로 묶는 데 성공했다. 그 결과 군중들은 데모스테네스가 원했던 행동, 즉 마케도니아와 맞서 싸우기 위해 분연히 떨쳐 일어났다. 설득에 성공한 것이다.

감정이 머리라면

이성은 꼬리다

  둘째, 설득의 방법에 대해 이야기하고 있는데, '말로 알아듣게 구슬리거나', '여러 가지로 깨우쳐 말하거나', '논의, 증명, 간청 등의 방법'을 사용하라는 것이다. 여기서 주의할 단어가 하나 있는데 바로 간청이다. 간청이란 마음과 정성을 다해 부탁하는 것을 말한다. 객관적인 자료나 이성적인 판단이 아닌 주관적인 감정에 호소해 고객을 설득하라는 것이다.

  "기획안을 설득하는데 간청이라니?"

  대부분의 기획자들이 의아하게 생각할 것이다. 사람을 이성적인 존재로만 간주하기 때문이다. 특히 비즈니스와 관련된 부분에서는 철저히 객관적이고 이성적인 판단을 할 것이라고 굳게 믿는다. 그래서 기획안은 객관적인 사실과 자료들로 가득하고, 기획자는 자신의 아이디어가 최선의 해결책임을 입증하기 위해 온힘을 쏟는다. 과연 그럴까?

  2002년 스웨덴 왕립과학아카데미는 미국 프린스턴 대학의 심리학 교수인 대니얼 카너먼(Daniel Kahneman)에게 노벨 경제학상을 수여했다. 심리학자가 경제학상을 수상하다니? 카너먼은 심리학을 경제학에 접목한 행동경제학 이론으로 기존 경제학에 정면으로 도전했다(경제학과 심리학을 조합할 생각을 하다니 얼마나 창의적인가!). 그동안 주류 경제학에서는 인간을 합리적이고 이성적인 존재라고 가정했다. 자신의 이익을 극대화하기 위해 합리적으로 판단하고 행동한다는 것이다. 그런데 카너먼은 인간이 이성보다는 감정에 의해 더 많은 영향을 받는다고 가정하고, 경제학에 심리학적 실험기법을 도입하여 이를 증명했다. 불확실성 속에서 내려지는 인간의 판단 및 의사결정에 대한 실험연구를 통해, 인간의 행동은 이성보다 감정에 의해 더 많은 영향을 받는다는 사실을 밝혀낸 것이다. 즉 인간은 객관적인 정보에 의해 합리적으로 판단하는 존재가 아니라 개인적인 경험과 감정에 의해 주먹구구식으로 판단하는 존재라는 것이다. 이런 연구 결과를 토대로 카너먼은 행동경제학이라는 경제학의 새로운 지평을 열었고, 그 공로로 노벨 경제학상을 받았다.[32]

사람은 다른 사람들에게 이성적인 존재로 보이길 원한다. "저 사람은 감정적인 사람이야!"라는 평가는 매우 부정적으로 해석되기 때문이다. 그래서 실제로는 감정에 의지해 판단하고 결정했으면서도 그럴듯한 이성적인 근거들을 늘어놓는다. 하지만 이 이성적인 근거들은 감정적인 판단과 결정을 정당화하는 보조수단에 불과하다.

당신이 차를 샀을 때를 생각해보자. 당신은 왜 지금의 차를 선택했는가? 아마도 십중팔구는 '성능이 뛰어나서', '가격이 합리적이어서', 'A/S가 좋아서'라고 대답할 것이다. 정말로 그게 진짜 이유인가? 혹시 너무 오래된 일이라 기억이 가물가물하거나, 이성적인 사람으로 보이고 싶어서 합리적인 이유를 대는 것은 아닌가? 당신의 기억을 되살려줄 재미있는 사례가 있다.

SM5는 론칭 초기부터 화제였다. '삼성의 야심작', '판매 가격보다 제조원가가 더 들어간 차' 등의 수식어가 세간의 관심을 집중시켰다. 그런데 생각만큼 판매가 따라주지 않았다.

"삼성이 만들면 다릅니다."

"탈수록 가치를 느끼는 차!"

"타보면 다릅니다."

이런 광고 메시지로 350억 원에 가까운 광고비를 쏟아 부었지만 SM5는 좀처럼 뜰 기미를 보이지 않았다. 우여곡절 끝에 회사의 주인이 바뀌고, 광고회사도 세 번이나 바뀌었다. 그리고 네 번째 광고회사가 등장했다. 그 회사는 소비자 조사에서 매우 흥미롭고 중요한 사실을 발견해낸다. 두 가지 종류의 조사를 실시했는데, 첫 번째는 전화를 이용한 양적(量的) 조사였다. 수백 명의 소비자를 대상으로 전화조사를 한 결과, 자동차를 살 때 우선적으로 고려하는 요인으로 자동차의 성능, A/S, 가격 등의 응답이 나왔다. 한마디로 차의 품질을 보고 차를 사겠다는 것이다. 얼마나 이성적인 판단인가! 한두푼도 아니고 2천만 원에 가까운 중형승용차를 사는 일이니 너무나 당연한 결과처럼 보였다. 그때까지의 모든 마케팅, 광고활동도 여기에 근거를 두고 있었다.

두 번째 조사는 심층 면접조사로, 30명을 대상으로 실시됐다. 말 그대로 심층적인 면접을 통해 소비자의 깊은 내면을 들여다보았다. 조사 결과 SM5에 대한 소비자의 인식은 한마디로 이랬다.

"SM5, 차는 좋지요. 그런데 같은 값이면 SM5 말고 다른 차를 사겠어요."

SM5의 품질이 좋다는 것은 인정하지만 살 의향은 없다는 것이다.

"차는 좋은데 안 사겠다니, 이게 도대체 무슨 소리야?"

조금 더 깊이 들어가니 의문이 풀렸다.

"차를 바꿀 때는 남들이 알아봐주는 맛도 있고, 좀 바뀐 기분이 들어야 하는데…… SM5는 겉모양이나 차 크기도 그렇고, 차 바꾼 티가 안 나잖아요?"

차의 성능이 좋다는 것은 인정하지만, 겉모양이 무난하고 수수해서 바꾼 티가 안 나기 때문에 구매할 의향이 없다는 것이다.

또 하나 재미있는 사실이 발견됐다. 차를 바꾸는 계기에 관한 것이었는데, 사람들이 차를 바꾸는 주된 이유는 '차가 낡아서'가 아니라, '나의 변화' 때문이었다. 즉 지금 타고 있는 자동차의 성능이 현격하게 떨어져서 차를 바꾸는 것이 아니라, 나의 변화, 즉 승진, 취직, 결혼, 출산 등 신상에 커다란 변화가 생겼을 때 차를 바꾼다는 사실을 발견한 것이다.

이 두 가지 사실을 종합해서 정리해보면, 사람들은 자신의 변화를 알리는 수단으로 차를 바꾸며, 그런 면에서 SM5는 차는 좋지만 고려 대상이 아니었다. 겉으로는 성능, 가격, A/S 등의 합리적이고 이성적인 이유를 말하지만, 차를 바꾸는 진짜 이유는 '자기 신상의 변화를 주변에 알리고 인정받기 위함'이라는 다분히 주관적이고 감정적인 이유 때문이었던 것이다. 2천만 원에 가까운 자동차를 구매하는 데 객관적인 자료를 근거로 한 이성적인 판단이 아니라 주관적이고 개인적인 감정에 의존하다니…….

쉽지 않은 결정이었지만 SM5는 조사 결과를 그대로 받아들였다. 그리고 과감하게 그때까지 마케팅, 광고 전략의 핵심이었던 SM5의 가치, 즉 차의 품질을 뒤로 물리고, SM5를 타는 사람의 가치를 전면에 내세웠다.

"가치를 아는 당신, 당신은 다릅니다."

차는 좋지만 너무 무난하고 새롭지 않아서 주목받지 못했던 SM5를 '진정한 가치를 알고, 그것을 중요하게 생각하는 사람들이 선택하는 차'로 새롭게 포지셔닝한 것이다. 소비자는 이성적인 판단보다는 감정적인 판단에 더 많이 의존하는 존재라는 사실을 인정한 결과는 놀라웠다. SM5 판매에 불이 붙기 시작한 것이다. 지금까지 SM5는 중형 승용차 시장의 강자로 군림하고 있다.

어느 학자가 이렇게 말했다.

"인간의 행동은 이성과 감정이라는 두 마리 말이 끄는 쌍두마차다. 그런데 이성은 작은 조랑말일 뿐이고, 감정은 커다란 코끼리만 하다."

당신이 마부라면 어느 말을 이용해서 마차를 달리게 하겠는가? 당연히 코끼리만 한 말일 것이다. 큰 말을 잘 다루어야 마차를 원하는 방향으로 움직일 수 있기 때문이다. 조랑말은 큰 말이 움직이는 대로 따라오게 돼 있다. 고객의 행동을 당신이 원하는 방향으로 이끌기 위해서는 고객의 감정이라는 큰 말을 잘 다루어야 한다. 사람은 이성보다는 감정에 더 좌우되는 존재이기 때문이다.

심리학자인 조너던 하이트(J. Haidt)는 의사결정에 있어 감정과 이성의 관계를 머리와 꼬리에 빗대어 설명했다. 감정은 머리이고, 합리성(이성)은 꼬리라는 것이다. 그는 "머리가 서쪽을 향하면 꼬리는 동쪽"이라는 표현을 썼는데, 머리인 감정이 주도하면 꼬리인 합리성은 뒤에 따라온다는 것이다. 감정이 마음과 행동을 결정하면, 이성은 합리적인 이유와 근거들을 찾아 그 결정을 정당화하는 역할을 한다. 감정이 결정하고 이성이 지원함으로써 사람들은 심리적인 안정감을 갖게 되는 것이다.

고객을 설득하고 싶다면, "사람의 행동은 감정에 의해 더 많은 영향을 받는다"라는 사실을 깊이 인식하고, "어떻게 하면 고객의 감정에 영향을 줄 수 있을까?"를 먼저 생각해야 한다.

작은 친절이 만든 기적

비바람이 몰아치는 늦은 밤, 미국 필라델피아의 작은 호텔에 노부부가 들어섰다. 빈방을 찾아 여러 호텔을 전전한 터라 그들의 얼굴에는 피곤한 기색이 역력했다. 조지 볼트라는 종업원이 이들을 맞았다.

"예약을 안 했는데, 방을 구할 수 있겠소?"

"손님, 죄송합니다만 저희 호텔에는 빈방이 없습니다. 괜찮으시다면 근처 다른 호텔에 방이 남아 있는지 알아봐 드리겠습니다."

하지만 호텔들은 만원이었다. 마침 세 건의 국제회의가 열리고 있었고, 시간도 이미 새벽 1시였기 때문이다. 비바람 몰아치는 길거리로 노부부를 그냥 내보낼 수 없었던 볼트는 이렇게 말했다.

"손님, 지금 시간에는 방을 구할 수 없겠습니다. 누추하지만 제 방에서 주무시는 것은 어떨까요? 마침 제가 오늘 밤 당번이라 방이 비어 있습니다. 방 값은 지불하지 않으셔도 됩니다."

노부부는 처음에는 사양했지만, 호의를 거절할 수 없어 종업원의 쪽방에서 하루를 묵었다.

다음 날 아침, 노부부는 호텔을 나서며 볼트에게 이렇게 말했다.

"당신은 미국 최고 호텔의 지배인이 될 만한 분인 것 같습니다. 제가 당신을 위해 호텔을 하나 지어드리겠습니다."

노신사의 말이 황당하게 들렸지만, 볼트는 좋은 뜻으로 받아들이고 웃어넘겼다.

그리고 2년 후 어느 날, 볼트는 편지 한 통을 받게 되는데, 그 안에는 노신사가 보낸 초청장과 뉴욕행 왕복 비행기 표가 들어 있었다. 뉴욕을 방문한 볼트는 노신사의 안내로 중심가의 한 호텔 앞에 도착했다. 눈이 부실 정도로 휘황찬란한 호텔을 가리키며 노신사가 말했다.

"이 호텔은 내가 지은 '월도프 아스토리아 호텔'입니다. 조지 볼트, 당신이 이 호텔을 맡아주면 좋겠소!"

이 노신사의 이름은 윌리엄 월도프 아스토, 바로 1,400여 개의 객실과 1,500여 명의 종업원을 둔 초특급 호텔 월도프 아스토리아의 주인이었다. 작은 친절에 감동한 그는 지방 중소호텔의 종업원에 불과한 조지 볼트를 세계 최고 호텔의 총지배인으로 임명했다.

공감의

드라마를

만들어라

인기 TV 프로그램인 '우리 결혼했어요!'에 얼마 전 대학생 연예인 커플이 등장했다. 당신도 잘 알겠지만 이 프로에 나오는 커플들은 결혼(?)을 결정하기 전에 하루 동안 데이트를 해본다. 상대가 자신과 어울리는지를 알아보는 일종의 탐색전으로, 데이트가 끝난 후 양자 간에 합의가 이루어지면 가상의 결혼생활이 시작된다. 그런데 이 커플이 결혼을 결정하게 된 동기가 흥미롭다. 두 사람을 묶어준 결정적인 계기가 다름 아닌 도토리묵이었기 때문이다. 한강 철교를 건너던 전동차 안에서 예비신랑이 예비신부에게 묻는다.

"밤에 한강 물을 바라보면 무슨 생각이 나요?"

신부가 머뭇거리며 대답한다.

"……도토리묵이요."

4차원인가? 그런데 신랑 역을 맡은 남자 가수의 반응이 더 놀라웠다.

"어! 나도 그런데!"

신부의 표정을 기억하는가? 신부는 기쁨으로 놀라 두 눈이 커지고 한동안 입을 다물지 못했다. 도토리묵을 계기로 서먹했던 두 사람의 관계는 급속도로 가까워졌고 결국 결혼에 골인한다. 신랑 역을 맡은 남자 가수는 인물도 괜찮고, 유머도 있고, 매너도 좋아 보였다. 그런데 결정적인 건 도토리묵이었다. 도토리묵이 뭐기에 신부의 마음을 움직였을까?

사람의 마음은 나바론의 요새보다 더 견고해서 웬만해선 그 속을 허락하지 않는다. 그 안으로 들어가는 유일한 방법은 마음의 문을 여는 것인데, 이 문에는 안쪽에만 손잡이가 달려 있다. 본인이 안에서 열어주기 전에는 아무도 들어갈 수 없는 곳이 바로 사람의 마음인 것이다. 무엇으로 고객의 마음의 문을 열 수 있을까?

공감(共感)이 마음의 문을 연다.

공감이란 상대방이 나와 같은 의견이나 감정을 갖고 있다고 느끼는 것을 말한다. 즉 사람들은 상대방이 자신과 같은 의견, 같은 감정을 가지고 있다고 느낄 때 마음의 문을 열게 된다. 한강 물을 보고 도토리묵을 떠올리는 건 아무나 할 수 있는 일이 아니다. 신부도 자신이 특이하다고 생각했을 것이다. 그런데 그런 사람이 자기 말고 또 있다니! 그것도 지금 내 앞에 말이다. 얼마나 기쁘고 놀라운 일인가! 그 도토리묵은 그냥 보통 도토리묵이 아니라 두 사람으로 하여금 상대방에게 공감을 느끼게 만들어준 매개체였던 것이다.

사람은 자신과 비슷한 것에 끌리는 경향이 있다. 가치, 신념, 의견, 감정은 물론 단지 이름이 비슷하다는 이유만으로도 호감을 느끼고 유대감을 갖게 된다. 이런 사람의 부탁은 그렇지 않은 사람보다 훨씬 잘 들어주며, 그 사람의 행동을 따라할 가능성도 더 높다. 이를 '유사성

(類似性)의 원리'라고 한다.

주변에서 당신과 비슷한 점을 가진 사람을 만났을 때를 생각해보라. 처음 입사한 직장에서 학교 선배를 만났을 때, 거래처 직원이 알고 보니 친구의 친구였을 때, 소개팅에서 만난 이성이 자신과 같은 취미와 기호를 가졌을 때, 드라마 주인공의 이야기가 내 인생의 한 장면을 옮겨놓은 것 같을 때, 우리는 그 대상에 대해서 이전에는 느낄 수 없었던 호감을 느끼게 된다. 그 사람의 말에 더 귀 기울이게 되고, 더 신뢰하게 되며 따라서 그 사람의 의견에 동의할 가능성이 높아지게 된다. 공감이 마음의 문을 열고, 마음을 움직인다.

한마디로 설득은 공감의 드라마다.

인생에서 일어나는 사건들을 극적으로 연출함으로써 시청자의 감동을 만들어내는 것이 TV 드라마라면, 설득은 고객과의 사이에 존재하는 크고 작은 공감 요소들을 극적으로 연출함으로써 고객의 감동을 이끌어내는 것이다. 고객을 설득하기 위해서 기획자는 먼저 고객과의 사이에 존재하는 크고 작은 공감 요소들을 찾아내야 한다. 그리고 이것들을 마치 한 편의 드라마를 보는 것과 같이 감격적이고 인상적으로 연출함으로써 기획안에 대한 고객의 최종 승인을 받아낼 수 있는 것이다.

삼양식품 프레젠테이션 때의 일이다. 당시 내가 다니던 리앤디디비는 신설 회사인 반면, 경쟁에 참여한 다른 광고회사들은 규모도 클 뿐 아니라 삼양식품에 대한 경험이 풍부한 회사들이었다. 같은 조건이라면 광고주들은 자신을 잘 아는 광고회사를 선택한다. 말이 통하기 때문이다. 삼양식품은 그런 경향이 강한 회사에 속했기 때문에 우리의 걱정은 컸다. 준비 기간 동안 내내 삼양식품을 알기 위한 노력이 계속됐고, 고민 끝에 프레젠테이션의 제목 겸 테마를 다음과 같이 설정했다.

"빼앗긴 들에도 봄은 오는가?"

잘 알다시피 삼양라면은 라면의 원조다. 국내 시장에 최초로 라면을 선보였으며, 시장점유율 60%를 자랑하는 막강한 1위 브랜드였다. 그런데 1989년 '우지(牛脂) 파동'이 터지면서 엄청난 타격을 입었다. "삼양식품이 라면을 만들 때 공업용 우지를 사용한다"는 한 장의 투서로 시작된 우지 파동은 언론의 집중 조명을 받으며 3개월 만에 삼양라면의 시장점유율을 10% 이하로 끌어내렸고, 그 결과 후발 브랜드인 농심에게 1위의 자리를 넘겨주어야 했다. 뿐만 아니라 1천여 명의 직원들이 회사를 떠나야 했다. 삼양식품은 1997년 대법원으로부터 무죄판결을 받았지만 예전의 영광을 되찾기에는 너무나 많은 시간이 흐른 뒤였다. 지금은 시장점유율도 많이 회복하고 완전히 안정을 되찾았지만, 아직도 삼양식품 임직원들의 아쉬움은 그들의 자부심만큼이나 크다.

우리는 이것을 건드리기로 했다. 시작부터 광고주 모두가 프레젠테이션에 빨려드는 것을 느낄 수 있었다. 중간 중간에 심어놓은 공감 요소들로 인해 참석자들이 고개를 끄덕거리는 횟수가 점점 늘어났고, 큰 박수로 프레젠테이션이 끝났다. 다음 날 우리는 연간 광고물량 80억 원 규모의 삼양식품을 새 고객으로 맞았다.

얼마 전 '케빈 베이컨의 6단계(Six degrees of Kevin Bacon) 법칙'이 인터넷 메신저에서도 확인됐다고 해서 화제가 된 적이 있다. 마이크로소프트사의 인터넷 메신저 사용자들을 대상으로 조사한 결과, 무작위로 추출한 한 쌍의 사람들은 평균 6.6명을 거치면 서로 연결되더라는 것이다. 서로 얼굴도 모르는 사이도 6단계 정도를 거치면 연(緣)이 닿을 정도로 사람들은 가까운 사이다. 찾아보면 얼마든지 공통분모를 찾을 수 있다. 고향, 학교, 살던 동네, 각종 모임, 만나는 사람들에서 취미, 관심사, 존경하는 인물, 좋아하는 연예인, 최근에 본 영화에 이르기까지 얼마든지 있다. 또 문제에 대한 견해가 똑같을 수는 없지만 각론으로 들어가면 의견이 비슷한 부분을 여럿 찾아낼 수 있을 것이다. 이런 공통분모들을 가능한 한 많이 모아야 한다. 작고 사소해 보이는 공통점도 무시해서는 안 된다. 작은 구멍이 큰 둑을 무너뜨리는 법이다. 그리고 이것들로부터 설득을 시작해야 한다. 그러면 고객의 마음의 문이 서서히 열리기 시작할 것이다.

공감

3원칙

공감은 설득의 본질이다. 고객과의 공감이 없는 어떤 설득도 성공할 수 없다. 톡톡 튀는 아이디어도, 치밀하고 탄탄한 논리도, 화려하고 거침없는 언변도, 고객과의 공감이 전제될 때 비로소 가치를 갖게 된다. 당신의 기획안과 프레젠테이션의 모든 내용은 고객과의 공감을 목표로 치밀하게 구성되고 설계돼야 한다.

그렇다면 어떻게 해야 고객과의 공감대 형성에 성공할 수 있을까?

첫 번째 대답은 고객을 존중하라는 것이다.

존중의 의미는 소중하게 생각하고 다루어주는 것이다. 누구나 자신의 생각과 의견, 감정을 존중받길 원한다. 자신을 존중해주는 사람에게 호감을 느끼며, 그런 사람의 의견에 동의할 가능성이 높다. 당신은 고객 자신은 물론이고 그의 일, 생각, 의견, 감정, 취미 등 고객이 가진 모든 것을 소중하게 생각하고 다루어야 한다. 당신이 고객을 존중해주면 고객 역시 당신의 제안을 소중하게 생각하고 다루어줄 것이다.

"설득력 있는 의사소통에서 당신이 범할 수 있는 가장 큰 실수는 당신의 견해와 감정 표현에 최우선순위를 두는 것이다. 사람들이 진정으로 원하는 것은 자기 말을 들어주고 자기를 존중해주며 이해해주는 것이다. 당신이 자기 말을 이해하고 있다고 느끼는 순간, 사람들은 당신의 견해를 이해하려는 동기를 부여받는다."

펜실베이니아 대학 교수 데이비드 번스의 말이다. 그의 말처럼 많은 기획자들이 자신의 생각과 견해, 감정에 빠진 나머지 고객을 고려하지 않는 실수를 저지른다. 그래서는 설득에 성공할 수 없다.

설득은 입이 아니라 귀로 하는 것이다. 먼저 고객에게 귀를 열고 고객의 목소리를 듣지 않는 사람은 결코 고객을 설득할 수 없다. 내 귀를 열어주어야만 고객의 마음도 함께 열리기 때문이다. 목소리에 이상이 생겼다고 의사를 찾는 오페라 가수들을 검사하면 대부분 후두가 아니라 중이에서 문제가 발견된다고 한다.[33] 사람은 자기 귀로 들을 수 없는 소리는 입으로도 낼 수가 없다. 알프레드 토마티스(Alfred Tomatis)라는 프랑스 의사는 "입으로 노래하는 것이 아니라 귀로 노래한다"는 원리에 입각해 목소리 이상을 호소하던 수많은 가수들의 귀를 치료함으로써 그들을 다시 오페라 무대에 세울 수 있었다고 한다. 설득에 문제가 생겼다면 입이 아니라 귀를 먼저 의심해볼 일이다.

당신의 공감이 고객의 공감을 만든다. 고객의 공감을 얻으려면, 당신이 먼저 고객에게 공감해야 한다. 당신의 생각과 견해를 주장하기에 앞서 고객의 생각과 견해, 감정을 충분히 듣고 이해하고 존중해주어야 한다는 말이다. 그리고 그것을 기획안과 프레젠테이션 안에 담도록 애써야 한다. 특히 고객의 가치관을 공유하고, 고객이 무엇을 원하고(wants), 무엇을 필요로 하는지(needs) 잘 파악해서, 그것들이 기획서와 프레젠테이션에 자연스럽게 나타나도록 해야 한다. 그러면 고객은 자신이 존중받고 있다고 느낄 것이고, 당신의 제안에 공감하려는 노력을 시작할 것이다.

당신은 기획안과 프레젠테이션을 통해 고객에게 이런 느낌으로 말해야 한다.

"나는 당신에 대해 많이 알고 있습니다. 나는 당신을 잘 알고 있으며 당신의 문제, 당신의 열망, 당신의 필요를 이해하고 있습니다. 내가 당신에게 말하고자 하는 것은 내가 믿고 있고, 내가 매우 좋아하고, 그리고 그 사실을 당신에게 설명하여 당신이 마음의 결정을 내릴 경우 당신도 틀림없이 좋아하게 될 아주 좋은 아이디어에 관한 것입니다."

그러면 당신의 고객은 이런 반응을 보일 것이다.

"도토리묵을 생각하다니, 저 친구 나하고 말이 통하겠는걸!"

"맞아, 내가 고민하고 있는 게 바로 저거라고! 저 친구 우리에 대해 잘 알고 있구먼."

"야, 어떻게 저런 생각을 했지? 기막힌 해결책이야!"

말을 잘 타는 가장 좋은 방법은 말이 가고 있는 방향으로 가는 것이다. 우선 말이 가는 방향에 맞추고, 그러고 난 다음 내가 가고 싶은 방향으로 용의주도하게 고삐를 당기는 것이다. 설득도 마찬가지다. 고객을 공감시키려면 당신이 먼저 고객에게 공감해야 한다. 고객의 생각과 견해, 감정을 최대한 존중하고 이해하기 위해 최선을 다해야 한다. 그리고 그 사실을 고객이 느낄 수 있도록 기획안과 프레젠테이션을 준비해야 한다. 그런 다음 고객이 당신의 생각과 견해에 공감하도록 용의주도하게 유도해 나가는 것이다.

모 초고속 인터넷 회사의 경쟁 프레젠테이션 때 일이다. 시작 전에 언뜻 보니, 무슨 이유에서인지 클라이언트 사장의 얼굴이 몹시 불편해 보였다. 그래서 첫 출발은 다소 어색하고 경직된 분위기에서 이루어졌다. 다행히도 프레젠테이션이 진행되면서 사장의 얼굴이 점차 밝아졌다. 고개를 끄덕이는 횟수가 점점 늘더니 끝날 무렵에는 얼굴에 미소가 가득했다. 잔뜩 긴장했던 우리 팀으로선 매우 반가운 일이었지만 한편으론 이런 반전의 이유가 무척 궁금했다.

"도대체 사장님한테 무슨 일이 있었던 거지?"

우리의 의문은 마지막 순서인 사장의 강평에서 풀렸다.

"수고하셨습니다. 내가 생각했던 게 바로 이겁니다. 다른 회사들은 자기들 하고 싶은 대로 광고를 만들어왔더군요. 우리가 무얼 원하는지는 전혀 고려하지 않고 말입니다. 말이 통하는 회사를 만나 기쁩니다. 앞으로 잘 부탁합니다."

클라이언트가 우리를 선택한 이유는 단순하고 명쾌했다. 다른 3개의 광고회사는 클라이언트의 생각과 견해를 전혀 고려하지 않았는데 우리는 달랐다는 것이다. 우리 팀이 사전에 클라이언트에 대한 정보를 얻기 위해 애쓴 것은 사실이지만, 그것이 이런 결과를 가져오리라곤 아무도 예상치 못했다. 고객이 무엇을 원하며, 어떤 생각과 견해를 갖고 있는지 유심히 살피고, 그것을 존중하고 이해해서 기획안과 프레젠테이션에 반영하는 것은 이처럼 중요하다.

물론 그 반대의 경우도 있을 수 있다. 반대의 경우란 고객의 생각과 의견, 욕구와 필요에 전혀 개의치 않고 당신의 생각과 의견을 소신껏 제안하는 경우를 말한다. 이런 소신 제안은 다음과 같은 상황일 때 효과적이다.

먼저 당신이 고객으로부터 전폭적인 신뢰를 받고 있을 때다.

세계적인 명품 브랜드 샤넬(Chanel)은 "대중을 멀리해야 대중을 넘는다"고 말한다. 고객을 의식하고 제품을 만들면 딱 그 수준밖에 안 나오기 때문에 소비자 조사 같은 것은 아예 거들떠보지도 않는다. 그 대신 소비자가 상상하지 못했기 때문에 더 갈망하는 그 무엇, 시장의 흐름보다 6개월 앞서 나가는 그 무엇을 만드는 데 총력을 기울인다. 샤넬이 이런 철학을 견지할 수 있는 이유는 고객들의 전폭적인 신뢰 때문이다. 샤넬은 전 세계 여성들의 꿈과 동경의 대상이다. 샤넬의 창조성과 차별화 실험에 대해 고객들은 "과연 샤넬답다!"라고 하지, "이건 내가 원하던 게 아니야"라고 하지 않는다. 당신이 고객으로부터 전폭적인 신뢰를 받고 있다면 당신만의 길을 가는 것이 설득에 더 효과적이다.

또 하나는 고객이 갈피를 못 잡고 방황하고 있을 때다. 고객들 간에 의견이 분분하거나, 고객의 생각대로 다 해봤는데도 문제가 해결되지 않았을 때, 고객이 위급한 상황일 때 역시 소신 제안이 효과적이다(이 경우에도 당신에 대한 고객의 신뢰는 매우 중요하다). 앞에 예로 든 SM5가 여기에 해당된다고 할 수 있다. SM5가 350억 원을 투자한 기존의 광고 방향을 접고, "가치를 아는 사람, 당신은 다릅니다"라는 전혀 새로운 소신 제안을 덜컥 잡을 수 있었던 것은 바로 이 때문이다.

하지만 이것은 매우 이례적인 경우다. 아주 특별한 경우가 아니라면, 고객의 생각과 견해, 감정 그리고 욕구와 필요에 우선순위를 두는 것이 설득에 훨씬 더 효과적이다.

고객의

이익을

팔아라

광고가 무어냐고 물으신다면
카피가 무어냐고 물으신다면
감언이설이라고 말하겠어요.

듣기 좋은 달콤한 말로
소비자에게 이로운 바를 얘기하는
감언이설이 카피 아니겠어요?

감언이설로 속이는 게 아니라
재미있는 말로 진실을 얘기하는
감언이설이 광고 아니겠어요.

            - 김태형, '카피라이터 가라사대'[34]

기획 초년병 시절의 잊지 못할 경험이 있다. 팀장으로부터 오더가 떨어졌다. 신규 고객 확보를 위해 모 회사를 방문해야 하는데, 그 회사는 광고를 해본 경험이 전혀 없으니 국내 광고 환경에 대한 브리핑을 할 수 있도록 미팅 자료를 준비하라는 것이었다. 일주일 동안 오더에 충실한 자료를 준비해, 고객 임원진 앞에서 프레젠테이션을 진행했다. 1시간여에 걸친 프레젠테이션이 끝난 후 그 회사의 사장이 이런 질문을 했다.

"우리가 귀사와 일하면 어떤 이익이 있습니까?"

경제학의 아버지라 불리는 애덤 스미스(Adam Smith)는 "우리가 저녁식사를 할 수 있는 것은 푸줏간, 양조장, 빵집 주인의 호의 때문이 아니라 그들이 스스로의 이익을 위해서 일하기 때문이다"라고 말했다. 당신의 고객 역시 마찬가지다. 그들이 당신 기획안과 프레젠테이션에 관심을 가지는 이유는 자신의 이익 때문이다. 당신의 기획이 자신의 문제를 효과적으로 해결함으로써 자신이 얻게 될 이익을 기대하는 것이다. 고객을 설득하려면 당신은 그 기대에 부응해야 한다.

공감을 만드는 두 번째 원칙은, 고객의 이익(benefit)을 팔라는 것이다.

김태형 선생의 말처럼, 설득이란 감언이설(甘言利說)이다. 듣기 좋은 달콤한 말로 소비자(고객)에게 이(利)로운 바(이익)를 이야기하는 것이 설득이다. 설득에 성공하려면 당신은 기획서와 프레젠테이션을 통해 아이디어가 아니라 고객의 이익을 팔아야 한다. 아이디어 자체에 초점을 맞추지 말고, 그 아이디어를 통해 고객이 얻게 될 이익에 초점을 맞추라는 것이다.

고객은 제품을 사는 것이 아니라, 그 제품을 사용하면서 얻게 되는 이익을 산다. 꽃집에서 장미꽃을 고르는 젊은 청년은 장미꽃이 아닌 사랑을 산다. 장미꽃이 좋아서 사는 것이 아니라, 장미꽃을 통해 여자 친구에게 전할 사랑을 사는 것이다. 공구 상점에서 전기드릴을 만지작거리는 아저씨에게 필요한 것은 드릴이 아니다. 전기드릴을 사용해 벽 위에 뚫을 '깨끗한 구멍'이 필요한 것이다. 고객이 당신의 기획안을 채택하는 이유는 당신의 아이디어가 독특해서가 아니다. 당신의 아이디어가 자신에게 가져다줄 이익 때문이다.

하나의 기획안을 완성하는 데는 많은 시간과 노력이 소요된다. 아이디어를 찾기 위해서 또 그것을 효과적으로 전달하기 위해서 여러 사람들이 많은 밤을 지새운다. 그래서 기획자인 당신은 이렇게 말하고 싶을 것이다.

"이 기획안의 아이디어들은 정말 창의적이고 독특합니다. 이것들을 발견하기 위해서 얼마나 고생을 했는지 모릅니다."

하지만 아쉽게도 당신의 고객은 그런 점에는 별로 관심이 없다. 그들이 관심을 가지는 것은 당신의 기획안이 자신에게 얼마나 많은 이익을 가져다주느냐 하는 것이다. 자신에게 이롭다는 생각이 들지 않으면 고객은 그 기획안을 거들떠보지도 않는다. 즉 당신의 기획안이 얼마나 빠른 시간 안에, 얼마나 적은 비용으로 자신의 문제를 해결할 수 있는지가 주된 관심사다. 그런 이유로 당신이 기획서와 프레젠테이션에서 강조해야 할 말은 바로 이것이다.

"이 기획안은 당신에게 이러한 이익을 가져다줍니다."

고객을 설득하고 싶다면, 아이디어의 독특함이나 창의성을 자랑하고 싶은 유혹에 빠져서는 안 된다. 당신의 기획안이 고객에게 어떤 이익을, 얼마나 크게 가져다주는지에 초점을 맞춰 기획안을 만들고 프레젠테이션을 준비해야 한다. 이런 원칙은 기획안의 첫 장부터 적용돼야 한다. 예를 들어 당신이 신제품 출시를 기획하고 있다고 가정해보자. 당신은 이 기획안의 제목을 무엇이라고 달겠는가?

가장 흔히 볼 수 있는 것이 '신제품 론칭 기획안'이다. 고객이 얻을 이익도, 잘 해보겠다는 의지도 찾아볼 수 없다. 당신이 상사라면 이런 기획안에 관심을 갖겠는가? 이보다 조금 나은 것이 '성공적 시장 진입을 위한 신제품 론칭 기획안' 같은 류다. 잘 해보겠다는 의지는 보이지만 아직 부족하다. 당신의 상사가 기획안에 대해 기대와 확신을 가질 수 있도록 고객의 이익이 더욱 명확하게 표현되어야 한다. 이에 비해 '매출 100억 달성을 위한 신제품 발매 기획안'이나 '청소년 시장 일등 브랜드를 위한 신제품 론칭 기획안'이라는 제목은 어떤가? 기획을 통해 고객이 어떤 이익을 얻을 수 있을지가 분명하지 않은가! 제목만 봐도 내용이 기대된다. 이처럼 기획안의 모든 아이디어는 고객의 이익이라는 관점으로 표현되고 전달돼야 한다. 그래야 고객과 공감대를 만들 수 있다.

설득의

삼각형

공감을 만드는 세 번째 원칙은 설득의 삼각형을 활용하라는 것이다. 설득의 삼각형은 지금까지 설명한 설득에 대한 내용들을 하나의 틀로 정리하는 의미가 있다.

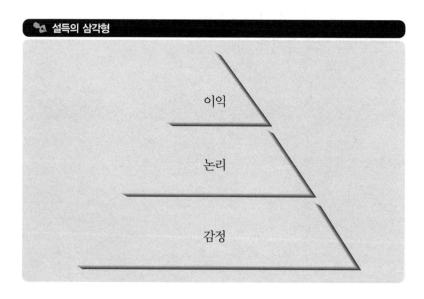

설득의 삼각형

이익

논리

감정

설득의 삼각형은 그림에서 보듯 이익, 논리, 감정의 세 부분으로 구성돼 있다. 앞에서 설명한 것처럼 고객이 기획을 통해서 얻고자 하는 것은 고객의 이익이다. 따라서 기획서와 프레젠테이션의 도입부부터 고객의 이익을 명확하게 부각해야 하며, 당신의 모든 아이디어가 고객의 이익과 직접적으로 연관돼 있음을 강조해야 한다. 그래야 고객의 관심을 기획안에 붙잡아둘 수 있다. 이익이 삼각형의 맨 꼭대기에 뾰족하게 자리한 이유다.

당신이 고객에게 약속한 이익은 그 실현 가능성이 탄탄한 논리로 뒷받침돼야 한다. 고객의 이익은 클수록 좋다. 기획안이 훌륭하다는 증거이며, 그만큼 채택 가능성도 높아지기 때문이다. 그래서 많은 기획자들이 가능하면 큰 이익을 고객에게 약속하려 든다. 하지만 고객은 매우 깐깐하다는 사실을 명심해야 한다. 기획을 실현하는 데는 비용이 든다. 회사의 인력과 시간과 돈이 투자되는 것이다. 그래서 고객은 당신의 논리를 전후좌우로 이리 재고 저리 재고 또 잰다. 0.1%의 허점만 보여도 고객은 투자를 망설인다. 당신이 약속한 고객의 이익에 대한 충분한 근거와 자료 그리고 탄탄한 논리가 필요한 이유다.

나는 고객을 논리적으로 설득할 때 다음의 세 가지 툴(tool)을 활용한다. 이론적인 툴, 사례의 툴, 통찰력의 툴이다.

이론적인 툴이란 말 그대로 학문적 성과인 이론을 이용해 나의 논리를 설득하는 것이다. 이성적인 설득보다 감정적인 설득이 더 중요하다는 사실을 설명하기 위해서 행동경제학 이론을 끌고 들어오는 식이다. 자신이 하고 있는 일의 분야는 물론이고, 인접한 분야나 최근에 뜨고 있는 분야의 이론들을 함께 활용해야 논리가 풍성해진다. 마케팅, 광고가 전문 분야인 내 경우에는 마케팅과 광고, 브랜드 관련 이론들을 메인으로 하고, 여기에 심리학, 경제학, 행동경제학 등의 이론들을 얹어서 활용한다. 이론적인 툴은 경우에 합당한 이론을 적절하게 매치할 경우 강력한 설득의 무기가 된다.

사례의 툴이란 다양한 사례와 자료를 이용하여 논리를 백업하는 것을 말한다. 성공 사례와 실패 사례는 물론이고, 소비자 조사를 비롯한 각종 조사 자료와 신문기사 자료까지 근거가 확실하고 믿을 만한 모든 사례와 자료들이 동원된다. 이론이 내 논리에 정당성을 부여한다면, 이 사례와 자료들은 내 논리의 구체적인 증거로써 작용한다. 사례와 자료들을 통해 고객들은 내 논리를 더욱 분명하게 이해할 수 있게 될 뿐만 아니라, 논리의 실현 및 성공 가능성을 높게 평가하게 된다. 또한 사례에는 이야기가 담겨 있다. 이 이야기가 딱딱하고 건조한 이론의 단점을 보완해준다. 이야기가 고객의 관심을 집중시키고, 그만큼 설득의 가능성은 높아진다.

세상에 100% 완벽한 논리란 없다. 완벽해 보여도 어딘가 허술한 구석이 있게 마련이다. 수학 공식을 만들 게 아니라면 완벽한 논리는 애당초 잊는 게 좋다. 대신 그 시간과 노력을 세상과 삶에 대한 '통찰(insight)'을 키우는 데 써라. 통찰이란 세상과 삶의 이치를 꿰뚫어보는 것을 말하는데, 이것을 이용해 내 논리를 설득하는 것이 통찰력의 툴이다. 통찰은 삶의 경험에서 우러나온 지혜이기 때문에 폭넓은 공감대를 만들어낸다. 이 공감이 논리의 비약과 허술한 부분을 보완해주고, 드라마틱한 설득을 만들어준다.

"인생에서는 속도보다 방향이 중요하다." 인생에 대한 통찰이다.
"매일 날씨가 좋으면 사막이 된다." 인생과 사업에 대한 통찰이다.

"여자를 얻기 위해 필요한 건 외모가 아니라, 여자가 바라는 게 무엇인지 잘 아는 것이다." 사랑에 대한 통찰이다.

"달걀을 한 바구니에 담지 마라." 투자에 대한 통찰이다.

"당신의 모든 달걀을 한 바구니에 넣고 그 바구니를 잘 지켜라." 성공에 대한 통찰이다.

"칭찬은 귀로 먹는 보약이다." 리더십에 대한 통찰이다.

"여러분보다 더 작은 사람들만 고용하면 우리 회사는 소인국이 될 것이고, 늘 여러분보다 큰 사람을 채용하면 거인국이 될 것입니다." 인재 채용의 통찰이다.

"소비자는 좋은 제품이 아니라 필요한 제품을 산다." 마케팅과 광고의 통찰이다.

"아이디어는 발견하는 것보다 파는 것이 더 어렵다." 설득에 대한 통찰이다.

당신이 조금만 관심을 가지면 금방 많은 통찰을 모을 수 있다. 우리 주변에 널려 있기 때문이다. 우리가 자주 쓰는 속담이나 격언, 고사성어는 그 자체가 세상과 삶에 대한 통찰이다. 인류 최고의 베스트셀러인 성경에도 페이지마다 깊은 통찰로 가득하다. 당신이 지금 읽고 있는 책에도 많은 통찰이 숨어 있다. 신문의 칼럼이나 사설도 유심히 보라. 꽤 쓸 만한 것들을 건질 수 있을 것이다.

나는 이 세 가지 툴을 적극적으로 활용해서 상당히 설득력 있는 기획서와 프레젠테이션을 준비할 수 있었다. 통찰력의 툴을 가장 애용했고, 보통 두 가지 이상의 툴을 함께 썼다. 중요한 부분에는 세 가지 툴 모두를 사용했다. 그런데 이 세 가지 툴을 활용하기 위해서는 꼭 준비해야 할 것이 있는데, '나만의 토피카(topica)'가 바로 그것이다.

예부터 뛰어난 연설가, 설교자, 정치가들은 모두 토피카를 가지고 있었다. 토피카란 일종의 자료집으로, 여기에 연설이나 설교, 변론에 자주 쓰이는 상투어들과 다양한 예들을 주제별로 모아놓고 필요할 때마다 곧바로 꺼내 썼다고 한다. 여기서 힌트를 얻어 만든 것이 나만의 토피카다. 대학노트 몇 권에 이르는 '나만의 토피카' 안에는 마케팅, 광고 이론에서부터 성공 및 실패 사례, 속담, 격언, 고사성어, 명언, 신문기사, 심지어 라디오에서 들은 주부의 사연과 TV 드라마 속의 명대사까지 다양한 분야의 자료들로 가득하다. 당장은 아니더라도 언젠가 쓸 가치가 조금이라도 있다고 생각되면 모두 모은 것이다. 이 책 내용의 상당 부분도 여기서 나온 것이다. 나만의 토피카는 항상 가장 가까운 곳에 둔다. 가장 소중한 재산이고, 필요할 때마다 즉각 꺼내 쓰고 채워넣기 위해서다.

당신이 진정으로 설득의 프로가 되길 원한다면, 지금 당장 당신만의 토피카를 만들어라. 만들되 가능한 한 자기만의 독특한 토피카를 만들기 위해 애써라. 설득에도 창의성이 요구되는 시대이기 때문이다.

프레젠테이션이 시작됐다. 광고회사 대표의 환영 인사가 끝나자 갑자기 프레젠테이션 룸의 불이 모두 꺼졌다. 정전인가? 잠시의 수군거림 끝에 스포트라이트가 들어왔다. 그런데 한 어린 소녀가 발레복을 입고 그 속에 서 있는 게 아닌가! 누구지? 갑작스러운 어린 소녀의 등장에 참석자들 모두 어리둥절했지만, 음악과 함께 발레가 시작되자 이내 숨을 죽이고 어린 소녀의 춤 동작에 빠져들었다.

얼마간의 시간이 흐르자 두 명의 광고회사 직원이 각자 폴라로이드 카메라를 들고 어린 소녀를 찍기 시작했다. 이건 또 뭐야? 사진이 나올 즈음 어린 소녀는 발레를 끝내고 룸 밖으로 사라졌다. 불이 들어오고, 방금 나온 사진을 든 프레젠터가 본격적인 프레젠테이션을 시작했다.

"우리는 방금 귀사와 경쟁사의 폴라로이드 카메라로 한 소녀의 발레 모습을 촬영했습니다. 그 결과물이 바로 이 사진들입니다."

내용인즉 우리 카메라로 촬영한 사진은 모든 부분이 뚜렷하게 나오는 반면, 경쟁사 제품은 사진의 주위 부분이 흐릿하게 나오니 이 점을 부각해서 광고를 하자는 것이었다.

프레젠테이션이 끝나고, 광고회사의 문을 나서던 광고주의 직원들이 물었다.

"감사합니다. 수고하셨습니다. 그런데…… 아까 그 어린 소녀는 누굽니까?"

여러 차례 질문이 이어지자 잘 모르겠다던 광고회사 직원이 마지못해 입을 열었다.

"사실 그 소녀는 우리 사장님 따님입니다. 절대 비밀로 하라고 하셨는데……."

워낙 중요한 프레젠테이션이라 누구를 등장시킬지 끝까지 고민하고 있었는데, 며칠째 고민하는 아빠의 모습을 본 사장의 어린 딸이 선뜻 나서더라는 것이다.

"아빠, 그렇게 중요한 거면 내가 해줄게!"

순간 광고주의 직원들은 가슴 한켠이 따뜻해지는 것을 느낄 수 있었다.

"그래, 이런 사람들이라면 무얼 맡겨도 되겠어!"

3류는 제품을 팔고

2류는 이익을 팔며,

1류는 감동을 판다.

3류 세일즈맨은 제품의 장점만을 내세워 물건을 판다. 2류 세일즈맨은 제품을 통해서 고객이 얻을 이익에 초점을 맞춰 고객을 설득한다. 반면에 1류 세일즈맨은 고객을 감동시켜 고객 스스로 물건을 사도록 만든다는 것이다.

당신의 아이디어를 고객의 이익과 연결시키고, 이를 탄탄한 논리로 묶어냈다면 당신은 2류 세일즈맨은 된 것이다. 이것도 쉬운 일은 아니다. 하지만 1류가 되기 위해서는 감동을 팔 줄 알아야 한다. 감동이야말로 아이디어와 고객의 이익, 탄탄한 논리를 뛰어넘는 최고의 설득 무기다. 감동을 판다는 것은 '고객의 감정에 깊이 관여하여 마음을 움직이는 것'을 말한다. 감동이 큰 힘을 발휘하는 이유는 바로 감정에 깊이 관여하기 때문이다.

고객의 이익을 중심으로 당신의 아이디어를 논리적으로 탄탄하게 정리하는 일은 매우 중요하다. 고객이 당신의 기획안을 선택하는 이성적인 이유이기 때문이다. 하지만 그것보다 더 중요한 일이 있다. 고객으로 하여금 당신과 기획안에 대해 감정적으로 좋은 느낌을 갖도록 만드는 것이다. 이성은 합리적 사고를 통해 옳고 그름을 판단한다. 감정은 마음에 일어나는 기쁨, 노여움, 슬픔, 두려움, 쾌감, 불쾌감 등으로 좋고 싫음을 결정한다. 앞에서 설명한 것처럼 이성은 조랑말이고, 감정은 코끼리다. 옳고 그름보다 좋고 싫음을 더 잘 다루어야 한다는 말이다. 다시 말해 고객으로 하여금 당신과 기획안에 대해 감정적으로 좋은 느낌을 갖도록 만드는 것이 무엇보다 중요하다. 감정이라는 코끼리를 한번 움직이면 그 효과는 대단하다. 단 몇 분의 연설로 아테네 시민 전체가 떨쳐 일어나게 만들고, 하룻밤의 친절로 지방의 작은 호텔 종업원이 세계 최고 호텔의 총지배인이 되기도 하며, 어린 소녀의 발레가 큰 비즈니스를 따내기도 한다. 감정이라는 단어가 삼각형의 하단에 가장 넓은 면적을 차지하고 있는 이유다.

간혹 어떤 기획자들은 자신의 기획안을 돋보이게 하기 위해 고객의 과거 전략이나 활동들을 깎아내린다. 자신의 아이디어는 돋보일지 모르지만 이런 설득은 백이면 백 모두 실패한다. 고객의 과거를 무시함으로써 고객의 감정을 상하게 했기 때문이다. 어떤 경우에도 고객을 존중해야 한다. 고객의 과거 결정을 칭찬하라. 당시의 상황에서는 그 전략과 행동이 옳은 것이었음을 인정하고 존중해준다면, 고객은 마음의 문을 열고 당신의 제안을 받아들일 준비를 할 것이다.

고객의 감정에 깊이 관여해 감동을 만들어낸다고 해서 큰 것만을 생각할 일은 아니다. 카스맥주가 국내 시장에 출시될 때, 모 광고회사는 프레젠테이션 도입부에 당시 주 경쟁사였던 오비맥주와 크라운맥주 수천 병을 폭파하는 장면을 보여주어 고객에게 큰 감동을 선사한 일이 있다. 물론 이렇게 큰 것으로 감동을 줄 수도 있지만, 삼양라면 프레젠테이션처럼 "빼앗긴 들에도 봄은 오는가?"라는 문장 하나로도 얼마든지 큰 감동을 만들어낼 수 있다. 중요한 것은 고객에 대한 존중과 배려가 얼마나 담겨 있느냐는 것이다. 당신이 고객을 위해서 아주 작은 것까지 세심하게 신경 쓰고 있으며, 그로 인해 고객이 존중받고 있다고 느낄 수 있게 하는 것이 중요하다.

고객에 대해 가능한 한 많이 알려고 애써라. 그리고 그렇게 해서 알게 된 고객의 일, 생각, 의견, 감정, 취미 등 모든 것을 소중하게 생각하고 다루어라. 고객은 존중받고 있다고 느낄 것이다. 고객의 이름을 기억하고 불러주며, 배포하는 기획서 표지에 고객의 직급과 이름을 넣어라. 종이컵이 아닌 받침이 있는 유리잔에 음료수를 대접하고, 깔끔하고 단정한 모습으로 고객을 대면하라. 시간 사용 계획을 알려주고, 기회를 준 고객에게 감사의 인사를 전하라. 정중한 자세로 최선을 다해 프레젠테이션을 진행하고, 질문에 성심성의껏 대답하라. 고객은 대접받고 있다고 느낄 것이다. 너무 소소해 보이는가? 중요한 것은 고객에 대한 세심한 정성과 배려가 담겨 있느냐는 것이다. 아주 작은 것까지 고객을 위해 세심하게 배려하라. 작은 것이 큰 감동을 만들어낼 것이다.

서울 올림픽과 꽃바구니

한국과 일본이 치열하게 올림픽 유치 경쟁을 벌일 때의 일이다. 우리나라는 뒤늦게 유치전에 뛰어든 터라 전망이 그리 밝지 못했다. 하지만 올림픽 유치위원장이었던 고 정주영 회장은 IOC위원들에 대한 세밀한 신상 파악과 경쟁국의 유치 활동에 대한 치밀한 분석, 그리고 그에 따른 적절한 대응으로 '88서울 올림픽'이라는 기적 같은 성과를 만들어냈는데, 그중 압권은 정 회장이 제안한 '꽃바구니' 아이디어였다. 정 회장은 해외근무 중인 현대그룹 직원 부인들에게 정성스럽게 꽃바구니를 만들게 하고, 이를 하나씩 IOC위원들 방에 넣어주었던 것이다.

우리 측 IOC위원들조차 반대했던 꽃바구니의 위력은 대단했다. 다음 날 로비에서 만난 IOC위원들마다 한국 유치단에게 진심으로 감사의 인사를 전했다. 반면 IOC위원들에게 최고급 일제 시계를 선물한 일본 유치단에게는 감사의 인사가 없었다고 한다. 이 사건을 계기로 한국에 대한 IOC위원들의 반응이 호의적으로 변했고, 그와 함께 우리 유치단의 유치 활동도 성과를 나타내기 시작했다.

중요한 것은 크기가 아니라, 당신의 정성과 배려다.

**공감
3원칙**

1. 고객을 존중하라.
2. 고객의 이익을 팔아라.
3. 설득의 삼각형을 활용하라.

두 종류의

기획서를 쓰는

이유

자, 이제부터는 기획서에 대해 이야기해보자.

강의 참석자들이 많이 요청하는 것 중 하나가 "기획서를 쓸 때 참고할 수 있도록 잘된 기획서 샘플을 하나 달라"는 것이다. 당신 역시 이 책의 어디쯤엔가 잘된 기획서 샘플이 한둘쯤 있을 거라 기대하고 있을지도 모르겠다. 기획서에 대한 당신의 부담감을 모르는 바 아니지만 아쉽게도 이 책에는 기획서 샘플 같은 건 없다. 당신의 오남용을 막기 위해서다.

오남용이란 잘된 기획서의 설득 논리를 그대로 답습하는 것이다. 많은 기획자들이 샘플을 주면 참고에 그치지 않고, 샘플 기획서의 논리를 그대로 베끼는 경우를 종종 볼 수 있다. 나 역시 처음에는 그랬다. 단지 참고만 하려고 본 것인데, 자꾸 보다 보니 그 논리에 빠져 나도 모르게 그 틀을 그대로 내 기획서에 옮기고 있었다. 이렇게 완성된 기획서는 외관상 그럴듯해 보인다. 잘 쓴 기획서의 논리를 베꼈으니 당연한 일이다. 하지만 고객 설득에는 힘을 발휘하지 못한다. 샘플 기획서의 고객과 당신 기획서의 고객이 전혀 다른 사람이기 때문이다.

성공한 기획자가 되려면 두 종류의 기획서를 모두 쓸 줄 알아야 한다. 기획서에는 두 가지 종류가 있다. 하나는 관련 팀용 기획서이고, 다른 하나는 고객용 기획서다. 관련 팀용 기획서란 말 그대로 당신의 프로젝트에 함께 참여하는 팀원, 스태프를 위한 기획서다. 이 기획서의 목적은 관련 팀원, 스태프가 가장 효율적으로 공동 작업을 수행할 수 있도록 하는 데 있다. 여럿이 함께 같은 일을 하려면 일정한 규칙이 필요하다. 그래야 시간과 자원의 낭비를 막을 수 있다. 즉 정해진 일정한 기획서 포맷과 약속된 공통의 용어를 사용함으로써 일의 진행을 체계화하고 표준화하며, 미스 커뮤니케이션을 최소화하여 일의 효율을 높이는 것이다.

광고기획서를 예로 들면, 소비자(consumer), 경쟁(competition), 제품 및 기업(corporation) 등 제반 상황 분석을 토대로 문제점과 시장 기회를 도출하고, 이에 따른 광고 목표를 달성하기 위한 광고 전략, 표현 전략, 매체 전략을 체계적으로 정리한 것이 되겠다. 기획서 포맷은 3C 분석, 문제점과 시장 기회, 광고 목표, 광고 전략, 표현 전략, 매체 전략으로 이루어지고, 모든 스태프가 이 포맷에 따라 일을 진행한다. 3C 분석에서 살펴봐야 할 것은 어떤 것이 있으며, 광고 목표는 어떤 형식으로 쓰는지, 사용되는 용어의 정확한 의미는 무엇인지에 대한 세부적인 내용이 매뉴얼화되어 있어 모든 스태프가 공유한다. 이렇게 함으로써 기획, 제작, 매체 등 각기 다른 분야에서 모인 전문가들의 공동작업 효율을 높이는 것이다. 이런 용도로 쓰이는 기획서는 회사마다 정해진 포맷이 있는데, 사용하는 용어만 조금 다를 뿐 회사별로 큰 차이는 없다(대부분 광고기획서의 포맷과 유사하다). 그 틀에 맞춰 쓰면 된다.

기획의 전체적인 내용과 아이디어가 모두 정리됐다면, 당신은 관련 팀용 기획서와는 별도로 고객용 기획서를 준비해야 한다. 고객용 기획서란 당신의 기획서를 받아보고 승인 여부를 결정할 당신 회사의 최고경영진이나 클라이언트를 위한 기획서를 말한다. 이 기획서는 관련 팀용 기획서와는 전혀 다른 관점으로 접근해야 한다.

"어차피 같은 내용인데, 기획서를 두 가지나 준비할 필요가 있나요?"

물론 두 기획서의 핵심 내용은 같다. 하지만 그 대상과 목적이 다르기 때문에 반드시 별도로 써야 한다.

관련 팀용 기획서는 관련 팀과 스태프를 위한 것으로, 효율성이 목적이다. 공동작업의 효율을 높여서 최선의 아이디어를 발견해낼 수 있도록 하기 위해, 기획서의 포맷을 규격화하고 용어를 통일한다. 어떤 프로젝트가 됐든 동일한 기획서 포맷을 사용한다. 하지만 고객용 기획서는 다르다. 이 기획서는 당신에게 프로젝트를 맡긴 고객, 즉 당신 상사나 클라이언트를 설득하기 위해 준비된다. 고객 설득이 목적인 것이다. 그래서 기획서를 쓴다기보다는 '고객 설득용 제안서'라는 관점을 가지고 써야 한다. 관련 팀용 기획서의 핵심 내용은 그대로 가져오되, "어떻게 하면 가장 효과적으로 상사(클라이언트)를 설득할 수 있을까?"에 초점을 맞춰서 기획서를 재구성해야 한다. 여기에는 일정한 틀이나 포맷이 따로 없다. 백인백색, 일인백색이다. 쓰는 사람마다 다르고, 같은 사람이라도 쓸 때마다 달라진다. 그럴 수밖에 없는 것이 고객을 설득하기 위해서는 고객 지향적(consumer-oriented)인 사고가 우선인데, 고객이 매번 달라진다. 같은 고객이라도 매번 처한 상황이 다르다. 당연히 기획서도 매번 달라질 수밖에 없다.

고객용 기획서는 그 자체가 하나의 기획이다. 기획의 결과물을 고객에게 설득하기 위해 또 한 번의 기획이 필요하다는 말이다. 고객이 가진 문제를 해결하기 위해 창의적인 아이디어를 찾아 기획서를 완성한 것처럼, 당신은 이번에는 고객 설득을 위해 창의적인 설득 아이디어들을 찾아내서 고객 설득용 제안서를 기획해야 한다. 기획은 창의적인 문제 해결 행위다. 정답이 있을 수 없다. 고객용 기획서 역시 마찬가지다. 수많은 다른 답이 있을 뿐이다. 기본의 중요성에 대해 이야기한 내용을 기억하는가? 설득력 있는 고객용 기획서를 쓰기 위해 당신이 해야 할 일은, 설득의 기본 개념, 원리, 방법들을 분명히 이해하고 언제 어디서든 자유자재로 활용할 수 있도록 몸에 익히는 것이다. 그리고 철저하게 고객 지향적인 사고를 가져야 한다. 그래야 당신의 기획이 산다.

고객을 위한

맞춤복,

기획서

　동방기획 근무 시절, 대성쎌틱 가스보일러의 경쟁 프레젠테이션 때 일이다. 지금은 대학교 교수로 재직 중인 동료 직원이 이 일을 맡았는데, 이 친구가 쓴 기획서 때문에 회사가 잠시 시끄러웠다. 당시에는 관련 팀용 기획서 포맷이 대세여서, 회사 내에서나 클라이언트 프레젠테이션에서 이 포맷 하나로 다 통했다. 그런데 담당 기획자였던 이 친구가 그 포맷을 무시하고 전혀 새로운 형식의 기획서를 쓴 것이다. 군더더기는 다 빼고 결론만 짚고 들어가는 형식이 신선하고 설득력도 있었으나 당시에는 생경한 형식이어서 모두가 반대했다. 하지만 그 친구는 끝까지 고집을 꺾지 않았고, 초안 기획서 그대로 프레젠테이션을 했다. 어떻게 됐을까? 결과는 대성공이었다. 특히 클라이언트 사장이 군더더기 없이 핵심만 정리된 기획서를 매우 높게 평가했다고 한다. 새로운 기획서에 대해 모두들 궁금해하자 그 친구가 이렇게 말했다.

　"사장님에게 초점을 맞췄다."

최종 결정은 클라이언트 사장이 할 것이라 생각하고, 그를 타깃으로 기획서와 프레젠테이션을 준비했다는 것이다. 젊고 샤프한 사장에 맞춰 에돌지 않고 핵심으로 바로 들어갔는데, 그것이 적중했다고 한다.

사람들은 최고의 제품이 아니라 필요한 제품을 산다. 이 제품이 얼마나 좋은지보다 이 제품이 나에게 얼마나 필요한지가 선택의 기준이 된다. 당신의 고객 역시 마찬가지다. 그들의 마음을 움직이는 것은 세상에서 가장 훌륭한 기획서가 아니라, 자신에게 꼭 필요한 기획서다. 많은 기획자들이 최고의 기획서를 쓰기 위해 애쓴다. 노력하는 건 좋은 일이다. 하지만 고객 설득에 성공하려면 고객에게 꼭 필요한 기획서를 써야 한다. 고객 자신이 처한 상황에 꼭 들어맞을 뿐만 아니라 자신이 원하고 필요로 하는 바가 잘 반영돼 있고, 자신의 취향과 기호에도 잘 어울리는 그런 기획서를 필요로 하는 것이다.

고객이 필요로 하는 기획서는 고객을 위한 맞춤복 같은 기획서다. 맞춤복이 무엇인가? 고객의 몸과 취향, 기호에 딱 맞게 만든 옷이다. 양복점을 생각해보자. 테일러가 하는 가장 중요한 일은 고객의 몸 치수를 구석구석 정확하게 재는 것이다. 아무리 좋은 옷도 몸에 맞지 않으면 소용이 없기 때문이다. 일류 테일러는 몸 치수뿐만 아니라 고객의 취향과 기호의 치수도 정확히 재서 옷에 반영한다. 그래야 진정한 맞춤복이 완성되기 때문이다.

당신의 기획서 역시 마찬가지다. 고객의 몸이 기획서의 내용이라면, 고객의 취향과 기호는 기획서의 스타일이다. 당신은 먼저 고객의 몸 치수를 정확히 재야 한다. 고객이 처한 상황에 대한 정확하고 상세한 이해를 바탕으로, 고객이 무엇을 원하고 필요로 하는지 알아내서 이를 우선적으로 기획서에 반영해야 한다.

몸에 맞는 옷이라도 내 취향이 아니면 안 입게 된다. 고객의 몸을 다 쟀다면 이번엔 고객의 취향과 기호의 치수를 잴 차례다. 그리고 그것을 기획서의 스타일 안에 담아내야 한다. 고객이 보수적인지 개방적인지, 이성적이고 논리적인지 감성적이고 즉흥적인지, 심플한 것을 좋아하는지 화려한 것을 좋아하는지, 검소하고 소박한 스타일인지 격식과 품위를 따지는 스타일인지, 서술형인지 간결·요점형인지 등을 따져서 그에 맞는 스타일로 기획서를 구성해야 한다. 대성쎌틱의 기획자는 이 사실을 이해하고 고객이 좋아하는 스타일을 기획서에 적극 반영함으로써 설득에 성공할 수 있었다.

특히 고객의 가치관에 대해 잘 알고 이를 소중히 다루어야 한다. 가치관이란 자신과 세상에 대해 개인이 갖고 있는 관점으로, 한 사람의 가치관은 그 사람의 삶 전체를 통해 만들어진 결과물이다. 쉽게 바뀌지도 않을뿐더러 바꾸려고 해서도 안 된다. 고객의 가치관을 가벼이 여긴 기획자는 반드시 그 대가를 치르게 된다.

10여 년 전 어느 항공사의 프레젠테이션에서 가치관 문제로 큰 낭패를 본 적이 있었다. 그 항공사는 몇 십 년 만에 CI(Corporate Identity)를 바꾸고, 이를 계기로 새로운 광고 캠페인을 준비하고 있었다. 상당히 보수적인 회사라고 알고 있었지만, 당시 사회 전반에 진보의 바람이 거세게 불고 있었고, 그 회사 역시 대폭적인 광고의 변화를 요구했던 터라 우리는 매우 혁신적인 내용과 스타일로 프레젠테이션을 준비했다.

"보수적인 사고방식을 버리고 이제 새로운……."

"잠깐, 그래서 보수가 나쁘다는 겁니까? 남들이 올드하고 고리타

분하다고 해도 나는 보수가 좋습니다."

프레젠테이션이 시작된 지 얼마 안 됐을 때, 항공사의 최고경영진이 느닷없이 프레젠터의 말을 자르고 들어왔다. 이제는 보수적인 광고 패턴에서 벗어나 혁신적인 변화를 시도해야 한다는 논리를 준비한 우리로서는 무척 당황스럽고 난감한 일이었다. 프레젠터가 사태를 수습해보기 위해 안간힘을 썼지만 한번 냉랭해진 분위기를 되돌리기에는 역부족이었다. 그걸로 끝이었다. 고객의 가치관을 가벼이 여기고 시류에 편승한 대가를 치른 것이다.

고객용 기획서의 주인공은 당신도, 아이디어도 아니다. 바로 고객이다. 설득력 있는 기획서를 쓰고 싶다면, 마음속에 고객을 최우선적으로 떠올릴 일이다. 고객을 중심에 놓고, 그가 무엇을 원하고 필요로 하는지, 어떤 가치관과 취향을 가졌는지를 잘 파악해서 이를 기획서에 적극적으로 반영해야 한다. 요는 기획자가 하고 싶은 이야기가 아니라 고객이 듣고 싶은 이야기를 중심으로, 기획자가 좋아하는 스타일이 아니라 고객이 좋아하는 스타일로 기획서를 쓰라는 것이다. 그래야 고객을 위한 맞춤복 같은 기획서가 만들어진다.

고객용 기획서에 대해서 좀 더 자세히 알아보자.

기획서 작성의

흐름

고객을 위한 맞춤복 같은 기획서를 작성하기 위해서는 고객 분석이 그 출발점이 돼야 한다. 거기서 얻은 내용을 기본 토대로 해서 기획서 작성의 목표 설정, 테마 선정, 핵심 사항 및 제안 사항 발췌, 내용 정리, 요약, 오프닝과 클로징 연구의 순으로 기획서 작성이 이루어진다.

시작이 반이다. 충실하게 고객 분석을 끝냈다면 기획서의 절반은 완성한 셈이다. 그만큼 고객 분석은 중요하다. 기획서를 무슨 내용으로, 어떤 스타일로 써야 할지가 여기서 결정되기 때문이다.

고객 분석의 목적은 "기획서의 타깃을 누구로 할 것인가?", 그를 설득하기 위해서 "어떻게 메시지를 설계할 것인가?"를 결정하기 위함이다. 그러기 위해서 다음과 같은 내용을 확인해봐야 한다.

* 최고 의사결정권자(Mr. Big)는 누구이며, 그의 관심사와 취향, 스타일은 어떠한가?

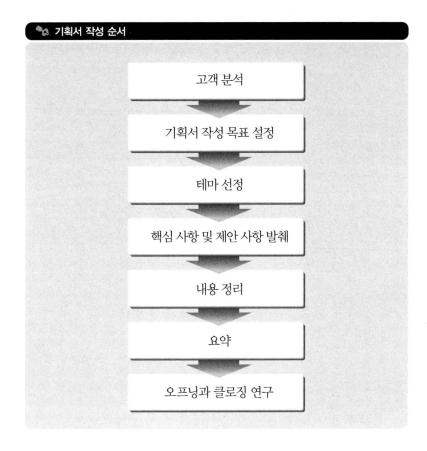

고객 분석

↓

기획서 작성 목표 설정

↓

테마 선정

↓

핵심 사항 및 제안 사항 발췌

↓

내용 정리

↓

요약

↓

오프닝과 클로징 연구

- 중요한 영향권자나 그룹이 있는가? 그들은 어떤 사람인가?

- 의사결정 패턴은 어떠한가?

- 예산은 얼마인가?

- 무엇을 원하고, 무엇을 필요로 하는가?

- 우리 제안을 설득시키려면 어떤 부분에 대해 동의를 얻어내야 하는가?

- 어떤 내용과 어떤 스타일의 기획서를 기대하는가?

- 어떤 자료, 데이터가 결정권자에게 확신을 주는가?

- 무엇이 고객의 관심을 불러일으키는가?

- 결정에 영향을 미치는 요소는 무엇인가?

- 보수적인가, 개방적인가?

- 고객의 업무 배경, 사회적 배경, 교육수준은 어느 정도인가?

- 고객은 어떤 점에 자부심을 가지고 있는가?

- 누구의 견해를 존중하는가?

- 특별한 관습이나 종교, 편견을 가지고 있는가?

- 어떤 아이디어, 감정, 경험을 공유하고 있는가?

- 피해야 할 토픽이나 단어가 있는가?

고객 분석이 끝났다면 다음은 기획서 작성 목표를 설정해야 한다. "고객용 기획서는 그 자체가 하나의 기획"이라는 말을 기억하는가? 성공적인 설득을 위해서 당신은 고객용 기획서를 기획해야 한다. 고객을 분석하고 그 내용을 토대로 "기획서를 어떤 방향으로 몰고 갈 것인가?"를 결정한 후, 거기에 필요한 설득 아이디어들을 찾아 고객용 기획서를 작성해야 하는 것이다. 고객 설득을 위해 기획서를 몰아갈 방향, 그것이 기획서 작성 목표다.

기획 목표와 기획서 작성 목표는 다르다는 점에 유의하라.

기획 목표는 기획을 통해 달성하고자 하는 목표로, 예를 들면 '향후 6개월 내 매출 20% 성장', '청소년 시장에서 1등 브랜드 달성' 등과 같은 것들이다. 이 목표는 고객이 기획을 통해서 얻고자 하는 이익을 글로 표현한 것으로, 고객의 목표이기도 하다. 기획서 내용에는 이 목표가 부각돼야 한다. 그래야 고객을 설득할 수 있다.

반면에 기획서 작성 목표는 기획서를 쓰는 당신이 얻고자 하는 목표다. 같은 기획서를 보고 있지만 고객과 당신의 목표는 다르다. 고객은 매출 성장, 이익 증대, 시장점유율 제고, 가입자 확대 등이 목표이지만, 당신은 기획서에 OK 사인을 받는 것이 1차적인 목표다. 매출 증가, 시장점유율 증대는 그다음이다. 따라서 당신은 기획 목표와는 전혀 별개로 고객 설득에 초점을 맞춘 기획서 작성 목표를 세우고 이것을 향해 기획서를 몰아가야 한다. 이 목표에는 고객을 설득하기 위한 당신의 전략적인 의도가 담겨 있으므로 겉으로 드러나서는 안 된다.

앞에서 언급했던 대림산업의 예를 가지고, 두 목표가 어떻게 다른지 살펴보자.

당시 대림산업의 'e-편한 세상'은 브랜드 인지도 면에서 아파트 업계 2위였다. 브랜드에 대한 자부심이 대단했던 대림산업은 브랜드 인지도 2위라는 위치가 늘 불만이었다. 그런데 더 큰 문제는 적극적인 광고 활동에도 불구하고, 1위 브랜드인 삼성 래미안과의 격차가 점점 더 벌어지고 있다는 사실이었다. 그래서 1위 브랜드와의 인지도 격차를 줄이는 것을 광고 기획 목표로 세우고, 경쟁 프레젠테이션을 실시했다.

반면에 광고회사인 리앤디디비는 대림산업을 설득해서 클라이언트로 영입하는 것이 1차 목표였기 때문에, 대림산업과는 다른 목표를 세웠다. 먼저 고객 분석을 통해 대림산업이 대대적인 광고의 변화를 원하고 있다는 결론을 내렸다. 그리고 그에 맞춰 "리앤디디비는 대림산업이 거래해온 광고회사들과는 전혀 다른 광고회사라는 점을 인식시킨다"라는 프레젠테이션 목표를 세우고, 기획서 작성을 비롯해서 모든 것을 이 방향으로 몰고 갔다.

다음은 테마의 선정이다.

"빼앗긴 들에도 봄은 오는가?"라는 테마를 기억하는가? 이 한 문장은 라면시장 1위 재탈환을 위해 투지를 불태우던 삼양식품 임직원들로 하여금 리앤디디비의 기획서와 프레젠테이션을 잊지 못할 기억으로 만들었다. 테마는 당신의 기획서를 인상 깊게 만든다. 깊은 인상은 오랫동안 많은 내용을 기억하게 하며, 그 결과로 당신의 기획서가 선택된다. 기획서 작성 목표를 세웠다면, 당신의 기획서를 인상 깊게 만들어줄 테마를 선정하라. 거기에 적절한 제목을 붙여서 기획서의 제목이나 기획서의 도입부에 활용하라. 고객의 사업 내역, 기획서의 내용에 잘 들어맞는 테마는 당신의 기획서를 고객의 마음속에서 별처럼 빛나게 만들어줄 것이다(더 자세한 내용은 3장 기획의 실현: '테마가 있는 기획서가 이긴다' 참조).

이제부터는 기획서의 핵심 사항 및 제안 사항을 발췌해야 한다. 이 단계는 기획서에 들어갈 내용을 큰 덩어리로 정리하는 과정이다. 기획서의 목차와 목차별로 들어갈 핵심 내용들의 제목을 정하는 것이다. 이 과정을 통해 꼭 들어갈 내용과 빠질 내용이 걸러지고, 내용별로 우선순위가 매겨진다. 또한 어느 부분을 어느 정도 분량으로 정리해야 할지도 가늠할 수 있게 된다. 기획서 내용의 큰 그림을 그릴 수 있게 되는 것이다. 명심할 것은 내용의 우선순위를 정하는 기준은 당신이 하고 싶은 이야기가 아니라 고객이 듣고 싶은 이야기라는 점이다.

핵심 사항과 제안 사항을 추리고 나면 각 항목별로 세부 내용을 정리해야 한다. 이때 중요한 것은 고객의 입장에서 내용을 정리하는 것이다. '지식의 저주'[35]라는 말을 들어본 적이 있는가? 지식의 저주란 일단 무언가를 알고 나면 알지 못한다는 것이 어떤 느낌인지 상상할 수 없게 되는 것을 말한다. 우리가 아는 정보가 저주를 내린 셈이다.

이런 저주가 우리의 지식을 타인에게 전달하기 어렵게 만든다. 당신의 입장에서는 너무도 당연한 사실인데 고객은 난생처음 듣는 것일수 있고, 당신은 매일 쓰는 용어지만 고객에게는 난해한 전문 용어일수 있다. 고객이 듣고 싶은 이야기를 고객의 눈높이에 맞춰 전달하는것, 그것이 핵심이다.

여기까지 왔다면 기획서의 90% 정도가 끝난 것이다.

그럼 또 뭐가 남았지? 요약, 그리고 오프닝과 클로징(opening & closing)이다. 기획서의 핵심을 요약하고, 인상적인 오프닝과 클로징 아이디어를 찾아 기획서를 열고 닫아라. 그래야 100점짜리 기획서가 된다.

요즘 TV 드라마들을 보면 예외 없이 1회, 2회 방영분에 매우 자극적인 장면이나 흥미진진한 스토리를 집어넣는다. 첫 방송 시청률이드라마의 성공에 지대한 영향을 미치기 때문이다. 첫인상이 중요하다. 사람들은 무슨 일이든 처음 시작할 때는 주의를 집중한다. 그래서처음에 들은 정보는 오래 기억되며, 나중에 들은 정보에까지 영향을미친다. 이것을 '초두효과(初頭效果, primary effect)'라고 한다. 기획서의 첫 부분에서 고객을 사로잡아야 한다. 테마를 선정해서 기획서의도입부에 집어넣는 이유도 이 때문이다. 기획 내용과 연관된 재미있는 이야기나 임팩트 있는 비주얼을 준비하라. 첫 단추가 중요하다. 강렬하고 인상적인 오프닝을 준비했다면 성공으로 가는 고속도로에 들어선 것이다.

사람들은 마지막에 노출된 정보, 즉 최근에 본 정보에 강한 인상을받는다. 권투선수가 좋은 점수를 받으려면 3분 라운드 중 마지막 1분동안 파이팅 하는 것이 유리하다. 마지막에 반전이 있는 영화는 두고두고 기억에 남는다. 이를 '최근효과(最近效果, recent effect)'라고 한다.

끝이 좋으면 다 좋은 법이다. 기획서도 마찬가지다. 당신은 기획서의 마지막 부분을 대충 끝내서는 안 된다. 그것은 설득에 있어 큰 손실이다. 기획서의 핵심 내용을 간결하게 한 장 정도로 요약하라. 기획서의 다른 부분은 빼먹더라도 요약 부분을 빼서는 안 된다. 그만큼 요약은 중요하다. 그리고 그것을 인상 깊게 전달할 방법을 찾아 기획서의 마지막 부분에 첨가하라. 좋은 클로징은 고객으로 하여금 당신의 기획에 대한 성공 예감을 갖게 만든다(더 자세한 내용은 3장 기획의 실현: '너무나 소중한 오프닝과 클로징' 참조).

기획서의

5W2H

기획서에는 다음 일곱 가지 내용이 포함돼야 한다. 이름하여 5W 2H다.

- Why: 왜 기획을 입안하는가? (배경, 이유, 의의, 목적, 효과)
- What: 무엇을 기획하는가? (내용)
- How: 어떻게 진행하는가? (방법)
- Who: 누가 진행하는가? (주체, 관계자)
- When: 언제 시행되는가? (시기, 시간)
- Where: 어디서 시행되는가? (장소)
- How Much: 돈은 얼마나 드는가? (예산)

모든 내용이 다 중요하지만 특히 Why 부분은 더욱 신중하게 다루어야 한다. 기획을 의뢰한 고객의 진의를 확실하게 파악해서 고객과의 완전한 공감대가 이루어져야 한다는 말이다. 이 부분은 기획의 출발점이다. 출발점에서의 아주 사소한 차이가 도착점에서는 엄청난 차이로 나타난다. "아마도 고객의 생각은 이럴 것이다"라는 식의 어설픈 추측이나 예상은 절대 금물이다. 시간과 노력이 들더라도 확실하게 하는 것이 중요하다. 철저하게 묻고 확인해서 고객과 Why 부분에 대한 완전한 공감대가 이루어진 다음에 아이디어로 넘어가야 한다.

모든 기획서에 이 일곱 가지 내용이 다 들어가야 하는 것은 아니다. 그때그때 고객의 상황에 따라 융통성 있게 내용을 조절하는 것이 좋다. 새로운 기획의 필요성을 고객이 인식하지 못하고 있는 상황이라면, 기획서의 내용은 Why 부분에 집중돼야 할 것이다. 고객이 다양한 문제 해결 방안(아이디어)을 보길 원한다면, How 이하의 실행 계획 부분은 과감히 생략하고 What 부분에 집중하는 것이 효과적일 것이다. 완벽한 기획안을 원하는 상황이라면 문제 해결 방안을 A안, B안 두 가지 이내로 줄이고, 각 안에 대한 세부적인 실행 계획에 힘을 쏟아야 한다.

단도직입적인

because법

기획서를 구성하는 방법에는 크게 두 가지가 있다. because법과 therefore법이다. because법은 기획서 도입부에 결론을 제시하는 두괄식 전개 방법이다. '결론 → 근거 제시 → 방법 설명' 순으로 기획서를 구성하는 것이다. 이를테면 "우리의 결론(주장)은 ○○○입니다. 왜냐하면(because)△△△" 하는 식이다. 반면에 therefore법은 미괄식 방법으로 꼬리, 즉 기획서의 끝부분에 결론을 제시하는 방법이다. 기(起)에서 시작하여 승(承)으로 이어받고 전(轉)으로 전개하며 마지막으로 결(結)에서 결론을 제시하는 '기-승-전-결' 방식이 여기에 속한다. "상황이 △△△ 입니다. 그러므로(therefore) 결론은 ○○○입니다" 하는 방식으로, 앞에서 언급한 관련 팀용 기획서의 스타일이 이렇다.

먼저 because법 기획서에 대해 알아보자. 이것의 장점은 매우 논리적으로 보이며, 직급이 높을수록 선호하는 방식이라는 것이다.

완벽한 기획서란 없다. 완벽해 보이는 기획서가 있을 뿐이다. 당신은 당신의 아이디어가 최선의 해결책임을 기획서를 통해 증명해내야 한다. 그래야 고객을 설득할 수 있다. 그런데 기억하겠지만, 당신이 다루고 있는 문제는 하나의 정답이 아니라, 여러 개의 다른 답을 가지고 있다. 당신이 그중 하나를 골라 최선의 답이라고 주장하는 것일 뿐, 어느 것이 최선인지는 아무도 알 수 없다. 다시 말해 수학공식처럼 당신의 아이디어가 최선이라는 사실을 완벽하게 증명할 수 있는 논리란 없다는 뜻이다. 그런 이유로 어떤 기획서든 논리상의 허점이 있게 마련인데, because법으로 기획서를 작성하면 이런 것들이 잘 드러나 보이지 않는다. "결론은 ○○○입니다. 거기에는 다음과 같은 세 가지 이유가 있습니다"는 식의 구조는 당신의 주장을 매우 논리적으로 보이게 할 뿐 아니라, 자신감 있는 주장으로 받아들여진다.

또한 당신이 설득할 고객의 직급이 높을수록 because법은 효과적이다. 고객의 입장에서 생각해보자. 고객이 필요한 것은 아이디어다. 당신 기획서의 결론을 보고 싶은 것이지, 그 과정이 아니다. 당신에게는 그 기획서가 전부일 수 있지만, 고객은 그것 말고도 여러 건의 다른 기획서를 비롯해서 더 중요한 수많은 의사결정을 해야 한다. 늘 시간이 부족하다. 직급이 높을수록 더욱 그렇다. 그를 돕는 길은 장황하게 변죽 울리지 말고 핵심으로 바로 들어가는 것이다. 과정이 아닌 결론을 놓고 충분히 판단할 시간을 갖도록 해주는 것이다. because법은 고객이 원하는 기획서 구성 방법이다.

because법 기획서는 크게 도입, 본론, 결론의 3부 구성으로 이루어진다. 도입부는 기획안의 결론과 그 같은 결론을 내린 이유 및 결론의 목적을 설명하는 부분으로, '결론, 이유, 목적' 순으로 구성된다. 본론부는 결론의 정당성과 가치를 설명하는 부분으로, 왜 그런 결론이 가능한지에 대한 구체적인 근거와 아이디어들이 제시된다. 결론부에

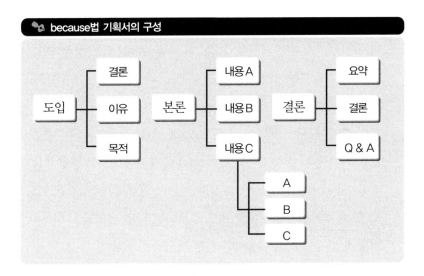

도입 ─ 결론 / 이유 / 목적

본론 ─ 내용A / 내용B / 내용C ─ A / B / C

결론 ─ 요약 / 결론 / Q&A

서는 핵심 내용 요약, 결론이 다시 한 번 정리된다. 앞에서 소개된 웅진코웨이 사례에 because법 기획서를 적용해보자.

도입부에서는 'ㅇㅇㅇㅇ년 매출 1조 원 달성을 위한 마케팅 전략의 대전환'이라는 테마에 이어, "방문판매 시스템을 렌털 시스템으로 바꾼다"라는 결론을 제시한다. 이어지는 '이유' 부분에서는 그 같은 결론에 대한 이유로 상황 분석에서 추출된 주요 문제점들을 언급한다. '방문판매 시스템의 한계(경쟁사 직원 빼가기 등 경쟁 치열, 판매 수수료 증가로 수익구조 악화 등)', '높은 가격에 대한 소비자의 부담(정수기 보급률 정체, 공기청정기, 비데 등 연계판매 저조)', '방문판매에 대한 사회의 부정적 시선(언론의 집중 포화, 다단계 판매로 오인 등)' 등이 될 것이다. 다음에는 결론을 통해 달성될 것으로 예상되는 목적으로(기대효과라고 생각해도 무방하다) '정수기의 가정 필수품화', '연관 제품 판매 증진', '기업에 대한 인식 호전' 등을 제시할 수 있을 것이다.

본론부에서는 렌털 시스템을 채택해야 하는 근거와 그것을 실행할 아이디어들을 구체적으로 제시해야 한다. 예를 들어 본론부를 ① 비즈니스 모델, ② 경영 자원의 투입, ③ 실행 계획으로 구성한다면, ① 비즈니스 모델 부분에서는 타 업종의 렌털 시스템 사례 분석, 자사의 렌털 시스템 운영 및 수익 모델안 등이 다루어질 것이다. ② 경영 자원의 투입 부분에서는, 렌털 시스템 도입에 필요한 인원, 조직, 제품 개발 계획과 그에 따른 투자비용 등이 언급될 것이다. 코웨이 레이디(렌털 고객 유치와 애프터서비스를 전담하는 주부 사원), 콜센터 신설 같은 아이디어도 함께 제시된다. ③ 실행 계획 부분에는 타임 테이블을 비롯해 누가 어떻게 실행할지 등 세부적인 실행 계획이 포함돼야 한다.

결론부는 "한계점에 도달한 방문판매 시스템 → 렌털 시스템의 정당성과 가치 → 렌털 시스템의 도입"이라는 줄기로 핵심 내용만 간단히 요약할 수 있을 것이다.

드라마틱한

---

therefore법

---

    therefore법의 장점은 드라마틱한 기획서를 만들 수 있다는 점이다. 결론을 끝까지 숨겨뒀다가 고객의 궁금증이 최고조에 달했을 시점에 제시함으로써 극적인 효과를 얻는 것이다. 이 기획서가 효과를 보려면 결론에 대한 고객의 호기심을 끝까지 유지시킬 수 있어야 한다. "결론이 무얼까?"라는 고객의 호기심을 유도해서, 이것을 다시 "점점 더 궁금해지는데, 도대체 결론이 뭐지?"로 증폭시켜 고객이 끝까지 긴장을 늦출 수 없도록 만들어야 한다. 잘 짜인 therefore법 기획서는 결론의 가치가 높게 인식되도록 만들어준다. 하지만 치밀하게 잘 구성하지 않으면 고객이 앞부분은 건너뛰고 결론만 읽게 된다는 사실을 명심해야 한다.

    반면에 therefore법은 because법에 비해 덜 논리적으로 보이며, 시간적 여유가 별로 없고 빠른 결론을 원하는 고객에게는 적절치 않다는 단점이 있다. because법은 먼저 결론을 던져놓고 거기에 포함된 의미를 도출하는 구조이기 때문에 논리가 비약적으로 전개될 가능성이 적고 결론이 확실하다. 하지만 "상황이 △△△입니다. 그러므로 (therefore) 결론은 ○○○입니다"의 구조를 가진 therefore법은, 앞부분의 상황에서 언급된 내용 중 하나라도 결론과 부딪히거나 들어맞지 않으면 거기서 논리가 깨져 결론이 무너져버리는 경우가 종종 발생한다. 그래서 이 방법으로 기획서를 쓸 때는 조금이라도 결론의 확실성을 약화시킬 수 있는 내용이나 자료, 표현은 과감하게 잘라내는 것이 중요하다. 상황 설명 내용을 핵심만 추려 최대한 심플하게 정리함으로써 고객으로 하여금 결론에 대한 의문의 여지를 갖지 않도록 해야 하는 것이다.

therefore법 역시 3부 구성으로 하는 것이 좋다. 서론에서는 기획의 이유, 배경, 목적 등이 언급된다. 본론에서는 기획의 목적을 달성하기 위한 구체적인 검토와 아이디어 제시가 이루어지며(도입 → 본문 → 정리), 결론에서는 핵심 내용의 요약과 결론이 다시 한 번 강조된다. 역

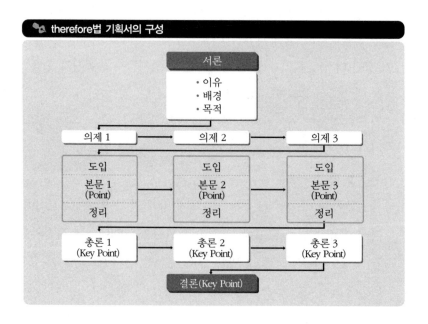

therefore법 기획서의 구성

시 웅진코웨이 사례에 적용시켜보자.

서론에는 'ㅇㅇㅇㅇ년 매출 1조 원 달성을 위한 마케팅 전략의 대전환'이라는 테마와 함께, '왜 이런 기획을 입안하게 되었는지'에 대한 이유와 배경이 소개된다. 3C 분석(consumer, competition, corporation)과 '문제점과 시장 기회' 추출을 통해 "현재 마케팅 전략으로는 ㅇㅇㅇㅇ년 매출 1조 원이라는 목표를 달성할 수 없으며, 따라서 마케팅 전략에 대한 발상의 대전환이 필요하다"고 정리할 수 있을 것이다.

본론에서는 방문판매 전략, 고가격 및 정수기 중심의 제품 전략, 고객의 사후관리 전략의 세 부분으로 현재의 핵심 마케팅 전략을 요약하고, 각 부분마다 그것을 대체하는 새로운 마케팅 아이디어인 렌털 시스템, 다양한 제품개발(비데, 공기청정기 등), 코웨이 레이디 제도를 '도입 → 본문 → 정리'의 순으로 정리하는 것이다.

결론에서는 '마케팅 전략의 대전환'에 대한 필요성과 그 핵심 아이디어 세 가지를 다시 한 번 간략하게 요약 정리한다.

기획자의

착각

기획서에 담을 내용이 정리되고 그 구성 방법을 결정했다면, 이제부터 본격적으로 기획서를 써나가야 한다.

"본격적으로 쓰다니? 이제 다 된 것 아닌가요?"

많은 기획자들이 여기서 만족하고 멈춘다. 물론 내용과 형식이 정리됐으니 기획서로는 된 것이다. 하지만 고객 설득용 제안서로는 2% 부족하다. 이 2%를 꼭 채워야 한다. 이 2%는 그냥 2%가 아니다. 화룡점정의 점정과 맞먹는 2%다. 만약 이 2%를 채우지 않는다면 당신의 기획서는 하늘을 날지 못하고 영원히 책상 서랍 속에서 잠을 자게될지 모른다.

여기서 2%란 설득력을 높이는 기획서 작성 테크닉을 말한다. 테크닉을 활용하여 고객 설득력을 높이라는 뜻이다. 테크닉이 뭐 그리 중요하냐고? '아' 다르고 '어' 다른 법이다. 같은 말이라도 "여기는 금연 구역입니다"와 "흡연실을 이용하시면 더 편리합니다"는 상대방의 반응에서 큰 차이를 만들어낸다. 마찬가지로 같은 아이디어라도 기획서 작성 테크닉에 따라 고객의 반응은 크게 달라진다.

그런데 상당수의 기획자들이 이 2%를 하면 좋지만 안 해도 되는 것쯤으로 여긴다. 대세에 큰 영향이 없다고 생각한다. 다음과 같은 두 가지 착각 때문이다.

첫 번째는 고객이 기획서에 대해 나처럼 많은 관심을 갖고 있다고 착각하는 것이다. 그 결과 고객이 기획서를 한 자도 빼놓지 않고 끝까지 읽어줄 것이라고 기대한 나머지, 기획서에 고객의 관심을 끌어들이고 유지시키는 데 필요한 장치들을 거의 마련하지 않는다. 하지만 고객은 전혀 그렇지 않다. 오히려 정반대다. 수많은 기획서 중의 하나를 보고 있을 뿐이고, 우선순위도 별로 높지 않을뿐더러 이미 다른 일들로 충분히 지쳐 있을 수 있다. 당신과 동등한 수준의 관심은커녕 아예 관심이 없을 수도 있는 것이다. 이런 고객에게 딱딱하고 정형화된 기획서를 들이미는 것은 "내 기획서를 안 봐도 좋습니다"라고 말하는 것과 다름없다.

"어떻게 하면 기획서에 고객이 관심을 갖도록 만들 것인가?"

당신의 아이디어가 활짝 꽃피는 모습을 보고 싶다면 이 문제를 깊이 고민해야 한다. 고객의 관심이야말로 당신의 아이디어를 기획서 밖으로 불러내는 힘이기 때문이다. 설득에서 고객의 관심은 매우 중요하다. 일단 관심이 있어야 기획서 내용을 자세히 들여다보게 되고, 그래야 기획서의 내용을 이해하고 기억하게 되며, 기억하는 내용이 많을수록 그 기획서를 채택할 확률이 높아지기 때문이다.

기획서를 쓰는 사람은 당신이지만 그 기획서에 생명력을 불어넣는 것은 고객이다. 고객이 관심을 가져야 기획서가 살 수 있다. 고객이 큰 관심을 갖고 읽어 내려갈 수 있도록 기획서를 쓰라. 고객에게 깊은 인상을 줘서 기획서를 정독 내지 열독하게 만들라. 그래야 기획서가 산다.

두 번째는, 고객이 내 말을 100% 신뢰할 것이라는 착각이다. "내가 진실한 마음으로 열과 성을 다해 준비했으니, 고객도 기획서 내용을 전적으로 믿어줄 것"이라 기대하는 것이다. 그래서 자신의 주장에 믿음을 더해줄 부가적인 장치들에 대한 고려를 별로 하지 않는다. 이것은 큰 실수다. 물론 고객은 당신을 신뢰할 것이다. 하지만 기획서는 다르다. 기획서의 아이디어를 실행에 옮기기 위해선 시간과 돈이 든다. 인력도 투입된다. 회사의 명운이 걸려 있을 수도 있다. 고객의 입장에서는 돌다리는 물론이고 쇠다리도 열 번이고 백 번이고 두드려볼 수밖에 없다. 고객은 아이디어만큼이나 성공에 대한 확신을 필요로 한다. 아무리 아이디어가 탐나도 성공에 대한 확신이 서지 않으면 잡지 않는다. 그런 고객을 설득하려면 아이디어만 가지고는 안 된다. 아이디어의 성공을 담보해줄 많은 장치들을 준비해야 하는 것이다.

"어떻게 하면 기획서의 내용을 고객이 신뢰하게 만들 것인가?"

고객 설득을 위해 반드시 기획서에 반영해야 할 주제다.

테마가 있는

기획서가 이긴다

자, 이제부터 당신 기획서에 부족한 2%를 채우는 방법에 대해서
알아보자.

"어떻게 하면 기획서에 고객이 관심을 갖도록 만들 것인가?"

"어떻게 하면 기획서의 내용을 고객이 신뢰하게 만들 것인가?"

이 두 가지 과제를 해결하기 위해서는 다음의 일곱 가지 원칙을 지
켜야 한다.

첫째, 테마를 설정하고 적절한 제목을 붙여라.

둘째, 하나의 메시지에 집중하라.

셋째, 이야기로 설득하라.

넷째, 인용, 인용 또 인용하라.

다섯째, 압축, 단순, 성실, 반복하라.

여섯째, 비주얼 도구를 적극적으로 활용하라.

일곱째, 인상적인 오프닝과 클로징을 기획하라.

이름 하여 Good 7 Guide! 이제부터 하나씩 살펴보자.

2003년 7월 4일 《조선일보》 스포츠 면에 이런 머리기사가 실렸다.

"세계가 놀란 '강원도의 힘' 그 비결은⋯."
　평창, 1차 투표 밴쿠버에 11표 차 1위⋯ 현지 경악
　'영화 같은 프레젠테이션'이 표심 흔들어

그리고 다음과 같은 본문기사가 이어진다.

　"투표 전날까지도 현지 언론과 분석기관들에 따르면 IOC위원들의 평창 지지는 아무리 후하게 봐도 18표. 호의적 반응 26명을 다 합해도 44표밖에 안 된다. 그러나 우리가 얻은 표는 무려 51표. 평창이 이렇게 예상보다 많은 표를 끌어 모은 것은 과반수에 이르는 부동표를 마지막 프레젠테이션이 움직였다는 것이 정설이다. (중략) AP 등 외신은 한국이 '아시아 동계스포츠 발전 기여와 한반도 평화 증진'을 강조한 프레젠테이션에서 많은 표를 확보할 수 있었다고 분석했다.(중략)"

　평창은 2003년 7월 3일 체코 프라하에서 실시된 '2010년 동계올림픽 개최지 결선투표'에서 밴쿠버에 3표 차로 져 개최권 확보에 실패했다. 하지만 평창의 '1차 투표 1위'는 투표에 참여한 IOC(국제올림픽위원회)위원들조차 "놀라운 사건!"이라고 말할 정도로 예상치 못한 일이었다. 그도 그럴 것이 경쟁 도시인 밴쿠버와 잘츠부르크의 뒤에는 각각 한 번씩의 동계올림픽을 비롯해 다양한 국제 스포츠대회 개최 경험을 가진 캐나다와 오스트리아가 버티고 있는 반면, 당시 평창은 '북한의 평양이 아니라 대한민국의 평창'이라는 점을 알려야 할

정도로 동계올림픽 무대의 아웃사이더였기 때문이다. 이런 불리한 상황을 역전시킨 중심에 프레젠테이션이 있었고, 그 주인공은 '아시아 동계스포츠 발전 기여와 한반도 평화 증진'이라는 테마였다.

기획서를 읽고 있는 고객의 마음을 사로잡고 싶다면 첫째, 테마를 설정하고 적절한 제목을 붙여라. 테마가 있는 기획서가 이긴다. 테마는 고객의 관심을 집중시키고 생생하게 기억되기 때문이다.

평창 하면 무엇이 떠오르는가? 동계올림픽 3수를 준비 중인 지금의 평창에는 알펜시아 리조트를 비롯한 많은 시설들이 들어서고 있다. 하지만 2003년만 해도 산 높고 물 좋은 '메밀꽃 필 무렵'의 고향일 뿐이었다. 그 산골에 IOC위원 51명의 마음을 두게 한 것은 바로 테마였다.

"동계올림픽이 한반도 평화 증진에 기여할 수 있다니!"

다른 도시들은 "경험이 어떻고 시설이 어떻고……"를 떠들고 있는데, 평창은 한반도 평화를 들고 나온 것이다. 이러한 테마는 발음조차 힘든 평창에 그들의 관심을 끌어들였다. 세계 유일의 분단국가라는 단점이 장점으로 바뀌어 '스포츠 대통령'들의 가슴속에 생생하게 남았을 것이다.

테마가 약효를 발휘하려면 고객의 이익이 포함되어야 하며, 고객의 비즈니스와 일치하는 내용이어야 한다. 평창의 테마는 '스포츠를 통한 세계평화의 증진'이라는 올림픽 정신과 정확히 일치할 뿐 아니라 '동계스포츠의 불모지인 아시아에 대한 배려'라는 차원에서 IOC위원들의 관심을 끌기에 충분했다.

또한 테마를 시각화할 수 있는 상징물을 개발한다면 금상첨화다. 당신의 기획서를 더욱 강렬하고 생생하게 기억시킬 수 있기 때문이다.

평창의 프레젠테이션에서는 남북한의 화해와 평화를 상징하는 인물로 이영희 할머니를 등장시켰다. 지난 50년간 북한에 있는 외동아들을 그리워하며 살아온 이 할머니의 사연은 참석자들이 눈가를 훔쳤을 만큼 강렬하게 '평창 동계올림픽'을 각인시켰다. 모 광고회사가 카스맥주 프레젠테이션 때 개발한 상징물을 기억하는가? 경쟁사의 맥주병들을 폭파하는 장면을 본 고객들은 아마도 영원히 그 프레젠테이션과 광고회사를 잊지 못할 것이다.

한 가지 주의할 점은 테마가 메시지보다 우선해서는 안 된다는 것이다. 테마는 어디까지나 기획서의 핵심 메시지를 빛나게 하는 조연 역할에 그쳐야 한다. 기획서를 다 본 고객이 결론은 기억 못하고 테마만 기억해서는 안 된다는 말이다. 평창의 테마 역시 아웃사이더였던 평창을 IOC위원들의 관심권으로 끌어들이는 역할에만 충실함으로써 주인공인 평창의 능력, 가능성, 가치가 더욱더 빛날 수 있었던 것이다.

하나의 메시지에

집중하라

둘째, 하나의 메시지에 집중하라.

재미있는 실험을 하나 해보자. 먼저 골프공이나 탁구공을 준비하라. 그리고 당신의 두 손으로 양껏 공을 잡아, 어느 정도 거리를 두고 상대방에게 던져보라(물론 살살 던져야 한다). 상대방은 공을 몇 개쯤 받을 수 있을까? 실제로 해보면, 많은 사람이 한 개의 공도 받아내지 못한다. 이 공 저 공 모두에 신경을 쓰다가 전부 놓치는 것이다. 설사 공을 받았다 하더라도 그 공이 당신이 원한 공일 확률은 거의 없다. 이번에는 당신이 원하는 공 하나만을 골라서 상대방에게 던져보라. 상대방은 당신이 던진 공 모두(?)를 정확히 받아낼 것이다.

이번에는 이야기를 하나 들어보자.

미국의 30대 대통령 캘빈 쿨리지(Calvin Coolidge)가 뉴잉글랜드의 작은 교회에 앉아 두 시간 동안 계속되는 목사의 설교를 듣고 있었다. 설교가 끝난 뒤 한 친구가 설교 내용이 무엇이었느냐고 물었다.

"죄(罪)였어"라고 그는 대답했다.

"그래 뭐라고 얘기하던가?" 그 친구는 내용을 캐물었다.

"그는 죄에 반대한다는 거였어." 쿨리지의 대답이었다.[36]

이 실험과 이야기는 고객을 설득하려는 당신이 귀담아들어야 할 내용이다. 당신은 고객에게 많은 이야기를 하고 싶을 것이다. 당신이 발견한 아이디어 하나하나에 대해서 자세하게 설명해주고 싶을 것이다(어떻게 찾은 아이디어인데 하나라도 소홀히 할 수 있겠는가?). 그래서 가능하면 고객이 많은 아이디어들을 기억해주길 바랄 것이다. 그러나 그것은 당신의 희망사항일 뿐이다. 고객은 그렇지 않다. 많은 이야기를 듣더라도 고객은 그중에서 한 가지만 기억하려는 경향이 있다. 즉 당신이 아무리 많은 아이디어를 던져도 고객은 그중에서 하나만을 골라(당신의 의도와는 상관없이 자기가 듣고 싶은 아이디어를 골라) 기억한다는 것이다. 그 밖의 것들은 당신의 의도와는 다르게 기억하는 게 보통이며, 자기 나름대로 개념화시켜 자기 것으로 소화해버린다. 이래서는 당신의 기획을 결코 설득할 수 없다.

설득의 효율을 높이기 위해서는 하나의 메시지에 집중해야 한다. 하나의 메시지란 당신의 기획을 대표하는 빅 아이디어를 말하며, 콘셉트나 테마 또는 대표 아이디어 등이 여기에 속한다. 당신은 빅 아이디어를 설득하는 데 온 힘을 집중해야 한다. 고객이 다른 건 다 놓치더라도 빅 아이디어 하나만큼은 분명하고 인상 깊게 기억되도록 기획서와 프레젠테이션을 설계해야 하는 것이다. 그래야 당신이 원하는 공을 고객이 정확히 받을 수 있다.

도쿄 디즈니랜드 프레젠테이션을 기억하는가? 미쓰이 상사는 '꿈과 환상'이라는 빅 아이디어에 집중함으로써 '도쿄 만 밤하늘 프레젠테이션'이라는 드라마틱한 프레젠테이션 기획을 할 수 있었다. 리앤 디디비는 'Different'라는 키워드에 초점을 맞춤으로써 빅 클라이언트를 설득할 수 있었다. 나이키골프는 타이거 우즈라는 빅 스타를 중심에 두고 모든 마케팅과 커뮤니케이션을 기획함으로써 '나이키 = 운동화'라는 고객의 인식을 일거에 넘어설 수 있었다. 지금 나이키는 최고의 골프용품과 동의어로 쓰인다.

"그러면 다른 아이디어들은 말하지 말라는 건가요?"

물론 다른 아이디어들도 기획서에 포함시켜야 한다. 포함시키되 빅 아이디어를 돋보이게 하는 역할에 머물러야 한다. 이렇게 생각하라. 기획서의 갖가지 아이디어들은 한 조각의 타일과 같은 것이다. 당신의 빅 아이디어는 타일 위에 그려진 큰 그림이다(모자이크를 생각하면 된다). 당신은 그림에 초점을 맞춰 기획서와 프레젠테이션을 준비해야 한다. 그것이 효과적이다. 고객이 각각의 아이디어 조각들을 머릿속에 넣고 다니는 것은 매우 어려운 일이나, 하나의 큰 그림에 관심을 갖고 기억하는 것은 그리 어려운 일이 아니다. 뿐만 아니라 고객이 큰 그림을 분명하고 인상적으로 기억하고 있다면, 연상작용에 의해 수많은 아이디어 조각들을 함께 기억해낼 수 있기 때문이다.

볼록렌즈가 불을 일으킬 수 있는 것은 태양광선을 한곳에 모으기 때문이다. 당신 역시 하나의 메시지에 초점을 맞추고 기획서와 프레젠테이션을 몰아가야 한다. 그것이 당신이 원하는 것을 얻는 최선의 방법이다.

끌리는 기획서는

이야기가 있다

혹시 고디바(Godiva)라는 이름을 기억하는가? 선물을 사기 위해 들른 공항 면세점에서 당신의 발길을 멈추게 하던 세계적인 명품 초콜릿 고디바 말이다. 이 고디바의 심벌마크에는 말을 탄 여인의 모습이 그려져 있다. 초콜릿과 말을 탄 여인이라니? 이 둘은 무슨 관계일까? 궁금하지 않은가? 지금부터 그 이야기를 들려주겠다.

11세기 영국 중부지역에 위치한 코벤트리의 영주 레오프릭에게는 고디바라는 아름다운 부인이 있었다. 주민들에게 가혹하고 잔인한 영주와는 정반대로 고디바는 천사 같은 마음을 가진 여인이었다. 그녀는 주민들이 영주의 과도한 세금 징수로 고통받는 것을 보고, 남편에게 세금을 줄여줄 것을 간곡하게 청한다. 그러자 영주는 이를 거절할 요량으로 다음과 같은 제안을 한다.

"당신이 그토록 주민들을 생각한다면, 그 사랑을 몸으로 한번 실천해 보시오. 만일 당신이 알몸으로 말을 타고 영지를 한 바퀴 돌아온다면 세금 감면을 고려해보겠소."

뜻밖에도 고디바는 그 제안을 받아들여 나체로 말을 타고 영지를 돌았다. 이 소식을 전해들은 주민들은 문과 창문을 걸어잠그고 커튼을 내려 일절 밖을 내다보지 않음으로써, 그녀의 고귀한 뜻에 경의를 표했다. 결국 영주는 세금을 감면해주지 않을 수 없었다. 그 이후 유럽에서 고디바라는 이름은 '고결한 귀부인'의 상징이 되었으며, 많은 예술가들이 그녀의 아름다운 뜻을 기리기 위해 고디바 부인을 작품에 등장시켰다. 1926년 벨기에 브뤼셀에서 시작된 고디바 초콜릿도 이 부인의 아름답고 우아한 이미지를 이어받아 세계에서 가장 맛있고 아름다운 제품을 만드는 것을 목표로 삼고 있다.

어떤가? 당신의 흥미를 끄는가? 머릿속에 생생하게 기억되는가? 그렇다면 다음의 내용은 어떤가?

고디바 초콜릿은 초콜릿 장인 요제프 드랍스(Joseph Draps)에 의해 1926년 벨기에 브뤼셀에서 시작되었다. 고디바는 중세 영국의 한 지방 영주의 부인 이름으로, 유럽에서는 '고결한 귀부인'의 대명사로 쓰인다. 드랍가(家)는 이 고디바 부인의 이미지를 이어받아 세계에서 가장 맛있고 아름다운 제품을 만든다는 목표를 가지고, 벨기에의 건축물처럼 화려하고, 멋진 요리처럼 완벽한 수제 초콜릿을 만들어왔다. 그 결과 고디바는 명품 초콜릿 브랜드로 세계적인 명성을 얻게 되었다.

당신의 흥미를 끄는가? 생생하게 기억되는가?
전자는 이야기(story)이고, 후자는 문장(statement)이다. 어느 것이 더 관심을 끌고 더 오래 기억되는가?

셋째, 이야기(story)로 설득하라. 이야기는 고객을 설득할 때 강력한 힘을 발휘한다. 멋지게 풀어낸 이야기는 고객의 관심을 집중시키고 이야기 속으로 빨아들인다. 우리는 어릴 적부터 이야기에 귀기울여왔다. 칭얼거리다가도 할머니가 "옛날 옛날에……" 하고 입을 떼시면 쫑긋 귀를 세웠다. "얘들아, 내가 재밌는 얘기 하나 해줄까?"라는 선생님의 한마디는 나른한 봄날 오후를 깨우는 청량제였으며, 종이 울려도 이야기는 끝을 봐야 했다. TV 프로그램에서 가장 많은 비중을 차지하는 것은 드라마다. 시청률이 높기 때문이다. 드라마는 한번 보기 시작하면 중간에 빠져나오기가 쉽지 않다. 사람을 울게도 하고 웃게도 한다. 드라마는 대표적인 '이야기' 중 하나다.

또 이야기는 구체적이다. 구체적인 메시지는 기억하기 쉽다. 그래서 이야기는 기억에 잘 달라붙는다. 초등학교 시절에 들었던 교장 선생님의 훈화 중에서 기억나는 것이 있는가? 아마도 거의 없을 것이다. 할머니가 들려주신 옛날이야기는 어떤가? "떡 하나 주면 안 잡아먹지!"가 인상적인 〈달님 별님〉에서부터 〈선녀와 나무꾼〉, 〈토끼와 거북이〉, "금 나와라 뚝딱! 은 나와라 뚝딱!"의 〈도깨비방망이〉, 비만 오면 운다는 〈청개구리〉 등등의 이야기가 자세하게 기억날 것이다. 왜 그럴까? 교장 선생님의 훈화는 추상적이지만 할머니의 옛날이야기는 구체적이기 때문이다. 엄마를 잡아먹은 호랑이, 하얀 밀가루를 바른 호랑이의 손, 호랑이에 쫓겨 나무 위로 올라간 어린 남매의 모습, 썩은 동아줄을 잡았다가 하늘에서 떨어지는 호랑이…… 할머니의 옛날이야기는 구체적인 메시지들로 가득하다. 그래서 지금까지 당신 기억 속에 남아 있는 것이다.

이야기의 구체성이 가진 가장 강력한 힘은 논리를 넘어 감정에 관여함으로써 고객을 행동하게 만든다는 것이다. 〈세상에서 가장 아름다운 여행〉이라는 TV 프로그램이 있다. 장애, 희귀병 등으로 어려움을 겪고 있는 어린이와 그 가족들에 대한 다큐멘터리다. 프로그램으로서도 훌륭하지만 가장 큰 장점은 나도 모르게 전화로 손이 가게 만든다는 것이다. 그 힘은 이야기의 구체성에서 나온다. 어린이보호단체에서 "아프리카 어린이들이 식량난으로 고통받고 있으니 성금을 보냅시다"라고 하면 효과가 별로 없지만, 아프리카에 사는 실제 어린이의 생활 모습을 보여주고 도와주자고 하면 후원자가 줄을 잇는다고 한다. 구체성의 힘이다. 사람들은 추상적인 다수보다 구체적인 개인에게 훨씬 민감하게 반응한다. 추상적인 다수는 우리의 이성을 작동시키지만, 구체적인 개인은 우리의 감정을 자극해 우리를 행동하게 만드는 것이다.

뿐만 아니라 이야기는 당신의 기획서를 다른 기획서들과 뚜렷이 차별화시켜준다. 어느 누구도 당신과 똑같은 이야기를 할 수 없기 때문이다.

기획서 전체를 하나의 큰 이야기처럼 설계하라!

이야기는 중간에 끊어지는 법이 없다. 기획서가 부분부분 따로 놀지 않고 하나의 줄거리 안에서 물 흐르듯 자연스럽게 이어지도록 구성하라. 고객은 기획서의 큰 줄거리와 핵심 내용을 놓치지 않고 기억해줄 것이다.

자칫 전략은 추상적이고 딱딱해질 가능성이 높다. 이야기처럼 구체적이고 부드러운 단어로 기획서를 채우라. 내용에 대한 이해도는 물론이고 오랫동안 기억에 남는 기획서가 될 것이다.

기획 목적과 고객의 비즈니스와 관련된 이야기를 준비하라. 나의 경험, 성공 및 실패 사례, 일반 소비자의 증언 같은 작은 이야기들을 준비해서 적재적소에 배치하라. 기획서의 도입부에 이야기를 배치하면 고객의 주의를 집중시킬 수 있다. 관련성이 높은 성공 사례를 잘 활용하면 고객에게 성공의 이미지를 심어줄 수 있다. 일반 소비자의 증언은 어느 자료보다도 당신의 주장에 힘을 실어줄 것이다.

이야기의 힘

1. 고객의 관심을 집중시킨다.
2. 구체적이라 기억하기 쉽다.
3. 감정에 관여하여 고객을 행동하게 만든다.
4. 다른 기획서와 차별화시켜준다.

뛰어난 설득자는

탁월한 인용자다

"잭 웰치가 이렇게 말했습니다."

"마케팅 격언 중에 이런 것이 있습니다."

"옛말에……."

"소비자 조사 결과에 따르면……."

"○월 ○일 조선일보 기사에……."

"제 집사람은 이런 서비스를 원하더군요."

"다른 업종의 성공 사례를 보면……."

"이런 일화가 있습니다."

"예를 들면……."

넷째, 인용, 인용 또 인용하라.

인용이란 다른 사람의 말이나 글에서 필요한 부분을 빌려다 쓰는 것이다. 앞의 예처럼 다른 사람의 탁월한 언어, 뛰어난 에피소드, 성공 및 실패 사례, 우화, 속담 등을 적극적으로 빌려 써라. 인용이라는 단어를 세 번이나 강조한 데서 알 수 있듯 그 효과는 당신의 기대를 훨씬 넘어선다.

인용의 가장 큰 힘은 '영향력과 신뢰성의 이양(移讓)'이다. 당신이 어떤 사람의 말을 인용해 쓰면 그 사람이 갖고 있는 영향력과 신뢰성이 그대로 당신의 기획서로 넘어와 설득력을 배가시킨다. 당신이 잭 웰치의 말을 인용하면, 그가 가진 영향력과 신뢰성이 그대로 넘어와 당신 것이 된다는 말이다. 권위 있는 언론 매체의 기사, 실제 소비자의 생생한 증언, 연관성이 높은 사례, 잘 알려진 속담이나 격언, 교훈 등도 같은 효과를 발휘한다.

"아이디어 좋고, 논리 탄탄하면 됐지, 뭐 그런 게 필요해!"

이렇게 말한다면 너무 순진한 생각이다. 아이디어와 논리로만 고객을 설득하려 하지 마라. 힘에 부칠 것이다. 당신이 아무리 확신에 가득 차 열변을 쏟아낸다고 해도 고객은 확인, 확인 또 확인을 원한다. 앞에서도 말했지만 고객은 자신의 결정에 따른 수많은 리스크를 감수해야 하기 때문이다. 당신이 업계에서 소문난 전문가나 권위자라면 몰라도 그렇지 않다면 인용의 힘을 적극적으로 빌려라. 인용은 훌륭한 설득의 무기다.

사람을 믿게 만드는 일은 결코 쉽지 않다. 고객이 당신에게 특별한 호감을 갖고 있지 않거나, 당신이 특별한 사람이 아닐 경우 더욱 그렇다(설득의 대부분의 경우가 그렇다). '헬리코박터 프로젝트 윌'이라는 유산균 음료의 광고 모델로 우리에게 친숙한 노벨 의학상 수상자 배리 마셜(Barry J. Marshall) 박사는 자신의 연구 성과를 믿게 하기 위해 스스로를 실험대상으로 삼아야 했다.[37]

"궤양의 원흉은 바로 박테리아다!"

1980년대 초반, 30세의 인턴이던 배리 마셜은 로빈 워런(J. Robin Warren)이라는 병리학자와 함께 의학사의 한 페이지를 장식할 만한 놀라운 의학적 발견을 했다. 그들의 발견은 "위궤양의 원인은 스트레스나 자극적인 음식, 지나친 약물 섭취이며, 완치가 안 된다"라는 그동안의 상식을 뒤집는 획기적인 것으로, 그들의 말이 사실이라면 간단한 항생제 치료만으로 며칠 안에 위궤양을 100% 치료할 수 있기 때문이다.

하지만 의학계의 어떤 누구도 이 발견을 믿어주지 않았다. 오히려 비웃었다. 크게 두 가지 이유 때문이었는데, 하나는 상식에 어긋난다는 것이었다. 두꺼운 스테이크도 녹일 만한 강력한 물질인 위산 속에서 박테리아가 살고 있다는 주장은 말이 안 된다는 것이다. 또 다른 이유는 발견자의 영향력과 신뢰성에 관한 것이었는데, 아직 의사 자격증도 따지 못한 인턴과 이름도 낯선 병원의 병리학자가 하는 말을 믿을 수 없다는 것이다.

마침내 1984년 어느 날, 마셜은 다른 동료들을 연구실로 초대했다. 그리고 그들이 보는 앞에서 수억 개의 헬리코박터 파일로리 균이 담긴 비커를 단숨에 들이켰다. 며칠 후 동료들은 예쁜 분홍색을 띠고 있던 건강한 마셜의 위가 붉게 충혈돼 있는 것을 내시경을 통해 확인할 수 있었다. 위궤양의 초기 단계였다. 마셜은 항생제와 제산제를 복용하며 자신을 치료했고, 위궤양은 깨끗이 사라졌다.

하지만 그 같은 생체 실험(?)이 있은 후에도 그들은 많은 반박들과 싸워야 했다. 10년이 지나서야 비로소 미국국립보건원의 지지를 받을 수 있었으며, 이들의 위대한 연구가 (세계 인구의 10%에 해당하는 사람들을 위궤양의 고통에서 구해내고, 박테리아와 바이러스가 많은 질병의 원인이라는 이론에 엄청난 기여를 한) 노벨상을 받기까지는 그 후로도 또 10년의 시간이 필요했다.

그렇다고 당신더러 헬리코박터 파일로리 균을 들이켜라는 것은 아니다. 그것보다 훨씬 간편한 방법이 있다. 인용하라. 인용이 답이다! 잘 고른 한마디의 인용이 100개의 논리보다 낫다. 당신의 말과 주장은 놀랄 만한 영향력과 신뢰성을 갖게 될 것이다. 고객은 당신의 말과 주장을 매우 가치 있고 믿을 만한 것으로 받아들일 것이고, 아울러 성공에 대한 확신까지 갖게 될 것이다. 배리 마셜의 경우처럼 당신의 아이디어가 기발할수록, 상식과 멀수록, 많은 사람의 생각과 어긋날수록 설득의 벽은 높아진다. 혼자 힘으로 해결하려 들지 마라. 관심을 갖고 주변을 둘러보면 당신을 도와줄 힘 있는 친구들을 얼마든지 발견할 수 있다. 그들의 힘을 빌려라. 그들은 흔쾌히 그것도 공짜로 당신을 도와줄 것이다. 인용은 다른 사람의 언어로부터 빌려온 훌륭한 설득의 무기다.

또한 인용은 당신의 기획서를 딱딱하고 무미건조함으로부터 구해준다. 설득이 다채롭고 풍성해지는 것이다. 논리, 전략, 이런 것들은 원래 딱딱하고 재미없는 것이다. 하지만 인용은 그 자체로서 하나의 '작은 이야기' 다. 고객에게 다양한 볼거리를 제공하게 되므로 고객은 관심을 갖고 지루하지 않게 기획서를 보게 된다. 구체적인 사례를 통해 당신 논리에 대한 고객의 이해도 또한 높아질 것이다.

잊지 마라. 뛰어난 설득자는 탁월한 인용자라는 사실을!

브로켄 현상(Brocken Phenomenon)

독일 중부지방의 브로켄 산(1,142미터)에서 자주 나타나는 자연현상. 이른 아침이나 저녁 무렵 태양을 등지고 산 정상에 서 있는 사람의 모습이 전방의 안개나 구름에 크게 확대되어 거인처럼 보인다. 사람의 머리 주위로 후광이 나타나기도 한다. 브로켄 현상은 오라(aura)의 예로 사용된다.[38]

인용은 브로켄 현상처럼 당신을 실제 이상으로 커 보이게 한다. 거인의 영향력과 신뢰성의 후광으로 당신을 설득의 거인으로 만들어주는 것이다.

인용의 효과

1. 신뢰성과 영향력이 이양된다.
2. 기획서가 다채롭고 풍성해진다.

예수에게

배우는

설득의 법칙

브루스 바튼(Bruce Barton)은 BBDO라는 미국 광고회사의 회장을 지낸 명카피라이터다. 그가 저술한 《예수의 인간경영과 마케팅전략(*The Man Nobody Knows*)》은 미국 대공황 이전에 발간돼 100만 부 이상 팔린 베스트셀러로서, 예수에 대한 탁월한 전기(傳記)인 동시에 역사상 최고의 커뮤니케이터였던 예수의 지혜와 노하우를 우리에게 전해주고 있다. 그 내용 중에서 예수 그리스도의 설득법의 정수를 배워보자.[39]

다섯째, 압축, 단순, 성실, 반복하라. 철저히 압축된 문장, 단순한 언어 선택, 성실한 묘사, 반복 또 반복, 이 네 가지가 예수의 설득법의 비결이다.

예수의 문장은 철저히 압축된 것이다. 예수는 서론을 길게 늘어놓지 않았다. 첫머리에서 상대방의 관심을 불러일으키고, 즉시 다음 문장에서 본론으로 들어가 빨리 결론을 맺는다. 새로운 제자를 원할 때는 "나를 따라오라"는 말 한마디뿐이었다.

미국의 저명한 언론인 찰스 대너(Charles A. Dana)가 신입기자에게 기사를 더 짧게 줄여 쓸 것을 명령했다. 신입기자가 기사 내용이 중요해서 더 줄일 수 없다고 반발하자 대너가 이렇게 말했다.

"성경을 가져와서 창세기 1장을 읽어보게. 천지창조가 600개 단어로 기록돼 있다, 이 말이네."

68개 단어로 된 '주의 기도'에는 사람이 말하고 하나님이 들을 필요가 있는 말이 다 들어 있다. 미국 역사상 가장 위대한 연설로 꼽히는 링컨의 게티스버그 연설 역시 250개 단어에 불과하다. 당신의 기획서도 마찬가지다. 핵심만을 간결하게 압축하라. 더 이상 뺄 것이 없을 정도로 곁가지를 쳐내고 중요한 메시지만을 남겨야 한다. 그래야 설득력이 높아진다.

생텍쥐페리는 "완벽함이란 더 이상 보탤 것이 남아 있지 않을 때가 아니라, 더 이상 뺄 것이 없을 때 완성된다"고 했다. 설득력 있는 기획서를 쓰고 싶다면 "무엇을 더 보탤까?"가 아니라, "더 뺄 것이 없을까?"를 고민해야 한다. 과감할 정도로 곁가지를 쳐내서 핵심 메시지가 분명히 드러나도록 압축해야 하는 것이다. 그래야 기획서가 날카로워진다.

그런데 많은 기획자들이 이와 반대로 한다. 기획서 초안을 잡아놓고 "더 추가할 것이 없을까?"를 고민하는 것이다. '더 완벽한 설득을 위해서'라는 이유를 대지만 사실은 '내가 이만큼 알고 있다'라는 것을 자랑하기 위한 욕심 때문이다. 자기 PR에는 도움이 될지 모르지만 설득에는 오히려 역효과다. 메시지의 날카로움이 현격하게 떨어지기 때문이다. 단락보다는 문장이, 문장보다는 단어가, 핵심 내용 3개보다는 하나가 기억하고 이해하기 쉬운 법이다. 과감하게 곁가지를 쳐내고 핵심만을 간결하게 압축하라.

"너희가 남에게 대접을 받고자 하는 대로 남을 대접하라."

"한 농부가 씨를 뿌리러 밭으로 나갔다."

"나는 포도나무요 너희는 가지다."

예수의 언어는 참으로 단순했다. 문장을 늘리거나 수식어를 붙이지 않았다. '단순하다'는 것은 복잡하지 않고 꾸밈이 없다는 뜻이다. 형용사는 꾸미는 말이다. 화려하지만 의미를 복잡하게 만든다. 문학에는 몰라도 설득에는 오히려 장애가 된다. 형용사가 안 붙은 표현이 좋다. 명설교자이자 목사였던 헨리 워드 비처(Henry Ward Beecher)는 다음과 같이 말했다.

"형용사는 회초리로 쓸 나뭇가지에 붙어 있는 나뭇잎과 같다. 보기에는 좋으나 쓰기엔 거추장스럽다."

"내가 만일 사람의 언어와 천사들의 말을 한다 할지라도 내게 사랑이 없으면 울리는 징이나 소리 나는 꽹과리와 같을 뿐입니다."

예수의 문장에는 한없는 성실성이 느껴진다. 예수의 말이 사람을 변화시킨 이유는 진심에서 우러나왔기 때문이다. 예수가 사람을 사랑한다는 것을 예수 곁에 가면 저절로 알 수 있었다.

예수는 어린아이와 같은 사람만 천국에 들어간다고 말했다. 겉옷을 갈아입는다고 해서 어린아이로 통하는 것은 아니다. 아이는 겉치장이란 걸 모른다. 천진한 눈으로 보고 생각한 것을 말로 표현한다. 아래로 내려와 아이들처럼 되지 않으면, 아무리 유능한 설교자든, 카피라이터든, 상인이든 세상 사람들을 자기 생각대로 움직일 수 없다.

아무리 중요한 내용이라도 한 번만 말해서는 강한 인상을 심어줄 수 없다. 예수는 이 반복의 중요성을 잘 알고 있었다.

"하나님은 너희 아버지시다. 인간의 아버지이므로 너희 한 사람 한 사람의 행복을 원한다. 하나님의 나라는 행복이다. 하나님의 법은 사랑이다."

예수의 가르침은 이것뿐이었으나 이것을 여러 가지 방법으로 부르짖어야 한다는 것을 예수는 알았다. 예수는 이것을 반복적으로 말하고 가르치고 또 설교했다.

미국의 제20대 대통령인 제임스 가필드(James A. Garfield)가 어느 파티에서 연설을 했다. 그날 밤 아들에게 자신의 연설을 들은 소감이 어떠냐고 물었다. 아들은 난처한 표정을 지으며 대답했다.

"글쎄, 뭐랄까…… 좋긴 좋았어요. 그런데 똑같은 내용을 자꾸 반복하시더군요. 한 번 말한 걸 다른 식으로 표현하길 무려 네 번이나 하셨어요."

가필드 대통령은 웃으면서 아들의 어깨를 두드려주었다.

"아마도 할 말이 없어서 그런가 보다 생각했을 거야. 그런데 사실은 일부러 반복하는 거란다. 내가 내일 연설할 때 청중들의 얼굴을 잘 살펴보렴. 어떤 내용을 처음 말할 때는 연단 근처 사람이 아버지 얼굴을 쳐다볼 게다. 두 번째로 말을 다시 하면 가운데 몇몇 사람이 주목하지. 세 번째 말에는 귀를 기울이는 사람이 좀 더 많아지지. 결국 네 번째 반복에는 내 말에 모두 귀를 기울이게 되는 거야. 한 사람도 빠짐없이 들어주길 바란다면 네 번은 반복해야 돼. 아버진 이런 경험을 여러 번 해서 잘 알고 있단다."

기획서

문장 구성의

세 가지 형태

여기서 기획서를 작성할 때 어떤 문장을 쓰는 것이 좋은지에 대해 알아보자.

기획서 작성 시 사용되는 문장에는 세 가지 종류가 있다. 완전 문장, 압축 문장, 키워드가 그것이다. 먼저 완전 문장은 책처럼 쓰는 것이다.

완전 문장 형식

지금도 역시 성공하기 어렵습니다

• 소비자들의 정수기 물에 대한 기준이 '깨끗한 물'로 고착되어 '깨끗한 물' 이상의 소비자 니즈를 유발하기에 힘들며

• 정수기 물에 대한 새로운 기준을 'ㅇㅇㅇ물'로 개발한다 해도 광고 표현의 엄격한 제한으로 임팩트가 약할 우려가 있고

• 새로운 기준 'ㅇㅇㅇ물'을 제시할 수 있는 근거가 되는 속성 '이온수', '알칼리수'가 이미 새로운 뉴스가 될 수 없으며

• "우리나라 환경에선 중금속까지 걸러야 하기 때문에 물은 깨끗한 게 제일 좋다"고 웅진이 반박할 수 있습니다.

표에서 보는 것처럼, 주어, 동사, 목적어, 형용사, 부사 등 모든 단어를 포함시켜 기획서를 구성하는 것이다. 모든 내용을 빼먹지 않고 다 넣을 수 있지만, 양이 많아져 기획서가 복잡해지고 내용을 이해하기 힘들어진다. 프레젠터가 경험이 적은 초보자이거나 언어 구사력이 떨어질 때, 고객이 사소한 실수도 용납하지 않는 경우에 주로 사용하는 문장 구성이다. 고객의 시선이 프레젠터가 아닌 슬라이드 화면에 집중되므로 다이내믹한 프레젠테이션을 기대하기 어렵다. 사람이 아닌 문서 내용에 의한 설득이므로 당연히 설득력은 떨어진다. 다른 사람의 말이나 책 내용, 신문기사 등을 인용할 경우가 아니면 되도록 사용하지 않는 것이 좋다.

키워드 형식은 기획서 한 장에 한두 개의 핵심 단어(key word)만 써 넣는 것을 말한다.

🚀 키워드 형식

Cocktail Party Phenomenon

기획서만 봐서는 내용을 이해할 수 없으므로 프레젠터에게 시선이 집중된다. 기획자가 경험이 많고, 프레젠테이션 스킬이 뛰어난 경우에 적합한 방법으로, 다이내믹한 설득이 가능하다. 고객의 반응에 따라 설명 내용을 융통성 있게 조절할 수 있는 장점도 있다. 반면에 키워드 형식은 내용이 구체적이지 못하고, 기획 내용보다는 프레젠터가 주인공이 되는 약점을 가지고 있다. 프레젠테이션용이 아닌 제출용 기획서에는 사용하지 않는 것이 좋다.

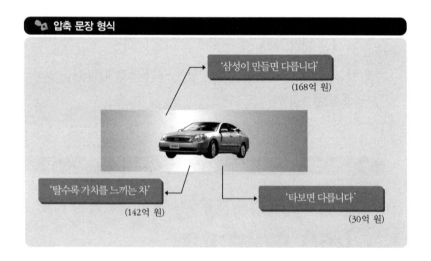

압축 문장은 완전 문장과 키워드의 중간 형태로, 표에서 보는 것처럼, 완전한 문장을 압축하여 주요 단어들로 내용의 요점만을 적어넣는 것이다. 가장 많이 사용되는 문장으로, 양자의 장점을 모두 취하고 단점을 최소화할 수 있는 좋은 방법이다.

일반적으로 기획서를 구성할 때 압축 문장을 전체의 70~80% 정도, 키워드 형식과 완전 문장을 각각 10% 정도 사용하는 것이 좋다.

비주얼의

힘

《탈무드(*Talmud*)》는 유대인들의 지혜서다. 자녀가 세 살이 되면 그때부터 탈무드를 가르치기 시작하는데, 가르치는 방법 역시 그 내용만큼이나 지혜롭다. 자녀에게 처음으로 탈무드를 읽힐 때가 특히 인상적인데, 부모는 반드시 꿀물 한 방울을 책에 떨어뜨리고 자녀에게 그곳에 입을 맞추게 한다고 한다. 자녀들로 하여금 탈무드에 대한 애착과 함께 공부는 달콤한 것임을 말(청각)로만이 아니라 눈(시각)으로, 입(미각)으로 알게 하려는 것이다. 이들의 방법이 지혜로운 이유는, 사람들은 말로만 들은 것보다 본 것을, 본 것보다는 보고 들은 것을, 보고 들은 것보다는 보고 듣고 맛본 것을 훨씬 오래 기억하기 때문이다.

할 수 있다면 고객의 오감(五感) 모두를 동원해서 당신의 기획 내용을 전달하는 것이 최상이다. 고객은 깊은 인상을 받을 것이고, 오랫동안 당신의 기획 내용을 기억해줄 것이다. 그것이 어렵다면 고객의 시각을 최대한 자극하라.

설득력을 높이는 기획서 작성법의 여섯 번째는 '비주얼 도구(visual

aids)'를 적극적으로 활용하라는 것이다.

3천 년 전부터 중국인들은 "한 장의 그림이 천 마디 말보다 낫다"는 격언을 즐겨 사용해왔다. 미국인들은 "보는 것이 곧 믿는 것(Seeing is Believing)"이라고 했다. "백문(百聞)이 불여일견(不如一見)"이라는 말도 있다. 사람의 오감 중에서 가장 중요한 것이 시각과 청각이다. 그중에서도 시각이 압도적이다.

실제로 사람들은 정보의 약 60%를 시각을 통해, 20% 정도를 청각을 통해 받아들인다. 또 자신이 읽은 것의 10%, 들은 것의 20%, 보고 들은 것의 70%를 기억한다. 3M 사와 와튼 스쿨 그리고 미시간 대학은 연구를 통해, 프레젠테이션에서 시각 자료를 이용할 경우 청중의 기억력이 70%에서 85% 가량 상승한다는 결론을 내리고 있다. 말은 청각을 자극하며, 글자보다는 그림이나 사진이 훨씬 시각적이다. 당신이라면 어느 것을 이용하겠는가?

비주얼 도구란 사진, 그림만을 가리키는 것이 아니다. 그래프, 도표, 컬러의 사용, 글자체의 모양, 원고의 레이아웃 그리고 고객 회사의 제품, 로고, 심벌마크 등 모두가 비주얼 도구다. 사용 가능한 모든 비주얼 도구를 적극적으로 활용하라. 비주얼 도구는 다음과 같은 이점을 가져다준다.

- 고객의 관심을 불러일으키고 유지시킨다.
- 고객이 기획서의 내용을 기억하게 만든다.
- 어떤 사항을 강조하고 명확히 해준다.
- 복잡한 내용을 단순화시켜준다.
- 기획자의 기획서 구성을 도와준다.

• 시간을 절약해준다.

"고객을 지루하게 만드는 것은 죄악이다"라는 말이 있다. 비주얼 도구의 활용은 고객을 지루하지 않게 만드는 매우 효과적인 수단이다. 비주얼 도구가 너무 많은 것은 별문제가 없지만, 너무 적을 때는 설득에 심각한 문제가 발생할 수도 있다는 점을 명심하라.

너무나 소중한

오프닝과

클로징

　멋지게 차려입은 듬직한 체구의 한 남자가 호텔 커피숍 입구에서 안을 둘러보고 있다. 선을 보기 위해 이곳에 온 그는 조금 전 종업원에게 한 여성을 찾아줄 것을 부탁해둔 상태다. 작은 방울이 달린 네임보드를 든 여종업원의 발길이 한 아리따운 여성 앞에서 멈춰 섰고, 이를 확인한 남자는 보무도 당당하게 그 여성을 향해 걸어갔다. 그런데 처음 만나는 여성과 주위 사람들의 시선을 너무 의식한 탓이었을까? 유난히 힘이 넘치던 그의 발걸음이 그만 카펫에 걸려 보기 좋게 넘어지고 말았다. 순간 커피숍 안은 웃음바다가 됐고, 그녀의 얼굴은 창피함과 당혹스러움에 빨갛게 달아올랐다.

　'첫인상 한 번 확실하게 심어주는군!'

　잠시 엎어져 있던 남자는 이내 툭툭 털고 일어났다. 그리고 아무일도 없었던 듯 다시 씩씩한 걸음걸이로 그녀에게 다가가서는 모두에게 들리도록 큰 소리로 이렇게 말했다.

　"처음부터 다시 하겠습니다."

'이건 또 무슨 소리야?'

사람들의 시선이 일제히 그에게 쏠린 가운데, 그는 커피숍 입구로 돌아갔다. 그러고는 마치 이제 막 도착한 사람처럼 커피숍을 두리번 거리더니 그녀를 처음 발견한 듯 손을 들어 인사하고, 예의 씩씩한 걸음걸이로 그녀에게 다가갔다(물론 이번엔 넘어지지 않았다). 그리고 더 큰 소리로 말했다.

"처음 뵙겠습니다. ○○○이라고 합니다."

잠시 후 의아스러운 표정으로 두 남녀를 주시하던 손님들이 더 큰 소리로 웃어대기 시작했다. 하지만 이번엔 두 사람을 응원하는 큰 박수소리와 환호성이 함께 들렸다.

소설이 아니다. 실화다. 내가 아는 사람이 직접 겪은 이야기다. 두 남녀는 어떻게 됐냐고? 물론 당연히 결혼했다. 그날 그 자리에서 첫 눈에 반한 두 남녀는 한눈 한 번 안 팔고 뜨거운 사랑을 하다가 6개월 만에 결혼에 골인했다. 당신이 여자라면 이처럼 멋지고 극적인 첫인 상을 심어준 남자를 잊을 수 있겠는가?

첫인상이 중요하다. 첫인상은 쉽게 바뀌지 않는다. 처음에 들어온 정보가 나중에 들어온 정보보다 훨씬 더 중요하게 작용하기 때문이다 (초두효과). 솔로몬 애시(S. Asch)라는 심리학자는 한 사람에 대한 여섯 가지 성격 특성을 두 그룹 사람들에게 순서를 바꿔 다음과 같이 말해 주고, 그 사람에 대해 평가하도록 했다.[40]

• **첫 번째 그룹:** 똑똑하다 → 근면하다 → 즉흥적이다 → 비판적이다 → 고집이 세다 → 시기심이 많다

• **두 번째 그룹**: 시기심이 많다 → 고집이 세다 → 비판적이다 → 즉흥적이다 → 근면하다 → 똑똑하다

　두 그룹의 평가는 완전히 달랐는데, 긍정적인 내용을 먼저 들었던 첫 번째 그룹은 부정적인 내용을 먼저 들었던 두 번째 그룹에 비해 똑같은 인물에 대해 훨씬 더 긍정적으로 평가했다. 요컨대 처음이 중요한 것이다.

　또 첫인상은 배의 닻과 같은 역할을 한다. 닻을 내린 곳에 배가 머물듯이 처음에 들어온 정보가 정신적 닻으로 작용해 나중에 들어온 정보에 대한 해석 지침을 제공함으로써 전체적인 판단에 영향을 미치게 된다(맥락효과). 처음이 좋으면 다 좋은 법이다.

　일곱째, 인상적인 오프닝과 클로징을 기획하라.

　오프닝이란 기획서의 첫 줄, 첫 페이지, 첫 부분, 테마 등을 말한다. 오프닝이 첫인상을 결정한다. 오프닝에 집착하라.

　신문기자들은 '리드(lead)'에 집착한다. 리드란 신문의 기사, 논설 등에서 본문의 맨 앞에 기사의 요지를 추려서 쓴 짧은 문장을 말한다. 기사의 오프닝인 셈이다. "만일 두 시간 동안 기사를 하나 써야 한다면, 나는 첫 1시간 45분을 리드를 쓰는 데 바칠 것이다"(돈 위클리프, 《시카고 트리뷴》 편집장)라고 할 정도로 기자들은 리드를 중요시한다. 리드는 짧지만 중요하다.

　당신은 신문에 난 모든 기사를 빠짐없이 다 읽는가? 그렇지 않을 것이다. 그러기엔 우리는 너무 바쁘다. 전체적으로 먼저 훑어보고, 그 중에서 읽을 가치가 있다고 생각되는 기사만 골라 읽을 것이다. 읽더라도 어떤 기사는 한 글자도 빼놓지 않고 열독하고, 또 어떤 기사는

대충 읽어볼 것이다. 그것을 결정하는 것이 바로 리드다.

기획서의 오프닝이 리드와 같은 역할을 한다. 당신의 고객 역시 기획서의 앞부분 한두 장을 보고, 이 기획서가 자신에게 얼마나 가치가 있으며, 어느 정도의 시간과 노력을 들여 이것을 볼 것인가를 판단해버리는 것이다. 따라서 오프닝에서 고객을 사로잡지 못하면 당신의 기획은 제대로 전달될 가능성이 매우 낮다고 봐야 한다.

오프닝에 집착하라. 인상적인 오프닝을 기획하라.

위대한 철학자이자 논리학의 대가인 아리스토텔레스는 그의 저서《수사학(修辭學)》에서 '머리말 → 진술부 → 논증부 → 맺음말'의 4단 배열법을 설명하면서, 머리말과 맺음말에서는 '감동시키기'에 주력하되 특히 머리말에서는 '유혹하기'를 다른 무엇보다 강조했다. 유혹하되 짧게하라고 했다.[41] 유혹하기란 고객의 관심을 촉발시키라는 말이다. 즉 오프닝에서 고객의 관심을 촉발시키되 짧게 하라는 것이다.

카스맥주 프레젠테이션의 오프닝 장면을 기억하는가? 삼양식품 기획서의 테마를 기억하는가? 짧지만 강렬한 비주얼과 문장이 고객의 관심을 촉발시켰고, 그 결과 기획 내용이 고객에게 인상 깊게 각인되어 설득에 성공할 수 있었다.

다음과 같은 오프닝 기법을 활용하면 짧지만 강렬하고 인상적인 오프닝을 만들 수 있다.

- 고객이 관심 있는 화제로 시작하라.
- 기획 내용과 관련 있는 일화를 이용하라.
- 비유 및 사례를 제시하라.
- 격언, 속담, 고사성어 등 강력한 인용구를 활용하라.

- 유명인이나 고객이 중요시하는 사람의 말을 인용하라.
- 강력하고 드라마틱한 비주얼 도구를 사용하라.

클로징의 핵심은 요약이다. 클로징에서 요약하라.

이제 기획서의 마지막 부분까지 왔다. 이것만 끝내면 당신은 모처럼 달콤한 휴식을 즐길 수 있을 것이다. 그렇다고 긴장을 풀어서는 안 된다. 너무도 소중한 클로징이 남아 있기 때문이다. "감사합니다!" 정도로 끝낼 생각이었다면 큰 실수다. 그러기엔 클로징의 역할이 너무 크고 중요하다.

축구 경기에서는 경기 시작 후 5분과 종료 직전 5분에 가장 많은 골이 터진다고 한다. "야구는 9회 말 투아웃부터!"라는 말도 있다. 방심은 절대 금물이다. 마지막 순간 잠깐의 실수로 다 이겼다고 생각했던 수많은 경기가 뒤집어졌다. 뉴욕 양키즈의 전설적인 포수이자 감독이었던 요기 베라(Lawrence Peter 'Yogi' Berra)의 말처럼 "끝날 때까지는 끝난 게 아니다."

"끝이 좋아야 모든 게 좋다"는 독일 속담을 되새기면서 당신은 기획서의 엔딩(ending)을 의미 있게 닫을 방법을 강구해야 한다.

클로징의 핵심은 요약이다. 기획서의 핵심 내용을 간단히 요약해서 다시 한 번 강조하는 것이다. 그렇다고 단순히 요약·반복하라는 것이 아니다. 아리스토텔레스의 충고처럼 '고객 감동시키기'가 이루어져야 한다.

핵심 내용을 속담, 격언 등 유명한 인용구와 연결하여 정리하라. 크게 시선을 끌 수 있는 비주얼 도구를 준비하는 것도 좋은 방법이다. 그리고 고객에 대한 인사와 그들의 배려에 대한 감사도 함께 표시하라.

좋은 영화는 마지막 장면이 인상적이다. 좋은 술은 뒤끝이 깨끗한 법이다. 좋은 제품은 마감처리까지 깔끔하다. 좋은 회사는 끝까지 책임을 진다. 좋은 기획서는 클로징까지 완벽하다.

주

1. 《일간스포츠》, 주몽 최완규 작가, "후속편 준비 중이다", 2006. 12. 22.

2. 알 리스 & 잭 트라우트, 《마케팅 불변의 법칙》, 십일월출판사, 1994.

3. 《중앙일보》, 일본에선 기업만 받는 줄 알았던 경영혁신상 "고정관념 깬 동물원이 휩쓸었다", 2007. 1. 13.

4. 조엘 살츠먼, 《머리 좀 굴려보시죠!》, 86~88쪽, 김영사, 2007.

5. "초인종 효과", 《J-AD 플라자》, 중앙일보미디어마케팅연구소, 2007. 9. 20.

6. 히비노 쇼조, 《돌파의 사고력》, 28~35쪽, 대교출판, 1997.

7. 홍성태, 《보이지 않는 뿌리》, 55~57쪽, 박영사, 1999.

8. 《조선일보》, 현대차 '해고 반납' 마케팅 미국서 큰 반응, 2009. 1. 14.

9. 《서울신문》, "강릉시, 강풍 이겨낸 사과 판매 대박", 2006. 11. 10.

10. 브라이언 트레이시, 《목표, 그 성취의 기술》, 김영사, 2003.

11. 칩 히스 & 댄 히스, 《스틱》, 39~40쪽, 134~135쪽, 웅진윙스, 2007.

12. 칩 히스 & 댄 히스, 《스틱》, 87~89쪽, 웅진윙스, 2007.

13. 홍성태, 《보이지 않는 뿌리》, 424쪽, 박영사, 1999.

14. 《중앙일보》, '병원+카페' 실험 10개월 의사 김승범 씨, 2008. 3. 7

15. 《중앙일보》, "발상의 전환으로 이 세상에 없는 것을 창조한다", 2009. 7. 1.

16. 《조선일보》, '마케팅 3.0' 대격동의 시대, 소비자 영혼에 호소하라, 2009. 6. 27~28.

17. 《매일경제》, 상상력이 힘이다, 2007. 1. 2.

18. 이성언, "교육 없이 창의 없다", 대전대학교 지산도서관 좋은 글 게시판, 2005. 4. 27.

19. 데이비드 워시, 《지식경제학 미스터리》, 김영사, 2008.

20. 양창삼,《창의성 개발과 기업경영》, 석정, 2002.

21.《조선일보》, "창조하려면 늘 움직이고 변화하라", 2008. 3. 29~30.

22.《중앙선데이》, 닌텐도, 2009. 5. 10.

23. 칩 히스 & 댄 히스,《스틱》, 102쪽, 웅진윙스, 2007.

24. 윤석철,《경영·경제·인생 강좌 45편》, 98~99쪽, 위즈덤하우스, 2007.

25. 로저 본 외흐,《생각의 혁명!》, 21쪽, 에코리브르, 2002.

26.《조선일보》, 거꾸로 가는 시계, 2004. 11. 19.

27. 이호철,《창의력 아이디어》, 북오션, 2008. 6. 25.

28. 로저 본 외흐,《생각의 혁명!》, 165쪽, 에코리브르, 2002.

29. 최병권, '창의성 발현의 10가지 비결', LG경제연구원, 2008. 2. 20.

30. 톰 켈리 & 조너던 리트맨,《유쾌한 이노베이션》, 80~88쪽, 세종서적, 2007.

31. 윤석철,《경영·경제·인생 강좌 45편》, 90~91쪽, 위즈덤하우스, 2007.

32. 도모노 노리오,《행동경제학》, 지형, 2008.

33.《조선일보》, 潛龍이 하늘에 너무 빨리 오르면, 2009. 5. 15.

34. 김태형,《카피라이터 가라사대》, 21쪽, 디자인하우스, 1995.

35. 칩 히스 & 댄 히스,《스틱》, 38쪽, 웅진윙스, 2007.

36. 로서 리브스,《광고의 실체》, 43쪽, (주)오리콤, 1984.

37. 칩 히스 & 댄 히스,《스틱》, 181~184쪽, 웅진윙스, 2007.

38. 타니구치 마사카즈,《프레젠테이션의 성공법칙》, 27쪽, 일빛, 2002.

39. 브루스 바튼,《예수의 인간경영과 마케팅 전략》, 171~177쪽, 해누리, 2000.

40. 이민규,《끌리는 사람은 1%가 다르다》, 20~22쪽, 더난출판, 2008.

41. 김용규,《설득의 논리학》, 92~93쪽, 웅진지식하우스, 2007.

한수 위의 기획

창의적 기획법

초판 3쇄 발행   2011년 6월 27일

지은이 김재호
펴낸이 박종홍
펴낸곳 이코북

주소 서울시 관악구 행운동 1667-8 3층
전화 02)335-6936
팩스 02)335-0550
E-메일 ecobook@paran.com

ISBN 978-89-90856-33-3 (03320)

값 15,000원